Excel 财经数据处理与分析

主　编　雷金东　朱丽娜
副主编　蒙　丹　徐　辉　柯　琦

北京理工大学出版社
BEIJING INSTITUTE OF TECHNOLOGY PRESS

内 容 简 介

本教材编写的主要目的是让经管类的学生更好地运用 Excel 软件来对财经数据进行处理与分析。教材根据财经院校的实际情况,结合经济管理专业的特点,通过案例详细介绍利用 Excel 来处理、分析财经数据的实用技能、技巧和方法,让学生掌握所需要的 Excel 处理与分析财经数据的应用能力,培养学生的动手能力。

教材结构清晰,内容由浅入深、步骤详细、图文并茂、通俗易懂,突出应用性,以培养学生解决实际问题的能力为重点,选取的案例贴近实际的财经数据处理与分析工作,可作为"计算机应用基础"课程的后续教材使用。

版权专有　侵权必究

图书在版编目（CIP）数据

Excel 财经数据处理与分析/雷金东,朱丽娜主编. —北京:北京理工大学出版社,2019.2
ISBN 978-7-5682-6722-9

Ⅰ. ①E… Ⅱ. ①雷…②朱… Ⅲ. ①表处理软件-应用-财务管理-教材 Ⅳ. ①F275-39

中国版本图书馆 CIP 数据核字（2019）第 026654 号

出版发行 / 北京理工大学出版社有限责任公司	
社　　址 / 北京市海淀区中关村南大街 5 号	
邮　　编 / 100081	
电　　话 /（010）68914775（总编室）	
（010）82562903（教材售后服务热线）	
（010）68948351（其他图书服务热线）	
网　　址 / http://www.bitpress.com.cn	
经　　销 / 全国各地新华书店	
印　　刷 / 三河市天利华印刷装订有限公司	
开　　本 / 787 毫米 × 1092 毫米　1/16	
印　　张 / 18.5	责任编辑 / 高　芳
字　　数 / 435 千字	文案编辑 / 赵　轩
版　　次 / 2019 年 2 月第 1 版　2019 年 2 月第 1 次印刷	责任校对 / 周瑞红
定　　价 / 75.00 元	责任印制 / 李志强

图书出现印装质量问题,请拨打售后服务热线,本社负责调换

前言

　　Excel 2013 是 Office 2013 系列办公软件中用于数据处理与分析的软件，其界面友好、操作简单、功能强大，可以利用函数、公式、图表等工具对数据进行处理与分析，在财经、会计、金融、管理、人力、物流等领域得到了广泛的应用。本书先讲解利用 Excel 2013 进行数据处理的基本知识与基本操作，然后通过知识点讲解与实际案例操作相结合的方式，介绍利用 Excel 2013 进行财经数据处理与分析的方法。

　　本书共 8 章，并分为上、下两篇，上篇为知识讲解，其中含有丰富的案例分析。其中包括 Excel 数据表的规范与输入、Excel 财经数据的整理、Excel 财经数据的分析与展示、财经数据处理中的 Excel 公式与函数应用、Excel 在财务管理分析中的应用、Excel 在市场调查分析中的应用、Excel 在人力资源管理分析中的应用、Excel 在物流管理分析中的应用等内容。下篇为实验指导，设置了与上篇知识点相对应的实验项目，以巩固所学知识，加强动手能力。

　　本书强调将 Excel 与财经管理的知识结合起来，内容体系完整，图文并茂，案例充分，操作步骤详细、完整，注重实际的应用。

　　本书由雷金东进行整体规划，并编写第 7 章、第 8 章、实验 7 和实验 8，朱丽娜编写第 1 章、第 2 章、实验 1 和实验 2，柯琦编写第 3 章和实验 3，蒙丹编写第 4 章、第 5 章、实验 4 和实验 5，徐辉编写第 6 章和实验 6，全书由雷金东统稿。

　　本书在编写过程中得到了北京理工大学出版社多位编辑的大力支持与指导，在此表示衷心感谢！

　　由于时间仓促，加之编者水平有限，书中难免存在疏漏和不足之处，恳请读者批评指正。如果在阅读过程中发现问题或者有好的建议，欢迎发邮件到 33447826@qq.com 与我们联系。

编　者

2018 年 10 月于南宁

目 录

上篇 知识讲解

第1章 Excel 数据表的规范与输入 ……………………………………（3）

1.1 Excel 数据表的规范 ………………………………………………（3）
  1.1.1 数据表结构的规范 ……………………………………………（3）
  1.1.2 数据的规范 ……………………………………………………（7）

1.2 数据的输入 …………………………………………………………（8）
  1.2.1 数值型数据的输入 ……………………………………………（9）
  1.2.2 日期型和时间型数据的输入 …………………………………（10）
  1.2.3 文本型数据的输入 ……………………………………………（16）
  1.2.4 通过"数据验证"功能进行数据的输入 ……………………（16）
  1.2.5 通过定义名称进行数据的录入 ………………………………（19）
  1.2.6 数据的填充 ……………………………………………………（24）

1.3 数据的导入与导出 …………………………………………………（27）
  1.3.1 自文本中导入数据 ……………………………………………（27）
  1.3.2 自网站导入数据 ………………………………………………（30）
  1.3.3 从 Access 数据库中导入数据 ………………………………（32）
  1.3.4 Excel 数据的导出 ……………………………………………（33）

1.4 数据的分列 …………………………………………………………（36）
  1.4.1 通过分隔符对数据进行分列 …………………………………（36）
  1.4.2 依据数据宽度对数据进行分列 ………………………………（37）
  1.4.3 利用函数对数据进行分列 ……………………………………（38）

1.5 异常数据的处理 ……………………………………………………（39）
  1.5.1 重复项的处理 …………………………………………………（39）
  1.5.2 查找缺失数据 …………………………………………………（42）

1.5.3 查找离群值 …………………………………………………………………（43）

第2章 Excel 财经数据的整理 ……………………………………………………（46）

2.1 数据的排序 ……………………………………………………………………（46）
    2.1.1 简单排序 …………………………………………………………………（46）
    2.1.2 复杂排序 …………………………………………………………………（48）
    2.1.3 自定义排序 ………………………………………………………………（49）
    2.1.4 财经数据排序应用案例 …………………………………………………（53）

2.2 数据的筛选 ……………………………………………………………………（54）
    2.2.1 数据的自动筛选 …………………………………………………………（55）
    2.2.2 数据的自定义筛选 ………………………………………………………（57）
    2.2.3 数据的高级筛选 …………………………………………………………（59）
    2.2.4 财经数据筛选应用案例 …………………………………………………（61）

2.3 数据的分类汇总 ………………………………………………………………（62）
    2.3.1 数据的简单分类汇总 ……………………………………………………（62）
    2.3.2 数据的嵌套分类汇总 ……………………………………………………（65）
    2.3.3 财经数据分类汇总应用案例 ……………………………………………（65）

第3章 Excel 财经数据的分析与展示 ……………………………………………（69）

3.1 财经数据透视表分析 …………………………………………………………（69）
    3.1.1 创建数据透视表 …………………………………………………………（69）
    3.1.2 数据透视表的格式化 ……………………………………………………（74）
    3.1.3 财经数据透视表应用案例 ………………………………………………（77）

3.2 分析数据的图表处理 …………………………………………………………（83）
    3.2.1 图表的创建 ………………………………………………………………（83）
    3.2.2 图表的编辑与美化 ………………………………………………………（85）

3.3 财经数据图表制作应用案例 …………………………………………………（88）

第4章 财经数据处理中的 Excel 公式与函数应用 ………………………………（93）

4.1 文本函数 ………………………………………………………………………（93）
    4.1.1 UPPER 函数 ……………………………………………………………（93）
    4.1.2 MID 函数 ………………………………………………………………（94）
    4.1.3 CONCATENATE 函数 …………………………………………………（94）
    4.1.4 LEFT 函数 ………………………………………………………………（94）
    4.1.5 LEN 函数 ………………………………………………………………（95）
    4.1.6 TEXT 函数 ………………………………………………………………（95）

4.2 日期和时间函数 ………………………………………………………………（96）
    4.2.1 DATE 函数 ………………………………………………………………（96）
    4.2.2 TODAY 函数 ……………………………………………………………（97）
    4.2.3 NOW 函数 ………………………………………………………………（97）

4.2.4 DATEDIF 函数 …………………………………………… (98)
4.3 逻辑函数 ………………………………………………………… (98)
　4.3.1 IF 函数 …………………………………………………… (98)
　4.3.2 AND 函数 ………………………………………………… (99)
　4.3.3 OR 函数 ………………………………………………… (100)
　4.3.4 NOT 函数 ………………………………………………… (100)
4.4 求和、统计函数 ………………………………………………… (101)
　4.4.1 SUM 函数 ………………………………………………… (101)
　4.4.2 SUMIF 函数 ……………………………………………… (101)
　4.4.3 AVERAGE 函数 …………………………………………… (102)
　4.4.4 ROUND 函数 ……………………………………………… (103)
　4.4.5 MOD 函数 ………………………………………………… (103)
　4.4.6 INT 函数 ………………………………………………… (104)
　4.4.7 MAX 函数 ………………………………………………… (105)
　4.4.8 MIN 函数 ………………………………………………… (105)
　4.4.9 COUNT 函数 ……………………………………………… (106)
　4.4.10 COUNTA 函数 …………………………………………… (106)
　4.4.11 COUNTIF 函数 ………………………………………… (106)
　4.4.12 COUNTIFS 函数 ………………………………………… (108)
　4.4.13 RANK.AVG 函数 ………………………………………… (108)
　4.4.14 RANK.EQ 函数 ………………………………………… (109)
4.5 查找与引用函数 ………………………………………………… (110)
　4.5.1 VLOOKUP 函数 …………………………………………… (110)
　4.5.2 LOOKUP 函数 …………………………………………… (111)
　4.5.3 MATCH 函数 ……………………………………………… (112)
　4.5.4 INDEX 函数 ……………………………………………… (113)
　4.5.5 OFFSET 函数 …………………………………………… (113)
　4.5.6 INDIRECT 函数 ………………………………………… (114)
　4.5.7 HYPERLINK 函数 ……………………………………… (115)
4.6 数组公式 ………………………………………………………… (116)
　4.6.1 单一单元格数组公式 …………………………………… (117)
　4.6.2 多单元格数组公式 ……………………………………… (117)

第5章 Excel 在财务管理分析中的应用 …………………………… (119)
5.1 时间序列预测 …………………………………………………… (119)
　5.1.1 利用简单移动平均法预测 ……………………………… (119)
　5.1.2 利用加权移动平均法预测 ……………………………… (121)
　5.1.3 利用指数平滑法预测 …………………………………… (123)
5.2 财务数据处理与分析 …………………………………………… (124)

5.2.1 财务比率分析	(124)
5.2.2 财务比较分析	(133)
5.2.3 图解分析	(134)
5.2.4 综合分析	(137)
5.3 财务预算中的数据处理与分析	(139)
5.3.1 销售预算	(139)
5.3.2 生产预算	(141)
5.3.3 直接材料预算	(143)
5.3.4 直接人工预算	(145)
5.3.5 制造费用预算	(147)
5.3.6 产品成本预算	(152)
5.3.7 销售与管理费用预算	(155)
5.4 营运资金数据的处理与分析	(157)
5.4.1 最佳现金持有量决策模型	(157)
5.4.2 应收账款信用政策决策模型	(159)
5.4.3 折旧函数	(165)

第6章 Excel 在市场调查分析中的应用 (170)

6.1 市场调查数据整理和图示制作	(170)
6.1.1 数据分组和频数统计	(170)
6.1.2 频数统计直方图的制作	(172)
6.1.3 市场调查数据的图示制作	(174)
6.2 市场调查数据分析	(175)
6.2.1 市场调查数据静态分析	(175)
6.2.2 市场调查数据动态分析	(179)
6.3 随机抽样	(181)
6.3.1 用 Excel 2013 的数据分析工具进行随机抽样	(182)
6.3.2 应用 RANDBETWEEN 函数进行随机抽样	(182)
6.4 总体参数估计	(183)
6.4.1 参数估计概述	(183)
6.4.2 总体均值的区间估计	(184)
6.4.3 总体方差的区间估计	(186)
6.5 总体参数假设检验	(187)
6.5.1 假设检验概述	(187)
6.5.2 一个总体的参数假设检验	(188)
6.5.3 两个总体参数的假设检验	(191)
6.6 方差分析	(193)
6.6.1 方差分析有关概念	(193)
6.6.2 单因素方差分析	(194)

  6.6.3 双因素方差分析 ……………………………………………………… (195)
 6.7 相关分析和回归分析 …………………………………………………………… (198)
  6.7.1 相关分析 …………………………………………………………… (198)
  6.7.2 回归分析 …………………………………………………………… (202)
  6.7.3 利用回归方程进行预测 …………………………………………… (205)

第7章 Excel 在人力资源管理分析中的应用 ………………………………… (206)
 7.1 人员招聘与录用管理 …………………………………………………………… (206)
  7.1.1 招聘流程图制作 …………………………………………………… (206)
  7.1.2 统计试用期到期人数 ……………………………………………… (209)
 7.2 人事资料管理 …………………………………………………………………… (210)
  7.2.1 计算员工工龄 ……………………………………………………… (210)
  7.2.2 统计各工龄段的员工人数 ………………………………………… (211)
  7.2.3 提取员工的生日、年龄和性别 …………………………………… (213)
 7.3 员工考勤管理 …………………………………………………………………… (214)
  7.3.1 统计员工迟到和早退情况 ………………………………………… (214)
  7.3.2 制作考勤统计表 …………………………………………………… (216)
  7.3.3 批量制作考勤表 …………………………………………………… (218)
 7.4 员工绩效与福利管理 …………………………………………………………… (221)
  7.4.1 员工业绩评定与排名 ……………………………………………… (221)
  7.4.2 计算员工销售提成奖金 …………………………………………… (222)
  7.4.3 制作员工工资表 …………………………………………………… (223)
  7.4.4 制作员工工资条 …………………………………………………… (226)

第8章 Excel 在物流管理分析中的应用 ……………………………………… (231)
 8.1 Excel 在库存结构分析中的应用 ……………………………………………… (231)
  8.1.1 制作库存结构分析图表 …………………………………………… (231)
  8.1.2 应用组合框制作动态图表 ………………………………………… (234)
 8.2 Excel 在 KPI 统计表中的应用 ………………………………………………… (238)
 8.3 Excel 在仓库管理中的应用 …………………………………………………… (239)
  8.3.1 判断是否接货 ……………………………………………………… (239)
  8.3.2 库存货品的先进先出管理 ………………………………………… (242)

下篇 实验指导

实验1 Excel 数据表的规范与输入 ………………………………………………… (247)
实验2 Excel 财经数据的整理 ……………………………………………………… (250)
实验3 Excel 财经数据的分析与展示 ……………………………………………… (253)
实验4 财经数据处理中的 Excel 公式与函数应用 ……………………………… (257)

实验5　Excel 在财务管理分析中的应用 …………………………………………（260）
实验6　Excel 在市场调查分析中的应用 …………………………………………（265）
实验7　Excel 在人力资源管理分析中的应用 ……………………………………（271）
实验8　Excel 在物流管理分析中的应用 …………………………………………（278）
参考文献 ……………………………………………………………………………（283）

上篇　知识讲解

第1章

Excel 数据表的规范与输入

本章主要介绍 Excel 数据表的规范；数值型、日期型、时间型、文本型等各种常见类型数据的输入；数据的导入、导出、分列以及异常数据的处理等基本知识。

本章重点：数据表的规范，各种类型数据的输入。

本章难点：异常数据的处理。

1.1 Excel 数据表的规范

Excel 不仅仅是一个数据输入与计算的工具，更是非常强大的数据处理工具。使用 Excel 进行数据处理与分析时，作为数据源的原始数据表格必须遵循 Excel 数据表的规范，否则在以后的数据处理分析中可能会出现不能计算、不能筛选、不能排序、不能制作透视表等问题，给数据的处理与分析增添麻烦，因此在制作原始数据表格时一定要养成按规范来制作表格的良好习惯。Excel 数据表的规范主要包括数据表结构的规范以及数据的规范两个方面。

1.1.1 数据表结构的规范

在使用 Excel 进行数据分析时，用来录入明细数据的表格称为数据表，而用来计算数据表中汇总结果的表格称为汇总表或者报告表格。在数据表中，一列称为一个字段，其标题为字段名，其余为字段的值；标题行以外的其余各行称为记录，每条记录的格式要一致。

在制作数据表时，在结构上应注意五项基本原则。

1. 不要把标题放在数据表中

有些人为了能反映表格的信息，喜欢在表中添加标题，如果是汇总表，这无可厚非，但是在数据表中不要增加标题。在 Excel 的数据表中，标题行主要用于存储每列数据的属性，如图 1-1-1 中的 "年龄" "分销点" "销售量" 字段是排序和筛选的依据，如果在其上方增加了一行标题行，就会影响到后续的排序和筛选。因此，在数据表中，不要增加标题来占用工作表的首行，标题在工作表和工作簿名称中标识出来即可，如图 1-1-2 所示。

	A	B	C	D	E	F
1	员工销量统计表					
2	工号	姓名	性别	分销点	年龄	销售量
3	G201801	李晓娜	女	普罗旺斯	26	98
4	G201802	陈鸿飞	男	正恒国际	32	126
5	G201803	张蕾	女	山水绿城	23	110
6	G201804	李小倩	女	淡村	35	182
7	G201805	周洪涛	男	万象城	24	219
8	G201806	雷晓琪	女	茶花园	22	136
9	G201807	何霞	女	新兴苑	30	87
10	G201808	严羽群	女	台湾街	28	145
11	G201809	王国峰	男	翰林新城	32	119
12	G201810	姜玉	女	时代天骄	25	108

图 1-1-1　员工销量统计表（数据表中放标题）

	A	B	C	D	E	F	G
1	工号	姓名	性别	分销点	年龄	销售量	
2	G201801	李晓娜	女	普罗旺斯	26	98	
3	G201802	陈鸿飞	男	正恒国际	32	126	
4	G201803	张蕾	女	山水绿城	23	110	
5	G201804	李小倩	女	淡村	35	182	
6	G201805	周洪涛	男	万象城	24	219	
7	G201806	雷晓琪	女	茶花园	22	136	
8	G201807	何霞	女	新兴苑	30	87	
9	G201808	严羽群	女	台湾街	28	145	
10	G201809	王国峰	男	翰林新城	32	119	
11	G201810	姜玉	女	时代天骄	25	108	

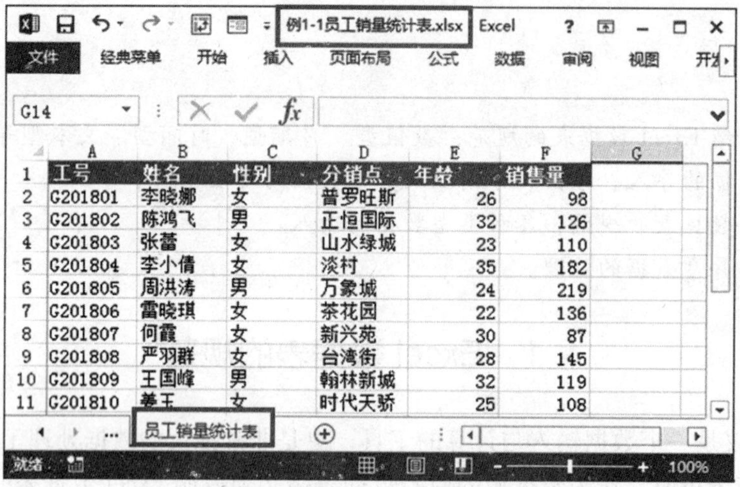

图 1-1-2　员工销量统计表（标题体现在工作表或工作簿名称中）

2. 不要使用多层表头

在数据表中，每一列都是不可再分割的基本数据项，同一列不能有多个值，即数据表中的一个字段不能有多个值。有些人在制作数据表时，喜欢使用多层表头，这就不符合 Excel 数据表的规范。如图 1-1-3 所示的职工工资表，由于将“工资”字段分成了“基本工资”和“附加工资”两列，因此在对“工资”字段进行数据筛选时，就会出现如图 1-1-4 所示的只显示“基本工资”数值的情况；在制作数据透视表时，字段列表中也只显示“工资”字段，如图 1-1-5 所示。因此，应把双层表头进行改正，改为如图 1-1-6 所示的单层表头。

	A	B	C	D
1	职工代码	姓名	工资	
2			基本工资	加班工资
3	1801	张三	500	60
4	1802	王四	799	70
5	1803	赵五	400	50

图 1-1-3　职工工资表

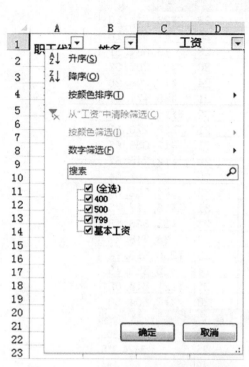

图 1－1－4　对“工资”字段进行筛选

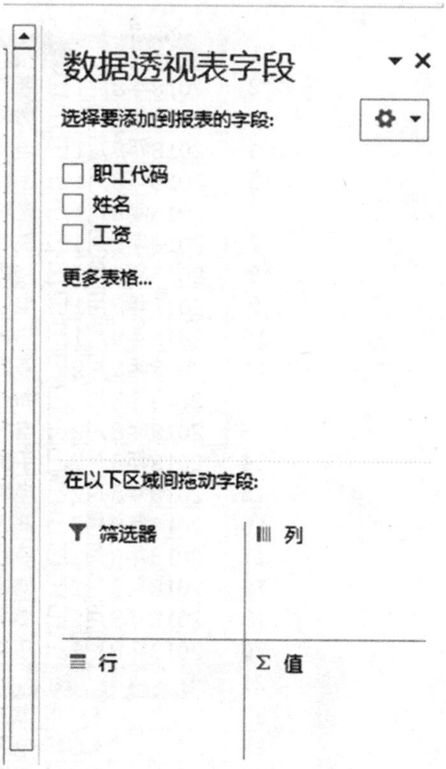

图 1－1－5　制作数据透视表时可用的字段

	A	B	C	D
1	职工代码	姓名	基本工资	加班工资
2	1801	张三	500	60
3	1802	王四	799	70
4	1803	赵五	400	50

图 1－1－6　修改后的职工工资表

3. 记录之间不要插入多个标题行

有些人在制作记录较多的数据表时，为了在浏览表格过程中能随时看到标题行，并且在打印每一页时显示标题行，就在记录之间插入多个标题行，这样的数据表也是不规范的。如图 1－1－7 所示的电器销售表，第 21 行就是重复的标题行，应把该行删除。

4. 不要合并单元格

在数据表中，不管是行还是列，不要随意合并单元格。在 Excel 中，每个单元格都是独立存在的，应保证每一个字段、每一条记录的数据与结构都整齐，这样才能便于数据的导入和更新，便于数据透视表和图表的生成。如图 1－1－8、图 1－1－9 所示的表格都是不符合规范的，在对这两个表格进行排序时就会出现如图 1－1－10 所示的提示。

5. 记录中不能出现空行

在数据表中，记录之间不能用空行隔开。Excel 对数据进行处理时，一旦遇到空行就会把数据分成独立的表格。比如在图 1－1－11 的数据表中插入数据透视表时，系统只会选择 A1:D6 的单元格区域为数据区域，如图 1－1－12 所示。由于这种情况下选取的数据并不完整，因而会对后续处理或分析产生偏差。

	A	B	C	D
1	销售日期	产品名称	销售量	销售额
2	2018年8月1日	液晶电视	28	¥23,141.10
3	2018年8月1日	微波炉	25	¥7,559.18
4	2018年8月1日	电风扇	23	¥9,664.51
5	2018年8月1日	手机	30	¥20,307.07
6	2018年8月1日	电烤炉	24	¥12,098.20
7	2018年8月1日	洗衣机	21	¥63,471.17
8	2018年8月1日	液晶电视	32	¥110,536.80
9	2018年8月1日	电冰箱	21	¥28,270.11
10	2018年8月1日	热水器	31	¥12,059.67
11	2018年8月2日	液晶电视	29	¥12,248.67
12	2018年8月2日	微波炉	28	¥33,161.04
13	2018年8月2日	电风扇	32	¥4,962.88
14	2018年8月2日	手机	31	¥16,417.73
15	2018年8月2日	电烤炉	23	¥38,366.58
16	2018年8月2日	洗衣机	19	¥3,748.37
17	2018年8月2日	液晶电视	28	¥250,616.74
18	2018年8月2日	电冰箱	14	¥35,353.49
19	2018年8月2日	热水器	21	¥121,816.06
20	2018年8月3日	液晶电视	28	¥2,604.60
21	销售日期	产品名称	销售量	销售额
22	43315	微波炉	18	39507.908
23	43315	电风扇	25	3424.016
24	43315	手机	19	658.464
25	43315	电烤炉	13	13483.904
26	43315	洗衣机	23	5599.882

图1-1-7 电器销售表（记录之间存在多个标题行）

	A	B	C
1	销售日期	产品	销售量
2	2018-8-1	液晶电视	34
3	2018-8-1	柜式空调	21
4	2018-8-1	微波炉	16
5	2018-8-1	冰箱	9
6	2018-8-1	滚筒洗衣机	13
7	2018-8-1	电磁炉	23
8	2018-8-1	电饭煲	38
9	2018-8-1	电风扇	45
10	小计		199
11	2018-8-2	液晶电视	27
12	2018-8-2	柜式空调	17
13	2018-8-2	微波炉	13
14	2018-8-2	冰箱	7
15	2018-8-2	滚筒洗衣机	10
16	2018-8-2	电磁炉	18
17	2018-8-2	电饭煲	20
18	2018-8-2	电风扇	36
19	小计		148
20	2018-8-3	液晶电视	11
21	2018-8-3	柜式空调	9

图1-1-8 电器销售统计表（数据表中有合并单元格）

	A	B	C
1	销售员	销售日期	销量
2		2018年8月1日	37
3		2018年8月2日	52
4	张小泉	2018年8月3日	42
5		2018年8月4日	40
6		2018年8月5日	33
7		2018年8月6日	26
8		2018年8月7日	31
9	李维真	2018年8月8日	51
10		2018年8月9日	16
11		2018年8月10日	41
12		2018年8月11日	43
13		2018年8月12日	57
14	刘芳菲	2018年8月13日	68
15		2018年8月14日	33
16		2018年8月15日	52
17	周亚东	2018年8月16日	72
18		2018年8月17日	73
19		2018年8月18日	39

图1-1-9 员工销售表（数据表中有合并单元格）

第 1 章　Excel 数据表的规范与输入

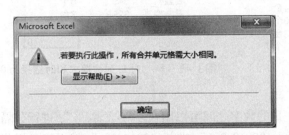

图 1-1-10　排序时弹出的对话框　　　图 1-1-11　水果销售表（记录中有空行）

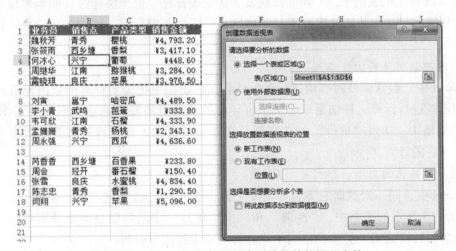

图 1-1-12　插入数据透视表时选取的数据不完整

1.1.2　数据的规范

在数据表中除了需要注意表格结构的规范外，还要注意数据的规范。数据的规范主要应遵循五项要求。

1. 数值与单位不要放同一列

如果在数据表中同一列既包括数值又包括单位，就会导致 Excel 无法获取数值直接进行计算。如图 1-1-13 所示的表格中，E 列的数据把数值和单位写在了同一列，如果对 E 列数据进行求和，则得到的结果为 0，如图 1-1-14 所示。

2. 不能在文本的中间添加空格

有些人在制作数据表时，为了让表格看上去更整齐，喜欢在文本的中间添加空格，这在数据表中也是不允许的。如果在文本的中间增加空格，在使用文本函数处理文本时公式会变得更复杂，增加了处理的难度。如图 1-1-13 所示的表格中，"姓名"一列的"周伟"中间加了空格，这也是不符合数据表数据规范的。

· 7 ·

	A	B	C	D	E
1	销售日期	姓名	产品类别	单价	数量
2	2018.3.7	张云翔	电冰箱	2499	6台
3	2018.5.2	周伟	手机	3198	11部
4	2018.5.4	胡晓群	豆浆机	279	4个
5	2018.6.8	刘庆军	浴霸	549	8个
6	20180719	卢晓峰	液晶电视	3299	3台
7	20180812	尚玉英	电压力锅	389	5个

图 1-1-13 不规范的数据

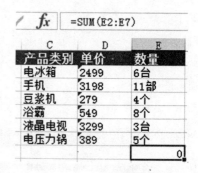

图 1-1-14 对 E 列数据求和时结果为 0

3. 日期的格式要规范

在 Excel 中，输入日期时，代表年、月、日的数字之间可以用"-"或者"/"进行分隔，如"2018-3-6"或者"2018/3/6"，如果输入"2018.3.6"或者"20180306"就不符合规范。如图 1-1-13 所示的表格中，A 列的日期就无法正确排序，也无法通过日期函数提取正确的年、月、日信息，因为在常规情况下"2018.3.6"是文本型数据，而"20180306"是数值型数据。

4. 计算的数值不能为文本型的数字

在 Excel 中，经常需要对数值进行各种计算，但是如果把需要计算的数值设置成文本型数据，则不能进行计算，特别是一些从系统导出的表格更需要注意这个问题。在图 1-1-13 所示的表格中，D 列"单价"的数据就是文本型的数据，必须将其转换成数值型数据才能进行下一步的计算。

5. 同一列数据的类型、格式要一致

在 Excel 中，同一列数据的类型一定要一致，否则在进行筛选或者汇总时会产生错误。如图 1-1-15 所示的表格中，"性别"和"出生年月"字段的数据类型就不统一，必须将同一列的数据转换成同一类型和格式才能进行下一步的数据分析。

	A	B	C	D	E
1	工号	姓名	性别	出生年月	基本工资
2	200411001	张蕊	女	1998-1-17	2580
3	200411002	刘洋	男	2000年4月9日	3100
4	200411003	周信芳	女	1997-5-4	2450
5	200411004	黄伟明	M	2001-3-6	3480
6	200411005	何可倩	女性	1998-12-11	1980
7	200411006	程国兴	男	2001年8月	2050
8	200411007	李岚	F	1997年12月8日	2760
9	200411008	杨柯	1	2001-2-6	2670
10	200411009	雷冰心	2	1999-7-5	3080
11	200411010	王娜娜	女	1998-8-2	1790

图 1-1-15 数据类型不统一

1.2 数据的输入

在 Excel 中，数据的类型主要有数值型、日期型、时间型、文本型等，数据的输入非常重要，这关系到后续的数据处理与分析。

1.2.1 数值型数据的输入

数值型数据是指可以进行数值运算的数据,数值型数据在单元格中默认的对齐方式是右对齐。如果需要输入正数,直接输入即可;输入纯小数时,可省略小数点前面的"0",如"0.28"可输入".28"。

提示:输入数值时,若数值位数太多,系统会自动改成科学计数法表示。如在单元格中输入"45121645810125"后,单元格显示为"4.51216E+13"。

1. 负数的输入

如果需要输入负数,可以直接输入减号加数字,如"-3";或者输入数字加上括号,如"(3)",然后单击"Enter"键即可显示为负数,如图1-1-16所示。

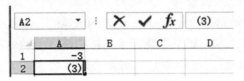

图1-1-16 输入负数

2. 比值的输入

在 Excel 中,不能直接在单元格中输入比值,否则就会变成时间型数据,如图1-1-17、图1-1-18所示。应先将单元格设置为文本格式,然后再输入比值,如图1-1-19、图1-1-20所示。

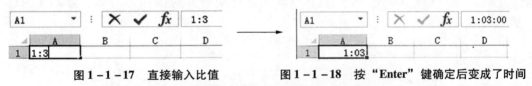

图1-1-17 直接输入比值　　图1-1-18 按"Enter"键确定后变成了时间

图1-1-19 把单元格设置为文本格式

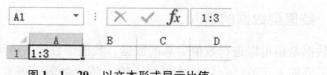

图 1-1-20 以文本形式显示比值

提示：在图 1-1-20 中，A1 单元格中的比值不能用于计算，因为该单元格的格式为文本型。

3. 分数的输入

在 Excel 中输入分数时，一般采用"分子/分母"的形式输入，如果使用这种方式，Excel 会根据分子和分母数字的不同情况来进行处理。如果分子是 1~31 之间的整数，且分母是 1~12 之间的整数，Excel 就会自动将其处理为日期"月-日"，比如输入"26/8"后会自动变成"8 月 26 日"，而如果分子是 1~31 之外的数字，或分母是 1~12 之外的数字，Excel 就会自动将其处理为文本。如果需要在单元格中输入分数，有三种方法可以采用。

（1）如果需要输入真分数，如"3/5"，可以先输入数字"0"和一个空格，接着输入分数"3/5"，然后按"Enter"键。此时 Excel 会在编辑栏中显示该分数的小数值，但是单元格中仍然显示分数，如图 1-1-21 所示。

提示：在输入可以约分的分数时，Excel 会自动对其进行约分处理。如输入"2/6"，单元格中将显示"1/3"。

（2）如果需要输入假分数，如"7/3"，可以先输入数字"0"和一个空格，接着输入分数"7/3"，然后按"Enter"键。此时 Excel 会自动将其转换为带分数，如图 1-1-22 所示。

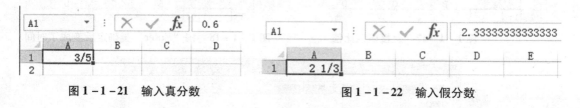

图 1-1-21 输入真分数　　　　图 1-1-22 输入假分数

（3）如果需要输入带分数，如"$2\frac{1}{3}$"，可以先输入数字"2"和一个空格，接着输入"1/3"，然后按"Enter"键。此时，在编辑栏中可以看到该分数的小数值，如图 1-1-23 所示。

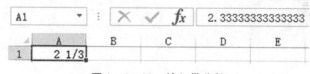

图 1-1-23 输入带分数

1.2.2 日期型和时间型数据的输入

1. 日期的输入

Excel 默认使用的是 1900 日期系统，即以 1900 年 1 月 1 日作为日期计数起始的第 1 天，也就是1900年1月1日=1，此后的日期每隔1天就加1。也就是说，在Excel中，日期就是数字，这个数字代表从1900年1月1日开始到输入的日期的天数。比如输入"2018/8/30"，则单元格中返回的数值为43 342，这表示从1990年1月1日开始到2018年8月30日的天数有43 342天。所以日期是个正数，这个正数只能表示1900年及之后的日期。

在Excel中输入日期时，年、月、日数字之间可以用"-"或者"/"进行分隔，输完确定后单元格格式会自动更改为某种内置的日期格式，如输入"18/8/30"，Excel会自动转换成"2018-8-30"这种日期型数据。

提示：在Excel 2013中，如果要快速输入系统当前的日期，选中要输入内容的单元格后，按下"Ctrl+;"组合键即可；如果要快速输入系统当前的时间，则选中要输入内容的单元格后，按下"Ctrl+Shift+;"组合键即可。

（1）如果不想使用默认的日期格式，则可以自行设置，具体步骤如下。

①选中要输入日期的单元格或单元格区域，单击"开始"选项卡，在"数字"组中单击右下角的"⌐"按钮，如图1-1-24所示。

图1-1-24 单击"⌐"按钮

②打开"设置单元格格式"对话框，在"数字"选项卡下的"分类"列表框中选择"日期"选项，在右侧的"类型"列表框中选择一种需要的日期格式，单击"确定"按钮，如图1-1-25所示。

提示：打开"设置单元格格式"对话框还可以通过以下的方法：①选中单元格或者单元格区域后，单击鼠标右键，在弹出的快捷菜单中选择"设置单元格格式"选项，如图1-1-26所示；②单击"开始"选项卡下"数字"组中的"数字格式"下拉三角形，选择"其他数字格式"选项，如图1-1-27所示；③按"Ctrl+1"组合键。

③在选定的单元格中输入"2018-8-30"日期形式，按下"Enter"键，即可自动转换为选择的日期类型，如图1-1-28所示。

（2）如果在"设置单元格格式"对话框的"类型"列表框中没有找到需要的日期类型，还可以自定义设置。比如要把日期设置成"2018年08月30日 星期四"的格式，具体步骤如下。

①选中要设置的单元格，单击鼠标右键，在弹出的快捷菜单中选择"设置单元格格式"选项，打开"设置单元格格式"对话框。

②在"数字"选项卡下的"分类"列表框中选择"自定义"选项，在右侧"类型"文本框中输入日期类型"yyyy"年"mm"月"dd"日" aaaa"，单击"确定"按钮，如图1-1-29所示。

图1-1-25 选择一种需要的日期格式

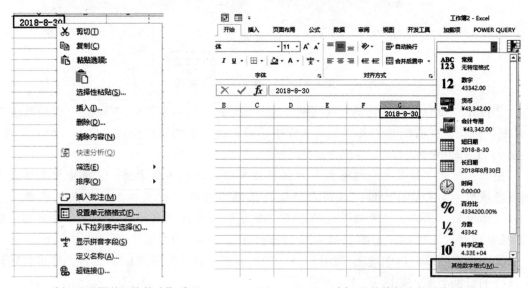

图1-1-26 选择"设置单元格格式"选项　　图1-1-27 选择"其他数字格式"选项

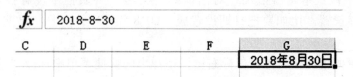

图1-1-28 自动转换为选择的日期类型

③在选定的单元格中输入"2018-8-30"日期形式，则会自动转换为"2018年08月30日　星期四"的日期格式，如图1-1-30所示。

第 1 章　Excel 数据表的规范与输入

图 1-1-29　自定义日期格式

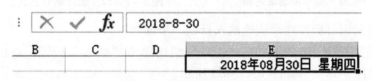

图 1-1-30　自动转换为自定义的日期类型

提示：在 Excel 中，自定义日期格式时各英文字符代表的含义如下：y-年，m-月，d-日；mmm-英文月份简称，mmmm-英文月份全称；aaa-中文星期简称，aaaa-中文星期全称；ddd-英文星期简称，dddd-英文星期全称。Excel 中，自定义日期常见的格式与示例如表 1-1-1 所示。

表 1-1-1　自定义日期常见的格式与示例

格式	示例
m/d	3/8
yy-mm-dd	09-12-30
yy/mm/dd	09/12/30
mm-dd-yy	12-30-09
mmm-yy	Jan-92
dd-mmm-yy	18-Oct-09
dd-mmm	30-Sep

（3）在 Excel 中，如果要快速输入有规律的工作日日期数据，步骤如下。

①在单元格中输入一个日期，比如"2018-8-30"，按"Enter"键确定。

②单击单元格右下角的正方形填充柄，然后按住鼠标左键向下拖动，放开鼠标左键后右

下角自动出现"自动填充选项"列表框，如图1-1-31所示。单击列表框右下角的下拉按钮，选择"以工作日填充"选项，如图1-1-32所示。可以看到，2018年9月1日和9月2日没有出现在填充的日期中，因为这两天是周末。

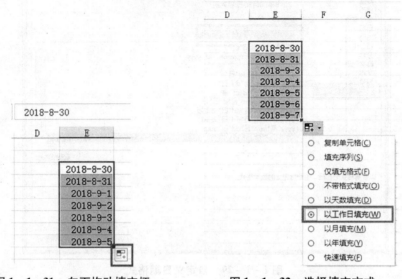

图1-1-31　向下拖动填充柄　　　　图1-1-32　选择填充方式

（4）如果想利用日历控件来快速输入日期，步骤如下。

①单击"开发工具"选项卡，在"控件"组中单击"插入"按钮，在出现的控件列表中选择"其他控件"选项，如图1-1-33所示。

②在打开的"其他控件"对话框中，选择"Microsoft Date and Time Picker Control 6.0（SP4）"选项，单击"确定"按钮，如图1-1-34所示。

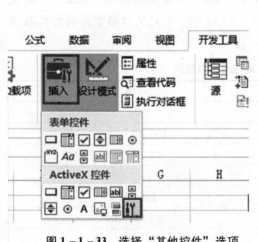

图1-1-33　选择"其他控件"选项　　　图1-1-34　选择"Microsoft Date and Time Picker Control 6.0（SP4）"选项

③当鼠标变成"+"形状后，按住鼠标左键不放拖动即可插入一个日历控件，此时日历控件处于"设计模式"，还不能使用，如图1-1-35所示。

④单击"控件"组中的"设计模式"按钮,退出设计模式。

⑤单击日历控件下拉按钮后,即可选择需要输入的日期,如图 1-1-36 所示。

图 1-1-35　插入日历控件　　　　图 1-1-36　通过日历控件输入日期

2. 时间的输入

在 Excel 中,输入时间时,小时、分之间要用":"隔开,一般格式为"时:分"。如 9 点 15 分应输入"9:15",输完确定后单元格格式会自动更改为某种内置的时间格式。

如果不想使用默认的时间格式,则可以自行设置,具体步骤如下。

(1) 选中要输入时间的单元格,按"Ctrl+1"组合键,打开"设置单元格格式"对话框。

(2) 在"设置单元格格式"对话框中"数字"选项卡下的"分类"列表框中选择"时间"选项,在右侧的"类型"列表框中选择一种需要的时间格式,单击"确定"按钮,如图 1-1-37 所示。

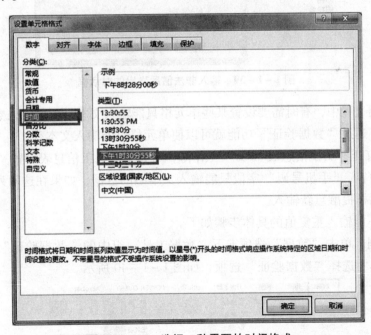

图 1-1-37　选择一种需要的时间格式

(3) 在选定的单元格中输入"20:31"时间数据,按下"Enter"键,即可自动转换为选择的时间类型,如图 1-1-38 所示。

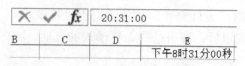

图 1-1-38　自动转换为选择的时间类型

1.2.3　文本型数据的输入

在 Excel 中,文本型数据是指包含了字母、汉字以及非数字符号的字符串。文本型数据在单元格中默认的对齐方式是左对齐。

在输入数字形式的字符串时,如邮政编码、身份证号码、电话号码等,输入时应在数据前面加英文的单引号" ' ",或输入" = "数字串" ",这样 Excel 才会把输入的数字字符串视为文本,而不会当成数值来处理。例如,邮政编码 530003,应输入 " '530003 " 或输入 " = "530003" "。

1.2.4　通过"数据验证"功能进行数据的输入

在 Excel 2013 中,通过"数据验证"功能,可以设置一些规则来规定单元格中输入的数据。比如,学生的成绩如果为百分制的话,则输入小于 0 或大于 100 的成绩就为非法数据,当"期考成绩"字段的单元格设置数据验证后,如输入小于 0 或大于 100 的成绩,就会弹出如图 1-1-39 所示的警告错误信息。

图 1-1-39　输入非法值后弹出的对话框

在实际使用过程中,有时需要设置某些单元格只能输入文本,不能输入数字等其他类型的数据,这时,通过"数据验证"功能就可以使单元格只能输入文本。

例 1-1　打开"员工信息表.xlsx"工作簿,对其中的员工信息表设置"工号"字段不能输入重复的内容、"手机号码"字段只能输入文本型的数据,如果在这两列输入了非法数据,则弹出对话框提醒重新输入。

(1) 设置不能输入重复值的具体步骤如下。

①选中 A 列,单击"数据"选项卡下"数据工具"组中的"数据验证"下拉按钮,在出现的下拉菜单中选择"数据验证"选项,如图 1-1-40 所示。

图 1-1-40　选择"数据验证"选项

②打开"数据验证"对话框,在"设置"选项卡中单击"验证条件"→"允许"栏中的下拉按钮,在下拉引表中选择"自定义"选项,然后在公式框中输入公式" = COUNTIF (A:A,A1) < = 1",如图1-1-41所示。

公式解析:COUNTIF 函数是条件计数函数,公式" = COUNTIF(A:A,A1) < = 1"表示:在 A 列输入数据时相同数据的个数要小于或等于1,即指定的单元格区域中不能出现相同的数据,如果输入数据时相同数据的个数大于1,即指定的单元格区域中有相同的数据,那么输入的数据就为非法的数据。

③单击"输入信息"选项卡,在"标题"栏中输入"员工工号",在"输入信息"栏中输入"请输入不重复的数据作为员工的工号",如图1-1-42所示。

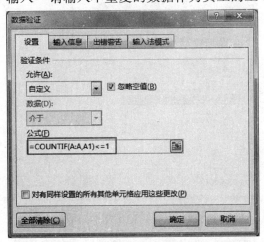

图1-1-41 设置"数据验证"的验证条件

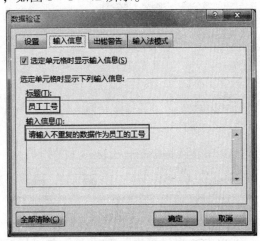

图1-1-42 设置"数据验证"的输入信息

④单击"出错警告"选项卡,在"标题"栏中输入"数据非法",在"错误信息"栏中输入"您输入了重复的工号,请重新输入!",单击"确定"按钮,如图1-1-43所示。设置完成后,在 A 列输入相同的数据后将弹出如图1-1-44所示的提示出错对话框,提示重新输入正确的数据。

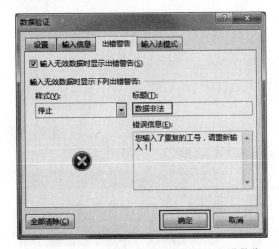

图1-1-43 设置"数据验证"的出错警告

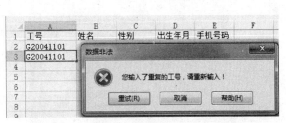

图1-1-44 输入非法数据后弹出的对话框

（2）设置只能输入文本型数据的具体步骤如下。

①选中 E2 单元格，采用与前面相同的方法打开"数据验证"对话框。在"设置"选项卡中，单击"验证条件"栏下的"允许"栏中的下拉按钮，在下拉列表中选择"自定义"选项，然后在公式框中输入公式"=ISTEXT(E2)"，如图 1-1-45 所示。

提示：这里通过 ISTEXT 函数对 A2 单元格的数据进行验证，文本型的数据才允许输入。

②单击"输入信息"选项卡，在"标题"栏中输入"文本型数据"，在"输入信息"栏中输入"请输入文本型的数据作为手机号码"，如图 1-1-46 所示。

图 1-1-45 设置"数据验证"的验证条件

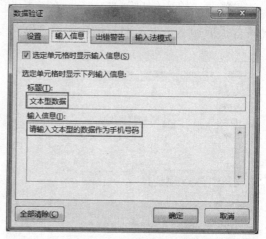

图 1-1-46 设置"数据验证"的输入信息

③单击"出错警告"选项卡，在"标题"栏中输入"出错了"，在"错误信息"栏中输入"您输入的数据不是文本型数据，请重新输入！"，单击"确定"按钮，如图 1-1-47 所示。在 E2 单元格中输入一个非文本型的数据后将弹出如图 1-1-48 所示的提示出错对话框，提示重新输入正确的数据。

④拖动 E2 单元格右下角的正方形填充柄到 E 列的其他单元格，对其他单元格设置数据验证。

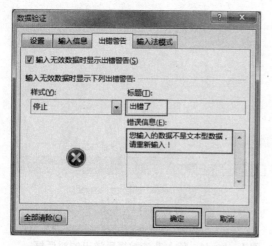

图 1-1-47 设置"数据验证"的出错警告

图 1-1-48 输入非法数据后弹出的对话框

第 1 章　Excel 数据表的规范与输入

数据验证不仅能够对单元格的输入数据进行条件限制，还可以在单元格中创建下拉列表菜单，方便用户选择输入。

例 1-2　打开"教工信息表.xlsx"工作簿，对照图 1-1-49 中的表格信息，在 Sheet1 工作表的 D 列中快速无误地输入教工的职称信息，具体操作步骤如下。

（1）选中 Sheet1 工作表的 D 列，采用与前面相同的方法打开"数据验证"对话框。

（2）在"数据验证"对话框中，单击"设置"选项卡，在"允许"下拉列表中选择"序列"选项；在"来源"输入框中输入职称序列"教授,副教授,讲师,助教,未定级"（注意该序列的各个项目之间用英文逗号隔开），单击"确定"按钮，如图 1-1-50 所示。

（3）设置好后，单击 D 列数据区域的某个单元格时，在该单元格的右侧出现一个下拉按钮，单击该按钮，就可以在列表框中选择输入职称信息，如图 1-1-51 所示。

图 1-1-49　教工信息表　　　　　图 1-1-50　输入指定的序列数据

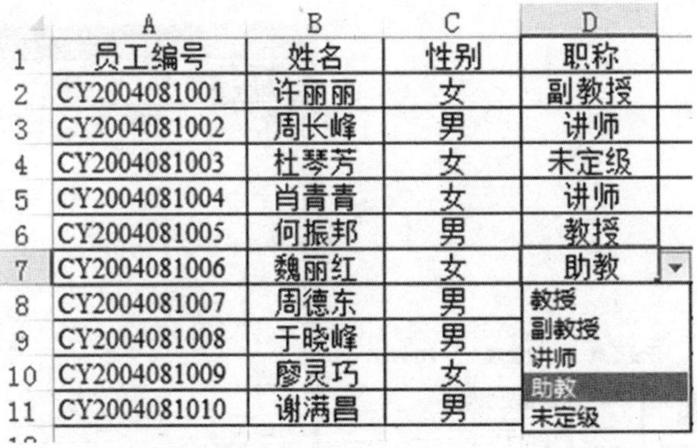

图 1-1-51　从下拉列表中选择输入数据

1.2.5　通过定义名称进行数据的录入

例 1-3　打开"教工系部信息表.xlsx"工作簿，在"各学院系部"工作表中（工作表内容如图 1-1-52 所示），为"学院"单元格区域 B1:K1 定义一个名称"学院名称"，为每个学院所属的系部单元格区域分别定义相应的名称。例如，把 B2:B4 单元格区域的名称定义为"经济与贸易学院",把 C2:C5 单元格区域的名称定义为"财政与公共管理学院",以此类推,把 K2:K6 单元格区域的名称定义为"法学院"。然后通过设置多种限制的数据验证,在"教工系部信息"工作表中,快速输入如图 1-1-53 所示的各系部名称。

	A	B	C	D	E	F
1	学院名称:	经济与贸易学院	财政与公共管理学院	金融与保险学院	信息与统计学院	工商管理学院
2	下属系部:	国际商学系	财政系	金融系	计算机系	工商管理
3		经济学系	税务系	投资系	数字媒体系	人力资源管理
4		管理学系	劳动与社会保障系	保险系	电子商务与信息系	会展经济与管理
5			公共关系	金融工程系	经济统计系	旅游管理
6					数理统计系	市场营销
7					应用数学系	
8					金融数学系	

图 1-1-52 "各学院系部"工作表中的内容

	A	B	C	D	E	F	G
1	员工编号	姓名	性别	职称	学院	系部	籍贯
2	CY2004081001	许丽丽	女	副教授	信息与统计学院	计算机系	广西南宁
3	CY2004081002	周长峰	男	讲师	财政与公共管理学院	劳动与社会保障系	广西玉林
4	CY2004081003	杜琴芳	女	未定级	金融与保险学院	投资系	广西柳州
5	CY2004081004	肖青青	女	讲师	工商管理学院	人力资源管理	广西宜州
6	CY2004081005	何振邦	男	教授	会计与审计学院	财务管理系	广西百色
7	CY2004081006	魏丽红	女	助教	文化传播学院	设计系	广西南宁
8	CY2004081007	周德东	男	副教授	法学院	国际法学教研室	广西柳州
9	CY2004081008	于晓峰	男	讲师	经济与贸易学院	国际商学系	广西桂林
10	CY2004081009	廖灵巧	女	讲师	商务外国语学院	商务英语系	广西来宾
11	CY2004081010	谢满昌	男	副教授	管理科学与工程学院	物流系	广西北海

图 1-1-53 需输入的教工所属学院及系部信息

(1) 定义名称。

方法1:用"定义名称"对话框定义名称。

①在"各学院系部"工作表中,选取要定义名称为"学院名称"的单元格区域 B1:K1。

②单击"公式"选项卡,然后单击"定义的名称"组中的"名称管理器"按钮,如图 1-1-54 所示,打开"名称管理器"对话框,如图 1-1-55 所示。

图 1-1-54 单击"定义名称"按钮

图 1-1-55 打开"名称管理器"对话框

提示:①如果选择的单元格区域最上面的一个单元格或最左边的一个单元格是文本型数据,在"新建名称"对话框中,Excel 会自动将该文本作为默认的名称,如图 1-1-56 所示,单击"确定"按钮,可将该选定的单元格或单元格区域命名为默认的名称。②也可以通过按"Ctrl + F3"组合键打开"名称管理器"对话框。

③在"名称管理器"对话框中单击"新建"按钮，打开"新建名称"对话框。在"名称"文本框中输入"学院名称"，如图 1 – 1 – 57 所示，单击"确定"按钮，返回"名称管理器"对话框。单击"新建"按钮，在"名称"文本框中输入"经济与贸易学院"，在"引用位置"输入框中输入单元格区域"=各学院系部!$B$2:$B$4"（或者单击"引用位置"栏右边的收缩按钮 缩小对话框后，用鼠标选取要命名的单元格区域 B2:B4，再单击展开按钮 ，回到"新建名称"对话框的初始状态），如图 1 – 1 – 58 所示。

图 1 – 1 – 56　"新建名称"对话框

图 1 – 1 – 57　定义名称为"学院名称"

④采用同样的方法继续定义其他单元格的名称，如图 1 – 1 – 59 所示。本案例中定义的名称及相应的引用位置如表 1 – 1 – 2 所示。

图 1 – 1 – 58　定义名称为"经济与贸易学院"

图 1 – 1 – 59　继续定义其他的名称

表 1 – 1 – 2　定义的名称及对应的引用位置

名称	引用位置
学院名称	=各学院系部!$B$1:$K$1
经济与贸易学院	=各学院系部!$B$2:$B$4
财政与公共管理学院	=各学院系部!$C$2:$C$5

续表

名称	引用位置
金融与保险学院	=各学院系部!$D$2:$D$5
信息与统计学院	=各学院系部!$E$2:$E$8
工商管理学院	=各学院系部!$F$2:$F$6
商务外国语学院	=各学院系部!$G$2:$G$7
管理科学与工程学院	=各学院系部!$H$2:$H$6
会计与审计学院	=各学院系部!$I$2:$I$5
文化传播学院	=各学院系部!$J$2:$J$6
法学院	=各学院系部!$K$2:$K$6

定义名称的规则如下。

①名称可以是任意字符与数字的组合，但不能以数字开头，不能以纯数字作为名称，名称不能与单元格地址相同。

②名称中不能包含空格。例如，名称不能是"Nan Ning"。

③名称中不能使用除下划线、点号、斜线（/）、反斜线（\）和问号（?）以外的其他符号，其中，反斜线（\）和问号（?）不能作为名称的开头。例如，不能使用"?gx-ufe"作为名称，可以使用"gxufe?"作为名称。

④名称字符长度不能超过255个字符。一般情况下，名称应该便于记忆且尽量简短，否则就违背了定义名称的初衷。

⑤名称中的字母不区分大小写。例如，名称"GXUFE"和名称"gxufe"是相同的。

方法2：利用名称框定义名称。

①选取要定义名称为"学院名称"的单元格区域B1:K1。

②在名称框中输入名称"学院名称"，按"Enter"键。这样就定义好了"学院名称"，如图1-1-60所示。

③采用同样的方法具体定义其他单元格的名称。

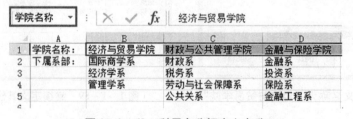

图1-1-60 利用名称框定义名称

提示：利用名称框来定义名称，是一种比较简单、适用性更强的方法。但是，在名称框中输入名字后，一定要记得按"Enter"键，这样才能完成名称的定义。如果在名称框中输入名称后没有按"Enter"键，而是单击了工作表的其他单元格，那么定义名称的工作就没有真正完成。此外，还要注意的是，利用名称框无法修改名称指定的单元格引用范围。如果要修改名称指定的单元格引用范围，就必须在"名称管理器"对话框中进行。

（2）设置多种限制的数据验证。

①在“教工系部信息”工作表中，选择要输入学院名称的单元格区域 E2:E11，单击“数据”选项卡，然后单击“数据工具”组中的“数据验证”按钮，打开“数据验证”对话框。

②在“数据验证”对话框中，选择“设置”选项卡，在“允许”下拉列表中选择“序列”选项，在“来源”输入框中输入公式“=学院名称”，单击“确定”按钮，如图 1-1-61 所示。

③选择要输入教工系部的单元格区域 F2:F11，单击“数据”选项卡，然后单击“数据工具”组中的“数据验证”按钮，打开“数据验证”对话框。

④在“数据验证”对话框中，选择“设置”选项卡，在“允许”下拉列表中选择“序列”选项，然后在“来源”输入框中输入公式“=INDIRECT(E2)”，单击“确定”按钮，如图 1-1-62 所示。这样，“学院”及“系部”序列输入设置完毕。在 E 列某一单元格中输入学院的名称后，在 F 列对应的单元格内只能选择输入该学院所属的系部，如图 1-1-63 所示。

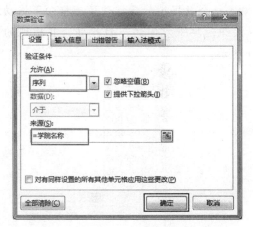

图 1-1-61　为 E 列设置学院名称序列

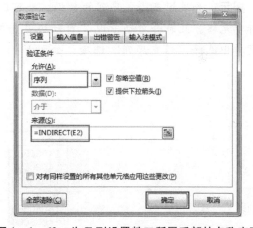

图 1-1-62　为 F 列设置教工所属系部的名称序列

公式解析：在本示例中，E 列的某个单元格输入的是学院名称字符串，而这个学院名称字符串又恰好是各个学院下属系部列表区域的名称，因此需要使用 INDIRECT 函数将这个字符串转换为真正的名称。

	A	B	C	D	E	F	G
1	员工编号	姓名	性别	职称	学院	系部	籍贯
2	CY2004081001	许丽丽	女	副教授	信息与统计学院	计算机系	广西南宁
3	CY2004081002	周长峰	男	讲师	财政与公共管理学院	劳动与社会保障系	广西玉林
4	CY2004081003	杜琴芳	女	未定级			广西柳州
5	CY2004081004	肖青青	女	讲师			广西宜州
6	CY2004081005	何振邦	男	教授			广西百色
7	CY2004081006	魏丽红	女	助教			广西南宁

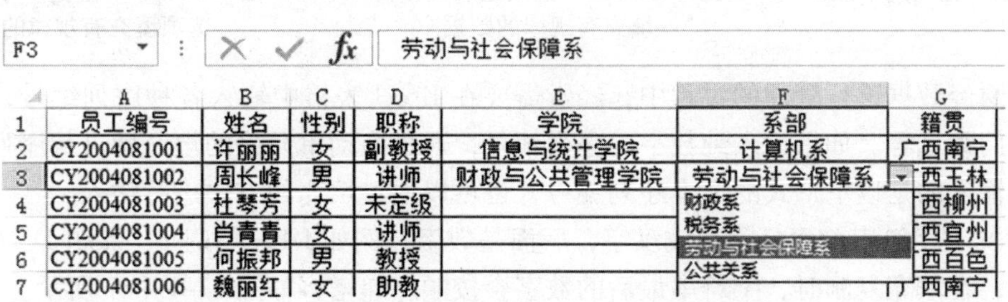

图 1-1-63　通过二级菜单输入“学院”及“系部”信息

在制作公司的员工信息表格时，经常要输入各个部门的名称及每个部门所属的员工姓名。这时，可以使用多种限制的数据验证来实现快速输入。

1.2.6 数据的填充

在工作表中输入数据时,经常需要向某一区域输入一些相同的或有规律的数据,如员工补贴、学号等,逐个输入比较麻烦,可以通过使用 Excel 提供的自动填充功能快速地完成数据的输入。

1. 填充相同的数据

在 Excel 2013 中,选择一个有数据的单元格,此时,单元格的右下角会出现一个绿色的小方块图标,该图标称为填充柄,把鼠标移到填充柄处,当鼠标变成黑色实心的十字光标时,按住鼠标左键不放,并向水平或垂直方向拖动,即可将数据复制到相关的单元格中。

2. 填充有规律的数据

Excel 2013 的自动填充功能可以根据单元格的初始值决定填充项。例如,输入如图 1 - 1 - 64 所示的工号,用鼠标选中两个有数据的相邻单元格后,按住填充柄向下拖动,系统将会根据选中的两个单元格的数据的等差关系,在拖到的单元格内依次填充有规律的数据,如图 1 - 1 - 65 所示。

提示: 如果填充等差序列的数据,也可以只输入一个数据,然后按住填充柄向下拖动到目标单元格,此时会自动出现"自动填充选项"按钮,单击右侧的下拉按钮,在出现的下拉菜单中选择"填充序列"选项,如图 1 - 1 - 66 所示。

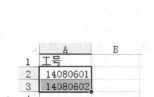
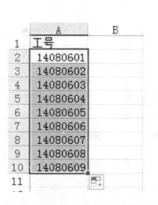
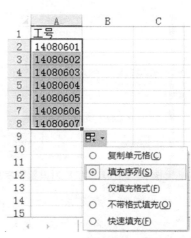

图 1 - 1 - 64　输入两个数据　　图 1 - 1 - 65　直接拖动填充柄填充有规律的数据　　图 1 - 1 - 66　通过"填充序列"选项填充有规律的数据

在对财经数据进行管理的过程中,经常需要在 Excel 表格中输入各种序列编号,如员工编号、部门编号等。如果输入纯数字的序列编号,通过拖动单元格的填充柄进行序列填充即可。如果输入的是以下形式的文本序列编号,也可以通过填充的方式进行输入。

(1) 文本字符串前面是字母或汉字,后面是数字,例如 D1、部门 1、课题 1、型号 001 等,此时,在填充复制时,字符串最后的数字会按顺序递增,如图 1 - 1 - 67 所示。

(2) 文本字符串前面是数字,后面是字符串并且最后的字符不是数字,此时,在填充复制时,字符串最前面的数字会按顺序递增,如图 1 - 1 - 68 所示。

	A	B	C	D
1	D1	部门1	课题1	型号001
2	D2	部门2	课题2	型号002
3	D3	部门3	课题3	型号003
4	D4	部门4	课题4	型号004
5	D5	部门5	课题5	型号005
6	D6	部门6	课题6	型号006
7	D7	部门7	课题7	型号007
8	D8	部门8	课题8	型号008

图 1-1-67 快速填充文本序列 1

	A	B	C	D	E
1	1组	1分队	1月	1-GX	1001-东风
2	2组	2分队	2月	2-GX	1002-东风
3	3组	3分队	3月	3-GX	1003-东风
4	4组	4分队	4月	4-GX	1004-东风
5	5组	5分队	5月	5-GX	1005-东风
6	6组	6分队	6月	6-GX	1006-东风
7	7组	7分队	7月	7-GX	1007-东风
8	8组	8分队	8月	8-GX	1008-东风

图 1-1-68 快速填充文本序列 2

需要注意的是，在第（1）种情况中，文本字符串后面的连续数字位数不能超过 10 位；在第（2）种情况中，文本字符串前面的连续数字位数也不能超过 10 位，否则系统就无法进行自动填充。如果文本字符串前面或后面的连续数字位数超过了 10 位，要想快速得到这样的序列，就要采用相关的函数进行输入和处理。

3. 自定义填充序列

（1）在 Excel 2013 中，还可以通过"序列"对话框输入有规律的数据。例如，要输入一个初始值为 2，公比为 3，终止值为 54 的等比序列的数据，其步骤如下。

①在第 1 个单元格中输入"2"。

②单击"开始"选项卡，在"编辑"组中单击"填充"按钮，在下拉菜单中选择"序列"选项，如图 1-1-69 所示。

③打开"序列"对话框，选择"序列产生在"一栏中的"列""类型"一栏中的"等比序列"，设置"步长值"为 3，"终止值"为 54，单击"确定"按钮，如图 1-1-70 所示。这样，在数值为"2"的单元格同一列的下面单元格中就填入了具有等比规律的数值"6、18、54"，如图 1-1-71 所示。

图 1-1-69 选择"序列"选项

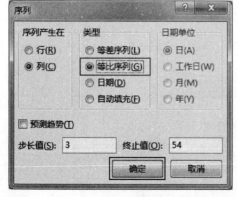

图 1-1-70 在"序列"对话框中设置序列

	A	B	C
1		2	
2		6	
3		18	
4		54	
5			

图 1-1-71 填充的等比序列

（2）对于某些常用的数据序列，Excel 2013 把它定义成了自动填充序列，如月份、星期、季度等。在输入这些数据时，只需输入第一个数据，然后用填充方式让 Excel 2013 自动生成即可。例如，输入如图 1-1-72 所示的星期数据的步骤如下。

①在第 1 个单元格中输入"星期一"。

②把鼠标移到填充柄处，当鼠标变成黑色实心的十字光标时，按住鼠标左键不放向右水平拖动，系统会自动填充"星期二、星期三……星期日"数据。

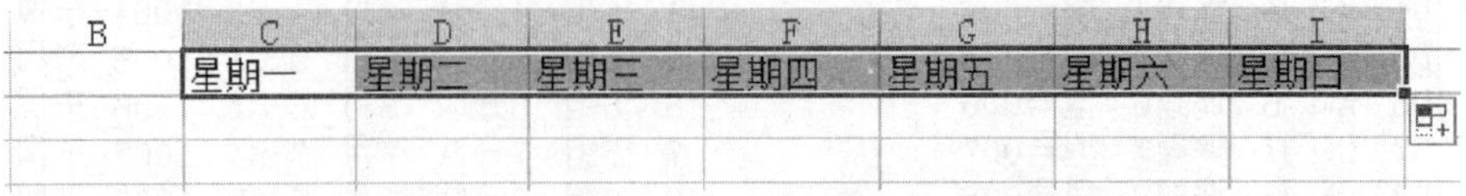

图 1－1－72　填充 Excel 2013 自带的序列

（3）通过填充序列的方式输入数据虽然方便，但是 Excel 提供的序列并不多。为此，Excel 2013 允许用户定义填充序列。用户可把需要经常输入的数据设置为自定义填充序列，以后在每次输入这些数据时只需输入第 1 个数据，其余的数据可通过填充柄拖动产生。

例如，在制作销售表时，经常需要用到"第一班组、第二班组……"这样的文本，这时，可以把"第 X 班组"设置为自定义填充序列，以后如果要输入该序列数据时，就可以用填充的方式产生。下面以在一列中输入如图 1－1－73 所示的"第一班组、第二班组……第六班组"数据为例，介绍在 Excel 2013 中自定义填充序列的方法。

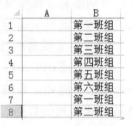

图 1－1－73　要填充的序列图

①单击"文件"选项卡，选择"选项"，打开"Excel 选项"对话框。

②在"Excel 选项"对话框中，单击左侧的"高级"，然后在右侧"常规"栏中单击"编辑自定义列表"按钮，单击"确定"按钮，如图 1－1－74 所示。

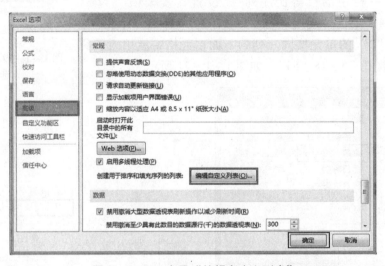

图 1－1－74　启用"编辑自定义列表"

③打开"自定义序列"对话框，选择左边"自定义序列"列表中的"新序列"选项，然后在"输入序列"列表框中输入"第一班组""第二班组"……"第六班组"，并通过"Enter"键分隔，单击"确定"按钮，完成新序列添加，如图 1－1－75 所示。

④在第 1 个单元格中输入"第一班组"，把鼠标移动到填充柄处，当鼠标变成黑色实心

第 1 章　Excel 数据表的规范与输入

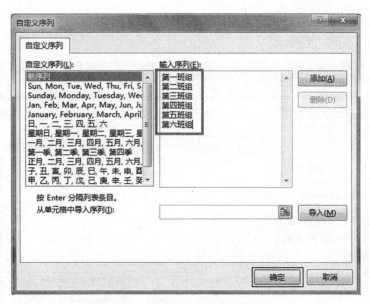

图 1-1-75　自定义序列

的十字光标时，按住鼠标左键不放向垂直方向拖动，Excel 2013 就会自动填充自定义的第一班组、第二班组……第六班组序列数据。

提示：经过上述的操作后，第一班组、第二班组……第六班组数据就被 Excel 2013 保存为自动序列，以后需要输入这些数据时，只需输入"第一班组"，再拖动该单元格的填充柄，就可自动填入该序列后面的其他序列了。

1.3　数据的导入与导出

Excel 2013 不仅具有数据处理的能力，还可以与其他的软件进行数据的交互，因此需要经常导入和导出各种文件格式的数据。

1.3.1　自文本中导入数据

通过 Excel 2013 的"自文本"数据导入功能，可以将扩展名为". pm"". txt"". csv"等文本文件格式的数据导入到工作表中。下面以导入". txt"文本数据为例讲解导入文本数据的步骤。

（1）定位到要插入文本数据的单元格，单击"数据"选项卡，在"获取外部数据"组中，单击"自文本"按钮，如图 1-1-76 所示。

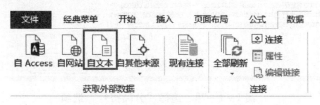

图 1-1-76　单击"自文本"按钮

(2) 打开"导入文本文件"对话框,选择需要导入数据的文本文档,然后单击"导入"按钮,如图 1-1-77 所示。

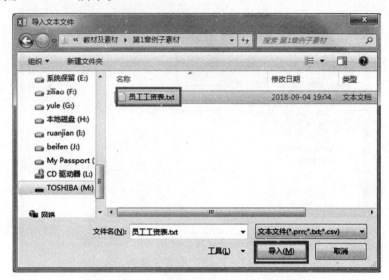

图 1-1-77 选择文件后单击"导入"按钮

(3) 打开"文本导入向导"对话框,在"文本导入向导-第1步,共3步"对话框中,选中"原始数据类型"栏中的"分隔符号"单选按钮,然后单击"下一步"按钮,如图 1-1-78 所示。

(4) 在"文本导入向导-第2步,共3步"对话框中,选中"分隔符号"栏中的"Tab 键"复选按钮,然后单击"下一步"按钮,如图 1-1-79 所示。

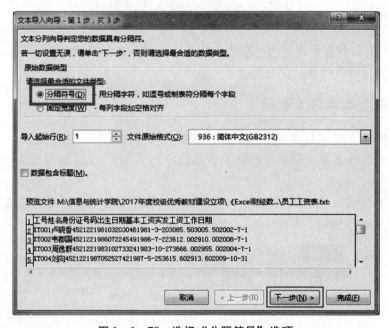

图 1-1-78 选择"分隔符号"选项

(5) 在"文本导入向导-第3步,共3步"对话框中,单击"身份证号"所在列的列

第1章　Excel数据表的规范与输入

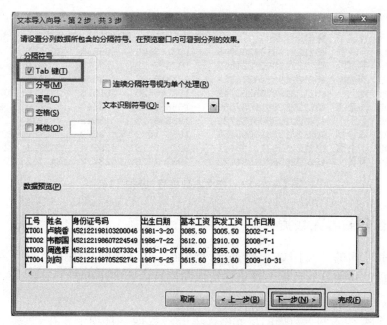

图1-1-79　选中"Tab键"复选按钮

标，在"列数据格式"栏中选中"文本"单选按钮；单击"出生日期"所在列的列标，在"列数据格式"栏中选中"日期"单选按钮，格式设置为"YMD"；单击"工作日期"所在列的列标，在"列数据格式"栏中选中"日期"单选按钮，格式设置为"YMD"，如图1-1-80所示。单击"完成"按钮。

（6）打开"导入数据"对话框，选择"现有工作表"选项以及单元格，单击"确定"按钮，如图1-1-81所示。此时，格式为".txt"的文本中的数据插入到了表格中，如图1-1-82所示。

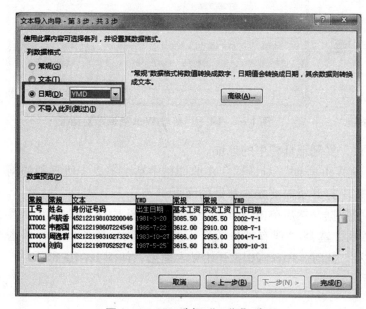

图1-1-80　选择"日期"选项

图1-1-81　选择"现有工作表"选项

Excel 财经数据处理与分析

	A	B	C	D	E	F	G
1	工号	姓名	身份证号码	出生日期	基本工资	实发工资	工作日期
2	XT001	卢晓香	452122198103200046	1981-3-20	3085.5	3005.5	2002-7-1
3	XT002	韦郡国	452122198607224549	1986-7-22	3612	2910	2008-7-1
4	XT003	周逸群	452122198310273324	1983-10-27	3666	2955	2004-7-1
5	XT004	刘向	452122198705252742	1987-5-25	3615.6	2913.6	2009-10-31
6	XT005	杨泉凌	452122198811087550	1988-11-8	3540	2850	2009-9-1
7	XT006	王乐乐	452122199609132723	1986-9-13	3642	2935	2005-7-1
8	XT007	陈春伟	452122198310095468	1983-10-9	3672	2960	2007-5-1
9	XT008	李小青	45212219821018544X	1982-10-18	4268.4	3457.4	2006-5-31
10	XT009	何其	452122198207284522	1982-7-28	4237.2	3431.2	2000-5-31

图 1-1-82　把文本数据导入到工作表中

1.3.2　自网站导入数据

通过 Excel 2013 的"自网站"数据导入功能，可以将网页中的数据导入到工作表中，这项功能不仅能够快速获取数据，甚至还可以与网页内容同步更新。下面讲解从网站导入数据的具体步骤。

（1）定位到要插入网页数据的单元格，单击"数据"选项卡，在"获取外部数据"组中，单击"自网站"按钮，如图 1-1-83 所示；打开"新建 Web 查询"对话框，如图 1-1-84 所示。

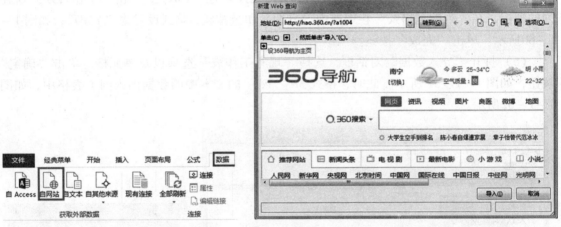

图 1-1-83　单击"自网站"按钮　　　　图 1-1-84　"新建 Web 查询"对话框

（2）打开需要导入数据的网页，复制地址栏中的地址。

（3）切换至前面打开的"新建 Web 查询"对话框，在地址栏中粘贴第 2 步所复制的网址，单击"转到"按钮，在对话框中打开所需要导入数据的网页。

（4）在网页中选中需要添加的数据，然后单击"导入"按钮，如图 1-1-85 所示。

（5）打开"导入数据"对话框，选择"现有工作表"及要导入数据的单元格，单击"确定"按钮，如图 1-1-86 所示。此时，Excel 2013 开始导入数据，如图 1-1-87 所示。最终导入的数据如图 1-1-88 所示。

第 1 章 Excel 数据表的规范与输入

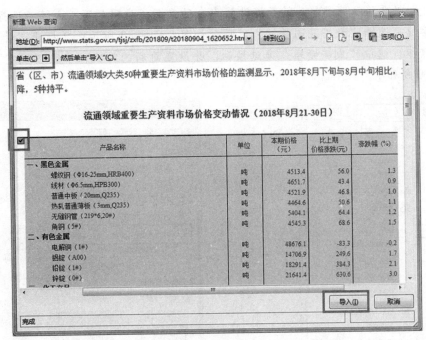

图 1-1-85 选中数据，单击"导入"按钮

图 1-1-86 设置要导入数据的单元格

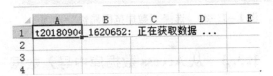

图 1-1-87 开始获取数据

	A	B	C	D	E
1	产品名称	单位	本期价格（元）	比上期价格涨跌（元）	涨跌幅（%）
2					
3	一、黑色金属				
4	螺纹钢（Φ16-25mm,HRB400）	吨	4513.4	56	1.3
5	线材（Φ6.5mm,HPB300）	吨	4651.7	43.4	0.9
6	普通中板（20mm,Q235）	吨	4521.9	46.8	1
7	热轧普通薄板（3mm,Q235）	吨	4464.6	50.6	1.1
8	无缝钢管（219*6,20#）	吨	5404.1	64.4	1.2
9	角钢（5#）	吨	4545.3	68.6	1.5
10	二、有色金属				
11	电解铜（1#）	吨	48676.1	-83.3	-0.2
12	铝锭（A00）	吨	14706.9	249.6	1.7
13	铅锭（1#）	吨	18291.4	384.3	2.1
14	锌锭（0#）	吨	21641.4	630.6	3
15	三、化工产品				
16	硫酸（98%）	吨	397.2	17.2	4.5
17	烧碱（液碱,32%）	吨	912.9	21	2.4

图 1-1-88 从网站导入的数据

提示：如果要将从网站导入的数据设置为自动更新，步骤如下：①随意选择一个数据，单击鼠标右键，选择"数据范围属性"选项，如图1-1-89所示；②打开"外部数据区域属性"对话框，选中"刷新频率"复选按钮，并设置更新的时间，单击"确定"按钮，如图1-1-90所示。

图1-1-89　选择"数据范围属性"选项

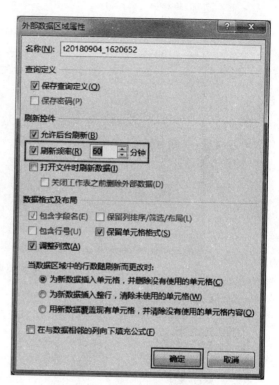

图1-1-90　设置更新的时间

1.3.3　从Access数据库中导入数据

Excel与Access同为数据处理软件，它们在功能上各有侧重。Excel的优势在于数据的统计和计算，而Access则精于数据的管理与分类。经这两个软件处理过的数据可以互相调用，在Excel 2013中从Access数据库中导入数据的步骤如下。

（1）将鼠标定位到要导入数据的单元格中，单击"数据"选项卡，在"获取外部数据"组中单击"自Access"按钮，如图1-1-91所示。

（2）打开"选取数据源"对话框，选择作为数据源的数据库文件，然后单击"打开"按钮，如图1-1-92所示。

（3）打开"选择表格"对话框，选择需要导入到工作表中的表，如图1-1-93所示。单击"确定"按钮，关闭"选择表格"对话框。

（4）打开"导入数据"对话框，选择数据在工作簿中的显示方式，这里选择"表"选项；数据的放置位置选择"现有工作表"并选择单元格区域，如图1-1-94所示。单击"属性"按钮，打开"连接属性"对话框，在"连接名称"文本框中输入连接名称，其他设置项使用默认值即可，如图1-1-95所示。单击"确定"按钮关闭"连接属性"对话框。

图 1 – 1 – 91　单击"自 Access"按钮

图 1 – 1 – 92　选择数据库文件

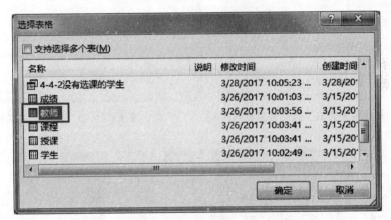

图 1 – 1 – 93　选择要导入到工作表中的表

（5）单击"确定"按钮关闭"导入数据"对话框，Excel 2013 根据选择的数据源在工作表中插入 Access 数据库中的数据，如图 1 – 1 – 96 所示。

1.3.4　Excel 数据的导出

在 Excel 中，数据的导出是指把表格中的数据导出到非标准的 Excel 文件中，Excel 没有专门的导出数据的功能，其主要是通过"另存为"命令保存为各种格式的文件。常见的导出文件类型主要有 html 文件、txt 文件、csv 文件等。

1. 导出为网页文件

在 Excel 中可以将文件另存为网页文件，以实现将表格中的数据导入到网页中，并根据表格中的数据变化进行更新，其步骤如下。

（1）打开要保存为网页格式的 Excel 文件"营业收入.xlsx"，单击"文件"选项卡，选择"另存为"，单击"浏览"按钮，打开"另存为"对话框。

（2）在"另存为"对话框中，在"保存类型"列表框中选择"网页"，保存的内容选择"工作表"，单击"工具"下拉按钮，选择"Web 选项"，如图 1 – 1 – 97 所示。

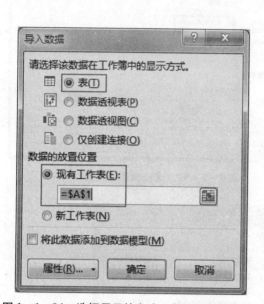

图 1-1-94 选择显示的方式，数据放置的位置

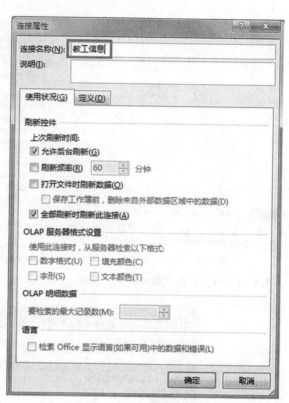

图 1-1-95 输入连接名称

	A	B	C	D	E	F	G	H	I	J	K
1	编号	姓名	性别	出生日期	学历	职称	所属院系	办公电话	手机	是否在职	电子邮件
2	2001112	刘立强	男	1972-4-29	研究生	讲师	04	68936444	13101010134	TRUE	
3	2001113	张思宇	男	1979-10-29	研究生	讲师	04	68936548	13101010134	TRUE	
4	2001114	王军杰	女	1970-5-26	研究生	教授	04	68936666	13101010134	TRUE	
5	2001115	王永祥	男	1972-4-29	大学本科	讲师	04	68936666	13901010138	TRUE	
6	2001116	吴宏伟	男	1963-5-19	研究生	副教授	04	68936666	13901010139	FALSE	
7	2001117	孙蕾	女	1977-12-11	大学本科	副教授	04	68936668	13901010140	TRUE	
8	2002605	赵红军	男	1979-10-6	研究生	讲师	03	68936545	13901010125	TRUE	
9	2002606	周杨	女	1978-9-9	研究生	讲师	03	68936546	13901010126	TRUE	
10	2002607	李彤彤	女	1972-4-29	研究生	讲师	03	68936547	13901010127	TRUE	
11	2002608	程文毅	男	1957-10-19	大学本科	副教授	03	68936444	13901010128	TRUE	
12	2002609	孙阳	男	1970-5-26	研究生	副教授	03	68936548	13901010129	TRUE	
13	2002610	孙文玲	女	1972-4-29	大学本科	副教授	03	68936666	13901010130	TRUE	
14	2002611	张平萍	女	1963-5-19	研究生	讲师	03	68936544	13901010131	TRUE	

图 1-1-96 从 Access 数据库中导入的数据

（3）在打开的"Web 选项"对话框中，选择浏览器的版本，并选中"允许将 PNG 作为图形格式"复选按钮，如图 1-1-98 所示。单击"确定"按钮，返回"另存为"对话框。

（4）单击"另存为"对话框中的"发布"按钮，打开"发布为网页"对话框，选择发布的内容为"在 Sheet1 上的条目"，并选中"在每次保存工作簿时自动重新发布"和"在浏览器中打开已发布网页"复选按钮，如图 1-1-99 所示。单击"更改"按钮，打开"设置标题"对话框，在"标题"文本框中输入"营业收入图表"，如图 1-1-100 所示。单击"确定"按钮，返回"发布为网页"对话框，单击"发布"按钮。

经过以上的操作后，Excel 就创建了一个名为"营业收入.htm"的网页文件和名为"营业收入.files"的文件夹，文件夹中存放与主 htm 文件一起保存的文件。"营业收入.htm"文件如图 1-1-101 所示。

第1章　Excel 数据表的规范与输入

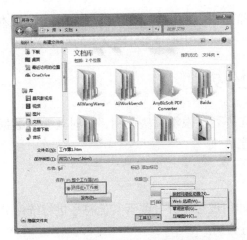

图 1-1-97　"另存为"对话框设置

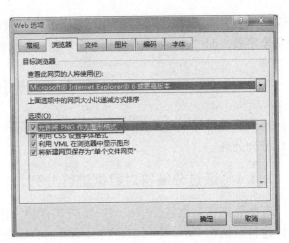

图 1-1-98　"Web 选项"对话框设置

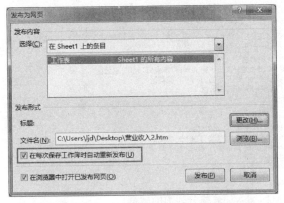

图 1-1-99　"发布为网页"对话框设置

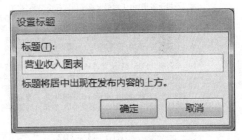

图 1-1-100　设置标题

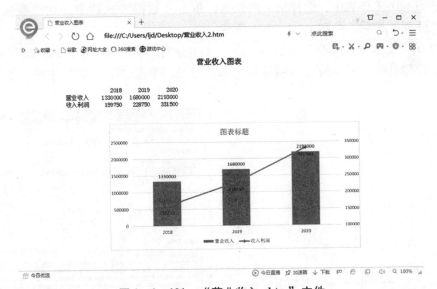

图 1-1-101　"营业收入.htm"文件

2. 导出为".txt"文件和".csv"文件

在 Excel 中，通过"另存为"命令可以把数据导出为".txt"文件或".csv"文件，这两

· 35 ·

种文件均为文本文件，不过". txt"文件是带分隔符的文本文件，它一般用制表符来分隔文本的每个字段，而". csv"文件是逗号分隔值文本文件，它一般用逗号来分隔文本的每个字段。

1.4　数据的分列

从一些软件导出的数据用 Excel 打开后全部放在一列，根本没法使用，此时就要对数据进行分列处理。

1.4.1　通过分隔符对数据进行分列

有些数据在其他软件中按照一定格式存放，比如用逗号、分号或者其他符号进行统一分隔，这种数据在 Excel 中可以通过分隔符对数据进行分列。

例1-4　在"广州超市地址.xlsx"工作簿中，sheet1 工作表中的数据以分号进行分隔存放于表格的第1列，如图1-1-102所示。对这些数据进行分列处理的具体步骤如下。

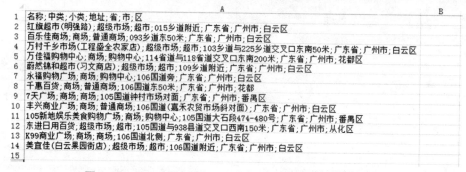

图1-1-102　"广州超市地址.xlsx"表格分列前的数据

（1）在 sheet1 工作表中，选择第1列数据，单击"数据"选项卡，在"数据工具"组中，单击"分列"按钮，如图1-1-103所示。

（2）打开"文本分列向导"对话框，在"文本分列向导-第1步，共3步"对话框中，选中"原始数据类型"栏中的"分隔符号"单选按钮，单击"下一步"按钮，如图1-1-104所示。

图1-1-103　单击"分列"按钮

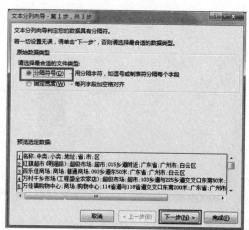

图1-1-104　选择"分隔符号"选项

(3) 在"文本分列向导 – 第 2 步，共 3 步"对话框中，选中"分号"复选按钮，单击"下一步"按钮，如图 1 – 1 – 105 所示。

(4) 在"文本分列向导 – 第 3 步，共 3 步"对话框中，由于该工作表中没有特殊类型的数据，因此在"列数据格式"列表框中选中"常规"单选按钮，单击"完成"按钮，如图 1 – 1 – 106 所示。分列后的数据如图 1 – 1 – 107 所示。

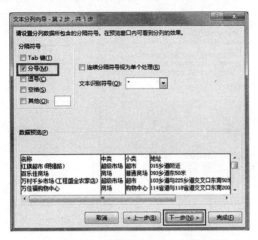

图 1 – 1 – 105　选择"分号"复选按钮

图 1 – 1 – 106　选择"常规"选项

图 1 – 1 – 107　"广州超市地址.xlsx"表格分列后的数据

1.4.2　依据数据宽度对数据进行分列

在 Excel 中，如果存放在同一列的数据没有以符号进行分隔，但是数据的长度有规律，比如按照一定宽度来进行数据区分时，如图 1 – 1 – 108 所示，可以依据数据宽度来对数据进行分列，具体步骤如下。

(1) 选择第 1 列数据，单击"数据"选项卡，在"数据工具"组中，单击"分列"按钮，如图 1 – 1 – 109 所示。

图 1 – 1 – 108　按照一定宽度有规律存放的数据　　　图 1 – 1 – 109　单击"分列"按钮

· 37 ·

（2）打开"文本分列向导"对话框，在"文本分列向导-第1步，共3步"对话框中，选中"原始数据类型"栏中的"固定宽度"单选按钮，单击"下一步"按钮，如图1-1-110所示。

（3）在"文本分列向导-第2步，共3步"对话框中，在数据预览窗口中需要分列的地方单击一下，此时出现一条带箭头的垂直分列线，继续单击可以添加多条分列线把数据分成多列，添加完后，单击"下一步"按钮，如图1-1-111所示。

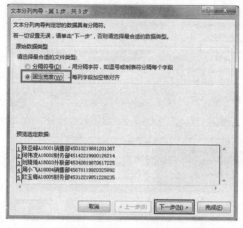
图1-1-110 选择"固定宽度"选项

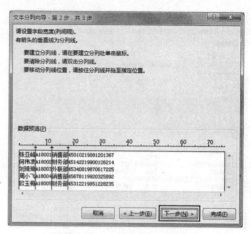
图1-1-111 添加分列线

（4）在"文本分列向导-第3步，共3步"对话框中，由于第4列为身份证的数据，因此单击第4列后在"列数据格式"列表框中选中"文本"单选按钮，然后单击"完成"按钮，如图1-1-112所示。分列后的数据如图1-1-113所示。

图1-1-112 选择"文本"选项

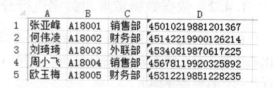
图1-1-113 分列后的数据

1.4.3 利用函数对数据进行分列

在Excel中进行数据处理时，经常会遇到这样的情况：在单元格中，中文和数字一起存放，而且中文、数字的长度不一致，如图1-1-114所示表格中B列的地址和电话数据。使用前面的两种方法就不能对这类数据进行分列，此时可利用文本函数对数据进行分列，具体的操作步骤如下。

第1章 Excel数据表的规范与输入

图1-1-114 存放的地址和电话数据

（1）在C1单元格中输入"地址"作为列标题，然后在C2单元格中输入公式"=LEFT(B2,LENB(B2)-LEN(B2))"，此后按"Enter"键，得到第一个单元格的地址信息；接着双击C2单元格右下角的填充柄，计算出其他单元格的地址信息，如图1-1-115所示。

图1-1-115 计算出的地址信息

公式解析：数字是半角字符，汉字是全角字符，1个半角字符占1个字节，1个全角字符占2个字节，因此汉字比数字多1个字节。在公式"=LEFT(B2,LENB(B2)-LEN(B2))"中，先使用LENB(B2)函数计算出B2单元格中的字节数，然后使用LEN(B2)函数计算出B2单元格中的字符数，两者之差即为汉字的个数，最后通过LEFT函数即可取出B2单元格中的汉字，也就是地址的信息。

（2）在D1单元格中输入"电话"作为列标题，然后在D2单元格中输入公式"=RIGHT(B2,LEN(B2)-LEN(C2))"，此后按"Enter"键，得到第一个单元格的电话信息；接着双击D2单元格右下角的填充柄，计算出其他单元格的电话信息，如图1-1-116所示。

公式解析：先通过公式"LEN(B2)-LEN(C2)"计算出数字的个数，然后再通过RIGHT函数提取出数字信息。

图1-1-116 计算出的电话信息

1.5 异常数据的处理

1.5.1 重复项的处理

在Excel 2013中，重复项是指某些记录在各个字段中都有相同的内容，如图1-1-117

· 39 ·

所示表格中第 3 条据记录和第 9 条记录就是完全相同的两条记录。必须对这些重复项进行处理，否则会影响到数据的统计。

图 1-1-117　有重复项的数据

1. 删除重复项

在 Excel 2013 中，删除重复项的具体步骤如下。

（1）将鼠标定位在数据清单中，单击"数据"选项卡下"数据工具"组中的"删除重复项"按钮，如图 1-1-118 所示。

（2）打开"删除重复项"对话框，可以选择重复数据所在的列。这里由于"序号"字段不定义为重复项，所以取消选中"序号"复选按钮，然后选中其余的字段，如图 1-1-119 所示。

（3）单击"确定"按钮，Excel 弹出对话框，提示发现并删除了多少个重复值、保留了多少个唯一值，如图 1-1-120 所示。

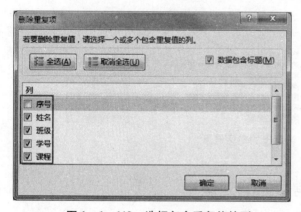

图 1-1-118　单击"删除重复项"按钮

图 1-1-119　选择包含重复值的列

图 1-1-120　提示对话框

（4）单击"确定"按钮，得到删除重复项之后的数据清单，如图 1-1-121 所示。

	A	B	C	D	E	F
1	序号	姓名	班级	学号	课程	考场
2	1	彭俊栋	会计1789澳	170802818901	[0623113010]SPSS统计软件应用	明实1-704
3	2	李泳桦	会计1789澳	170802818938	[0623113010]SPSS统计软件应用	明实1-704
4	3	莫春仪	会计1789澳	170802818939	[0623113010]SPSS统计软件应用	明实1-704
5	4	农宇	会计1789澳	170802818958	[0623113010]SPSS统计软件应用	明实1-704
6	5	李则宇	会计1789澳	170802818914	[0623113010]SPSS统计软件应用	明实1-704
7	6	庞栋才	法学1741	171101404125	[0623111010]平面设计	明实1-704
8	7	黎锦浩	财管1741	170803404157	[0623110010]办公软件应用	明实1-703
9	8	廖语嫣	财会1741	170808404102	[0623110010]办公软件应用	明实1-703
10	10	韦选港	法学1741	171101404134	[0623110010]办公软件应用	明实1-703

图 1－1－121　删除重复项后的数据清单

2. 选择不重复的数据

如果要从有重复项的数据清单中选择不重复的数据并另外存放，可以使用高级筛选的方法，具体的操作步骤如下。

（1）将鼠标定位在数据清单中，单击“数据”选项卡下“排序和筛选”组中的“高级”按钮，如图 1－1－122 所示。

（2）打开“高级筛选”对话框，选中“将筛选结果复制到其他位置”单选按钮，在“列表区域”栏中选择要提取不重复项的区域“$B$1:$F$36”，在“复制到”栏中选择要存放结果的位置“Sheet1! $H$1”，选中“选择不重复的记录”复选按钮，如图 1－1－123 所示。

（3）单击“确定”按钮，Excel 提取出没有重复项的数据并放在指定区域，如图 1－1－124 所示。

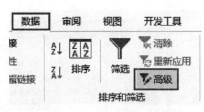

图 1－1－122　单击“高级”按钮

图 1－1－123　“高级筛选”对话框

H	I	J	K	L	M
序号	姓名	班级	学号	课程	考场
1	彭俊栋	会计1789澳	170802818901	[0623113010]SPSS统计软件应用	明实1-704
2	李泳桦	会计1789澳	170802818938	[0623113010]SPSS统计软件应用	明实1-704
3	莫春仪	会计1789澳	170802818939	[0623113010]SPSS统计软件应用	明实1-704
4	农宇	会计1789澳	170802818958	[0623113010]SPSS统计软件应用	明实1-704
5	李则宇	会计1789澳	170802818914	[0623113010]SPSS统计软件应用	明实1-704
6	庞栋才	法学1741	171101404125	[0623111010]平面设计	明实1-704
7	黎锦浩	财管1741	170803404157	[0623110010]办公软件应用	明实1-703
8	廖语嫣	财会1741	170808404102	[0623110010]办公软件应用	明实1-703
9	莫春仪	会计1789澳	170802818939	[0623113010]SPSS统计软件应用	明实1-704
10	韦选港	法学1741	171101404134	[0623110010]办公软件应用	明实1-703

图 1－1－124　提取出没有重复项的数据并另外存放

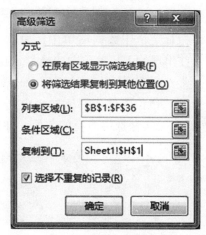

1.5.2 查找缺失数据

在 Excel 中，有些数据可能因为录入失误、数据采集设备故障、数据时效性等原因造成数据缺失，进而影响到后续的数据分析，所以必须查找出缺失的数据并进行下一步的处理。

例 1-5 在"职员工资表.xlsx"工作簿中，部分员工的住房补贴数据缺失，如图 1-1-125 所示。现要求找出所有的住房补贴缺失值，并以员工的平均住房补贴"477"进行代替，具体的操作步骤如下。

	A	B	C	D	E	F	G	H	I	J
1	工号	姓名	性别	所属部门	级别	基本工资	岗位工资	工龄工资	住房补贴	奖金
2	1806001	周丽旭	女	采购部	3级	1648	1040	200	234	970
3	1806002	孙树彬	女	贸易部	2级	9452	1300	380	664	1385
4	1806003	何一伯	男	生产部	4级	4727	1300	380	478	1400
5	1806004	刘顺	男	销售部	5级	4241	1040	260		1185
6	1806005	董辉	男	销售部	4级	9256	1040	260	543	985
7	1806006	胡宇超	男	后勤部	6级	6550	1040	200	234	970
8	1806007	蒙健行	女	采购部	1级	9366	1300	380	664	1385
9	1806008	韦若梦	女	技术部	5级	8268	1040	260	435	1185
10	1806009	雷羽晰	男	技术部	4级	5141	1040	260		985
11	1806010	陈羽雯	女	销售部	4级	7284	1040	350	345	1000
12	1806011	喻涵	女	采购部	2级	6487	1300	380	478	1400
13	1806012	刘柳	女	行政部	3级	3022	1040	320	655	955
14	1806013	蒋浩忌	女	生产部	4级	5030	780	440	577	1400
15	1806014	黄名南	男	销售部	4级	4121	1300	380		1400
16	1806015	曾晓波	男	贸易部	6级	2344	1040	260	543	985
17	1806016	牛紫梓	女	财务部	4级	7663	1040	260	435	1185
18	1806017	李青民	男	销售部	1级	6745	780	470	255	1000
19	1806018	蒙自放	女	贸易部	3级	3072	1040	260		1185
20	1806019	张冀栋	男	生产部	2级	4082	780	470	745	1400
21	1806020	王艺宏	女	贸易部	2级	2599	1040	350	345	1000

图 1-1-125 "住房补贴"有缺省值的数据

（1）将鼠标定位于数据清单中，单击"开始"选项卡下"编辑"组中的"查找和选择"按钮，在出现的下拉菜单中选择"定位条件"选项，如图 1-1-126 所示。

提示：也可以通过按快捷键"Ctrl+G"，打开"定位条件"对话框。

（2）打开"定位条件"对话框，选中"空值"单选按钮，如图 1-1-127 所示；单击"确定"按钮，一次性选中所有的空值，如图 1-1-128 所示。

图 1-1-126 选择"定位条件"选项

图 1-1-127 选择"空值"选项

（3）在编辑栏输入要代替的平均值"477"，按"Ctrl + Enter"组合键，即可将缺失数据全部用平均值"477"补齐，如图 1 – 1 – 129 所示。

图 1 – 1 – 128　选中所有的空值

图 1 – 1 – 129　以新的数值代替原来的缺失值

1.5.3　查找离群值

进行数据分析时，经常会遇到有些数据大于或者小于某些数据的情况，这些明显偏离的数据就是离群值。离群值又叫偏差值、异常值、特殊值，离群值的出现会影响到后续的统计结果，所以必须查找出离群值并作进一步的处理。

例 1 – 6　在"男皮鞋销售表.xlsx"工作簿中，计算出各款皮鞋的销售成本、销售收入、销售毛利率（销售毛利率 =（销售收入 – 销售成本）/ 销售收入 × 100%），并把销售毛利率小于 0 或者大于 50% 的数据以深红色、加粗的字体显示，并填充浅蓝色的底纹，具体的操作步骤如下。

（1）在 F2 单元格中输入公式" = C2 * D2"，计算出第一种商品的销售成本；在 G2 单元格中输入公式" = C2 * E2"，计算出第一种商品的销售收入；在 H2 单元格中输入公式

"=（G2-F2）/G2"，计算出第一种商品的销售毛利率。

（2）选中 F2:H2 单元格区域，然后双击区域右下角的正方形填充柄，算出其他商品的销售成本、销售收入和销售毛利率，如图 1-1-130 所示。

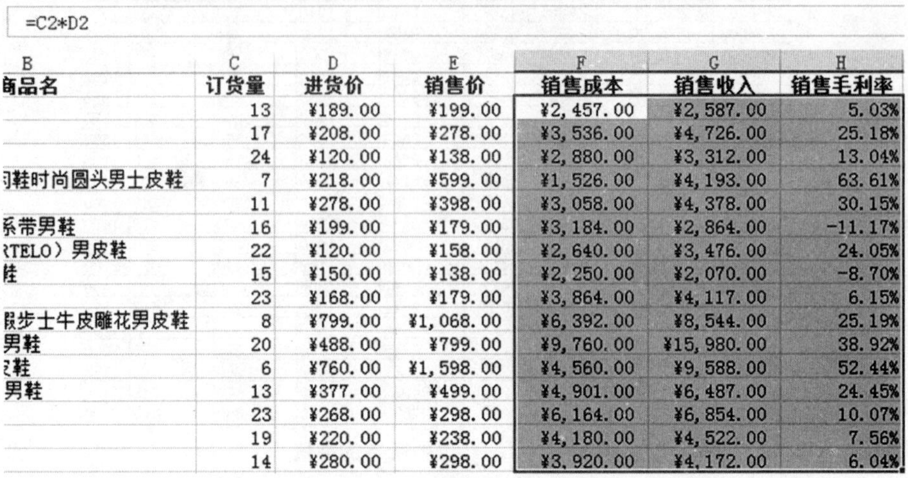

图 1-1-130 计算出所有商品的销售成本、销售收入和销售毛利率

（3）选中 H2:H17 单元格区域，单击"开始"选项卡下"样式"组中"条件格式"按钮，选择"新建规则"选项，如图 1-1-131 所示。

图 1-1-131 选择"新建规则"选项

（4）打开"新建格式规则"对话框，在"选择规则类型"栏中选择"只为包含以下内容的单元格设置格式"选项，在"只为满足以下条件的单元格设置格式"栏中选择"单元格值"和"未介于"选项，并在其后的两个数值框中输入"0"和"0.5"，如图 1-1-132 所示。单击"格式"按钮，打开"设置单元格格式"对话框。

（5）在打开的"设置单元格格式"对话框中，单击"字体"选项卡，设置字形为"加粗"，颜色为"红色"，如图 1-1-133 所示。单击"填充"选项卡，设置填充色为"浅蓝色"，如图 1-1-134 所示。单击"确定"按钮返回"新建格式规则"对话框，再单击"确定"按钮，最终的结果如图 1-1-135 所示。

第1章 Excel 数据表的规范与输入

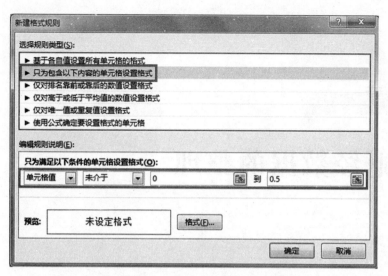

图 1-1-132 "新建格式规则"对话框

图 1-1-133 设置字形和字体颜色

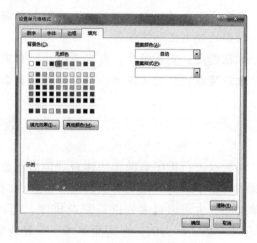

图 1-1-134 设置填充色

销售价	销售成本	销售收入	销售毛利率
¥199.00	¥2,457.00	¥2,587.00	5.03%
¥278.00	¥3,536.00	¥4,726.00	25.18%
¥138.00	¥2,880.00	¥3,312.00	13.04%
¥599.00	¥1,526.00	¥4,193.00	63.61%
¥398.00	¥3,058.00	¥4,378.00	30.15%
¥179.00	¥3,184.00	¥2,864.00	-11.17%
¥158.00	¥2,640.00	¥3,476.00	24.05%
¥138.00	¥2,250.00	¥2,070.00	-8.70%
¥179.00	¥3,864.00	¥4,117.00	6.15%
¥1,068.00	¥6,392.00	¥8,544.00	25.19%
¥799.00	¥9,760.00	¥15,980.00	38.92%
¥1,598.00	¥4,560.00	¥9,588.00	52.44%
¥499.00	¥4,901.00	¥6,487.00	24.45%
¥298.00	¥6,164.00	¥6,854.00	10.07%
¥238.00	¥4,180.00	¥4,522.00	7.56%
¥298.00	¥3,920.00	¥4,172.00	6.04%

图 1-1-135 最终的结果

第 2 章

Excel 财经数据的整理

本章主要介绍如何利用 Excel 对财经数据进行整理,主要包括数据的排序、数据的筛选、数据的分类汇总等操作。

本章重点:复杂排序;自定义排序;自定义筛选;高级筛选;嵌套分类汇总。

本章难点:自定义排序;高级筛选;嵌套分类汇总。

2.1 数据的排序

对数据进行排序有助于快速直观地显示数据并更好地理解数据,有助于组织并查找所需数据,有助于最终做出更有效的决策。Excel 提供了多种数据排序方法,可以对某一列进行简单排序,也可以对多列进行复杂排序,还可以自定义排序。下面以白马公司员工工资表(见图 1-2-1)为例,介绍简单排序、复杂排序和自定义排序。

A	B	C	D	E	F	G	H	I	J	K	L
序号	日期	工号	姓名	部门	基本工资	补贴补助	奖金	应发工资	代缴保险	应纳税额	实发工资
1	2017年7月	BM200401	刘青云	技术部	5468	236	308	6012	156	110.6	5745.4
2	2017年7月	BM200402	冯丽娜	工程部	3790	139	219	4148	178	14.1	3955.9
3	2017年7月	BM200403	陈金芳	财务部	2980	136	210	3326	245	0	3081
4	2017年7月	BM200404	魏南华	客服部	5130	237	220	5587	312	152.5	5122.5
5	2017年7月	BM200405	李春东	销售部	4869	284	267	5420	178	149.2	5092.8
6	2017年7月	BM200406	雷彬彬	技术部	3210	178	232	3620	156	0	3464
7	2017年7月	BM200407	黄金铠	工程部	4328	256	304	4888	242	9.38	4636.62
8	2017年7月	BM200408	邓小丽	销售部	4674	290	348	5312	156	140.6	5015.4
9	2017年7月	BM200409	吴亚楠	技术部	3872	202	245	4319	321	14.94	3983.06
10	2017年7月	BM200410	梁永飞	客服部	3609	280	314	4203	278	12.75	3912.25

图 1-2-1 白马公司员工工资表

2.1.1 简单排序

简单排序是最常用的一种排序方法,即对数据列表中的某一列数据按照升序或者降序的方式进行排序。

例 2-1 打开"2017 年 7 月白马公司员工工资表.xlsx"工作簿,按照"部门"字段进行升序排序，操作步骤如下。

（1）选中数据区域内的任意一个单元格，单击"数据"选项卡下"排序和筛选"组中的"排序"按钮，打开"排序"对话框，Excel 会自动地选中 A2:L11 整个数据区域，并且自动地分析数据结构对排序功能进行初步设置；在"排序"对话框的"主要关键字"下拉列表中，选择"部门"字段，右侧对应的排序依据默认设置为"数值"，排序次序默认设置为"升序"，如图 1-2-2 所示。

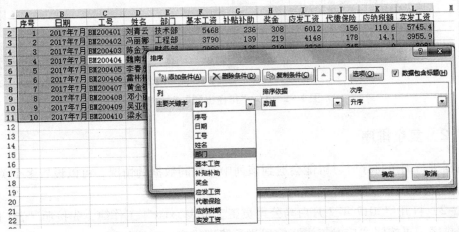

图 1-2-2 在"排序"对话框中进行设置

（2）单击"确定"按钮关闭"排序"对话框，得到的排序结果如图 1-2-3 所示。

图 1-2-3 按"部门"排序的结果

在 Excel 的排序规则中，对于汉字字符的排序顺序是以汉字拼音的开头字母顺序作为排序依据的。

简单排序中，除了使用"数据"选项卡中的"排序"按钮外，用户还可以直接使用"开始"选项卡下"编辑"组中的"排序和筛选"按钮快速地进行排序操作，方法如下：选中数据区域中"部门"列的任意一个单元格，然后单击"开始"选项卡下"编辑"组中的"排序和筛选"下拉按钮，然后选择"升序"，最后得到如图 1-2-3 所示的排序结果。

另外，也可以选定一列或部分区域进行排序，此时将弹出"排序提醒"对话框，如图 1-2-4 所示，默认选中"扩展选定区域"单选按钮，表示与选定区域相关联的其他列中的数据也能在排序过程中跟随排序数据的位置发生相应变化，使得排序后的每条记录仍能保持原有的完整性，其作用范围是整个数据区域。单击"排序"按钮，最后得到如图 1-2-3 所示的排序结果。如果在"排序提醒"对话框中选择"以当前选定区域排序"选项，则仅排序选定区域中的数据，相关联的其他列中的数据保持不变，排序后整个数据表各列数据之间的对应关系将遭到破坏！

图1-2-4 "排序提醒"对话框

2.1.2 复杂排序

对数据进行简单排序时，可能会遇到该列中有相同数据的情况，可以设置多个关键字对多列进行复杂排序。

例2-2 打开"2017年7月白马公司员工工资表.xlsx"工作簿，先按照"部门"字段进行升序排序，再按照"应发工资"字段进行降序排序，方法如下。

（1）选中数据区域内任意一个单元格，单击"数据"选项卡下"排序和筛选"组中的"排序"按钮，打开"排序"对话框，在"主要关键字"下拉列表中选择"部门"字段，右侧对应的排序依据默认设置为"数值"，排序次序默认设置为"升序"。

（2）单击"添加条件"按钮增加排序的次要关键字，在"次要关键字"下拉列表中选择"应发工资"字段，更改排序次序为"降序"，如图1-2-5所示。

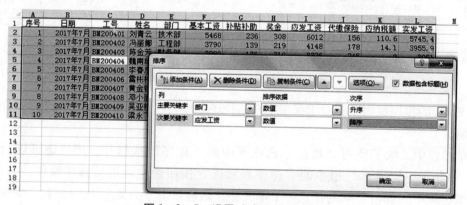

图1-2-5 设置"次要关键字"

（3）单击"确定"按钮关闭"排序"对话框，得到的排序结果如图1-2-6所示。

在"部门"字段数据相同的情况下，排序规则中的"次要关键字"将作为更进一步的排序依据。例如本例中同一部门有多条记录，且"应发工资"数值不等，此时将会依据"排序"对话框中设定"次要关键字"为"应发工资"，排序次序为"降序"的要求，继续对这些相同"部门"的记录进行进一步的排序。

	A	B	C	D	E	F	G	H	I	J	K	L
1	序号	日期	工号	姓名	部门	基本工资	补贴补助	奖金	应发工资	代缴保险	应纳税额	实发工资
2	3	2017年7月	BM200403	陈金芳	财务部	2980	136	210	3326	245	0	3081
3	7	2017年7月	BM200407	黄金铠	工程部	4328	256	304	4888	242	9.38	4636.62
4	2	2017年7月	BM200402	冯丽娜	工程部	3790	139	219	4148	178	14.1	3955.9
5	1	2017年7月	BM200401	刘青云	技术部	5468	236	308	6012	156	110.6	5745.4
6	9	2017年7月	BM200409	吴亚楠	技术部	3872	202	245	4319	321	14.94	3983.06
7	6	2017年7月	BM200406	雷彬彬	技术部	3210	178	232	3620	156	0	3464
8	4	2017年7月	BM200404	魏南华	客服部	5130	237	220	5587	312	152.5	5122.5
9	10	2017年7月	BM200410	梁永飞	客服部	3609	280	314	4203	278	12.75	3912.25
10	5	2017年7月	BM200405	李春东	销售部	4869	284	267	5420	178	149.2	5092.8
11	8	2017年7月	BM200408	邓小丽	销售部	4674	290	348	5312	156	140.6	5015.4

图1-2-6 按"部门"和"应发工资"排序的最后结果

复杂排序中,除了使用"数据"选项卡中的"排序"工具外,用户还可以直接使用"开始"选项卡中的"排序和筛选"工具快速地进行排序操作,方法如下。

(1) 选中数据区域中"应发工资"列的任意一个单元格,然后单击"开始"选项卡下"编辑"组中的"排序和筛选"下拉按钮,选择"降序",得到的排序结果如图1-2-7所示。

	A	B	C	D	E	F	G	H	I	J	K	L
1	序号	日期	工号	姓名	部门	基本工资	补贴补助	奖金	应发工资	代缴保险	应纳税额	实发工资
2	1	2017年7月	BM200401	刘青云	技术部	5468	236	308	6012	156	110.6	5745.4
3	4	2017年7月	BM200404	魏南华	客服部	5130	237	220	5587	312	152.5	5122.5
4	5	2017年7月	BM200405	李春东	销售部	4869	284	267	5420	178	149.2	5092.8
5	8	2017年7月	BM200408	邓小丽	销售部	4674	290	348	5312	156	140.6	5015.4
6	7	2017年7月	BM200407	黄金铠	工程部	4328	256	304	4888	242	9.38	4636.62
7	9	2017年7月	BM200409	吴亚楠	技术部	3872	202	245	4319	321	14.94	3983.06
8	10	2017年7月	BM200410	梁永飞	客服部	3609	280	314	4203	278	12.75	3912.25
9	2	2017年7月	BM200402	冯丽娜	工程部	3790	139	219	4148	178	14.1	3955.9
10	6	2017年7月	BM200406	雷彬彬	技术部	3210	178	232	3620	156	0	3464
11	3	2017年7月	BM200403	陈金芳	财务部	2980	136	210	3326	245	0	3081

图1-2-7 先按"应发工资"列降序排序得到的结果

(2) 再选中数据区域中"部门"列的任意一个单元格,然后单击"开始"选项卡下"编辑"分组中的"排序和筛选"下拉按钮,选择"升序",最终得到如图1-2-6所示的排序结果。

注意:在使用工具栏按钮进行快速排序时,必须先排序较次要(排序优先级较低)的数据列,后排序较主要(排序优先级较高)的数据列。例如本例中先按照"应发工资"字段(较次要)降序排序,再按照"部门"字段(较主要)升序排序。

2.1.3 自定义排序

Excel默认的排序依据包括数字的大小、英文或拼音字母顺序等,但某些时候用户需要依据超出上述范围以外的某些特殊的规律来排序。例如,物流公司的货物包装规格包括"大箱""中箱""小箱""小编织袋"等,要按照包装规格大小的顺序进行排序,仅凭Excel默认的排序依据是无法完成的,此时可以通过"自定义序列"的方法来创建一个特殊的顺序原则,并要求Excel根据这个原则进行排序。

例2-3 打开"速翔物流公司2017上半年订单详情表.xlsx"工作簿,如图1-2-8所示,其中G列是所有货物的"包装"规格,现在需要按"包装"规格的大小来排序整张表格,具体操作如下。

(1) 用户需要先创建一个自定义序列,把"包装"大小的顺序信息传达给Excel,方法

订单号	品牌	日期	出发地	到达地	运输方式	包装	重量（kg）	体积（m3）	包装数量	运输商
SX-13001	伟奥	2017-4-20	南宁	北海	供应商来货	小编织袋	6.1	0.84	54	永顺
SX-13002	哥特	2017-5-9	北海	柳州	中转仓来货	中箱	14.5	1.74	16	德超
SX-13003	力高	2017-5-18	柳州	桂林	供应商来货	小编织袋	5.2	0.82	45	隆兴
SX-13004	力高	2017-6-9	钦州	防城港	中转仓来货	大箱	17.3	2.2	89	长发
SX-13005	伟奥	2017-6-17	北海	北海	供应商来货	中箱	12.6	1.61	133	永顺
SX-13006	哥特	2017-6-18	河池	河池	市内运输	小箱	5.9	1.3	177	超运
SX-13007	伟奥	2017-6-20	北海	北海	供应商来货	小编织袋	3.2	0.53	22	永顺
SX-13008	雅丽	2017-6-21	柳州	百色	市内运输	中箱	11.2	1.85	43	德超
SX-13009	伟奥	2017-6-23	钦州	柳州	供应商来货	小编织袋	4.6	1.02	64	隆兴
SX-13010	哥特	2017-6-24	北海	柳州	中转仓来货	中箱	13.6	1.58	50	扬帆
SX-13011	伟奥	2017-6-26	贵港	钦州	供应商来货	小编织袋	3.7	0.65	106	超运
SX-13012	哥特	2017-6-28	北海	北海	供应商来货	中箱	6.3	1.24	33	永顺
SX-13013	力高	2017-6-29	柳州	柳州	市内运输	小编织袋	2.6	0.75	45	隆兴
SX-13014	哥特	2017-6-30	钦州	玉林	供应商来货	中箱	15.4	1.83	57	扬帆
SX-13015	雅丽	2017-7-10	北海	柳州	市内运输	小编织袋	3.4	0.68	69	德超
SX-13016	哥特	2017-7-13	北海	柳州	供应商来货	大箱	26.7	3.1	102	永顺
SX-13017	力高	2017-8-2	柳州	桂林	中转仓来货	中箱	13.1	1.92	3	超运
SX-13018	雅丽	2017-8-7	钦州	防城港	供应商来货	小箱	5.6	1.06	4	德超

图1-2-8　速翔物流公司订单详情表

如下。

①单击"文件"选项卡，选择"选项"，如图1-2-9所示，打开"Excel选项"对话框。

图1-2-9　打开"Excel选项"对话框

②在"Excel选项"对话框左侧单击"高级"，下拉右侧滚动条，找到"编辑自定义列表"按钮并单击，如图1-2-10所示；打开"自定义序列"对话框，如图1-2-11所示。

③在"自定义序列"对话框左侧的"自定义序列"列表框中选择"新序列"选项，然后在右侧的"输入序列"文本框中按"包装"大小的顺序依次输入自定义序列的各个元素：大箱、中箱、小箱、小编织袋。各个序列元素之间可以用英文输入状态下的逗号间隔，也可以每个元素换行输入。输入完成后单击"添加"按钮即可实现自定义序列的创建。此时在左侧的"自定义序列"列表中会显示用户新定义的序列内容，如图1-2-12所示。设置完成后，单击"确定"按钮关闭对话框。

（2）自定义序列创建完成后可以继续按照以下步骤操作完成"包装"大小的排序。

第 2 章　Excel 财经数据的整理

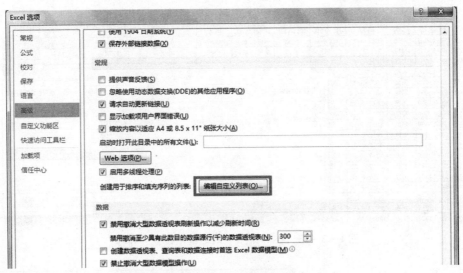

图 1-2-10　启用"编辑自定义列表"

图 1-2-11　"自定义序列"对话框

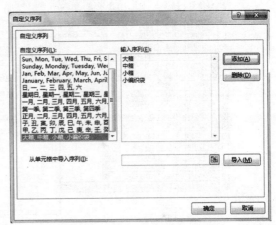

图 1-2-12　创建自定义序列

①选中数据区域内的任意一个单元格，单击"数据"选项卡下"排序与筛选"组中的"排序"按钮，打开"排序"对话框。

②在"排序"对话框的"主要关键字"下拉列表中选择"包装"字段，设置右侧的排序次序为"自定义序列"，如图 1-2-13 所示。

③打开"自定义序列"对话框，在"自定义序列"下拉列表中选择之前自定义的"包装"序列，如图 1-2-14 所示。

④单击"确定"按钮关闭"自定义序列"对话框；然后单击"确定"按钮关闭"排序"对话框完成排序设置。

完成操作后，表格中的数据就会按照"包装"由大到小的顺序进行排列，最终结果如图 1-2-15 所示。

注意：在使用自定义序列进行排序时，无法为多个关键字同时设置单独的自定义次序。如果表格中的多个数据列需要使用不同的自定义排序次序，则要进行多次排序，每次打开"排序"对话框时选择一种自定义排列次序。

图1-2-13 在"排序"对话框中设置"排序"

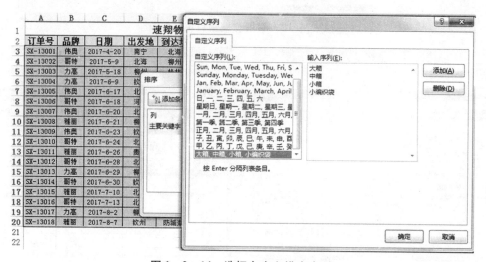

图1-2-14 选择自定义排序序列

图1-2-15 按"包装"大小排序的最终结果

2.1.4 财经数据排序应用案例

企业需要经常对销售数据进行分析，以便从中查看销售状况，分析产品的销售前景，以及总结销售经验等。以家用电器销售为例，要求先按照电器种类进行排序，如厨卫小电、生活电器、个护健康、电脑等，然后按照销售数量进行降序排序。销售业绩表中列出了具体的电器，但没有对这些电器加以分类，如"厨卫小电"包括电磁炉、豆浆机、电压力锅、微波炉、榨汁机等，需要通过自定义排序间接实现按种类排序。

例 2-4 打开"力宏公司2017年上半年电器销售业绩表.xlsx"工作簿，按照上述要求实现排序，方法如下。

(1) 按照前述方法打开"自定义序列"对话框，在左侧的"自定义序列"列表框中选中"新序列"选项，然后在右侧的"输入序列"文本框中按"厨卫小电、生活电器、个护健康、电脑"分类顺序依次输入自定义序列的各个元素：电磁炉、豆浆机、电压力锅、微波炉、榨汁机；吸尘器、净化器、空调扇；剃须刀；平板电脑。输入完成后单击"添加"按钮创建自定义序列。此时在左侧的"自定义序列"列表中会显示家用电器分类的序列内容，如图1-2-16所示。单击"确定"按钮后关闭"自定义序列"对话框。

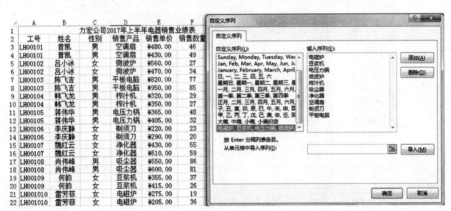

图1-2-16 创建家电分类自定义序列

(2) 选中数据区域内的任意一个单元格，单击"数据"选项卡下"排序与筛选"组中的"排序"按钮，打开"排序"对话框；在"主要关键字"下拉列表中选择"销售产品"字段，设置右侧的排序次序为"自定义序列"，如图1-2-17所示。

图1-2-17 在"排序"对话框中设置"销售产品"为主要关键字的自定义序列排序

(3) 打开"自定义序列"对话框，在"自定义序列"下拉列表中选择之前自定义的"家电分类"序列,单击"确定"按钮后关闭"自定义序列"对话框。返回"排序"对话框,继续添加排序条件,单击"添加条件"按钮,设置次要关键字为"销售数量",按照销售数量进行降序排序,如图1-2-18所示。

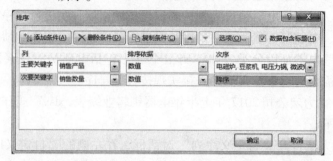

图1-2-18 在"排序"对话框中设置"销售数量"为次要关键字的降序排序

(4)单击"确定"按钮后关闭"排序"对话框,完成排序设置。完成操作后,表格中的数据就会先按照"厨卫小电、生活电器、个护健康、电脑"分类顺序进行排列,然后按照同种产品按照销售数量降序排序,最终结果如图1-2-19所示。

	A	B	C	D	E	F	G
1	力宏公司2017年上半年电器销售业绩表						
2	工号	姓名	性别	销售产品	销售单价	销售数量	销售金额
3	LH001010	雷芳菲	女	电磁炉	¥205.00	36	¥7,380.00
4	LH001010	雷芳菲	女	电磁炉	¥275.00	19	¥5,225.00
5	LH00109	何韵	女	豆浆机	¥355.00	37	¥13,135.00
6	LH00109	何韵	女	豆浆机	¥415.00	26	¥10,790.00
7	LH00105	蒋伟华	男	电压力锅	¥365.00	48	¥17,520.00
8	LH00105	蒋伟华	男	电压力锅	¥405.00	32	¥12,960.00
9	LH00102	吕小冰	女	微波炉	¥470.00	34	¥15,980.00
10	LH00102	吕小冰	女	微波炉	¥560.00	27	¥15,120.00
11	LH00104	韩飞龙	男	榨汁机	¥320.00	29	¥9,280.00
12	LH00104	韩飞龙	男	榨汁机	¥350.00	27	¥9,450.00
13	LH00108	肖伟峰	男	吸尘器	¥550.00	86	¥47,300.00
14	LH00108	肖伟峰	男	吸尘器	¥600.00	81	¥48,600.00
15	LH00107	魏红云	女	净化器	¥510.00	59	¥30,090.00
16	LH00107	魏红云	女	净化器	¥430.00	55	¥23,650.00
17	LH00101	曾凯	男	空调扇	¥430.00	49	¥21,070.00
18	LH00101	曾凯	男	空调扇	¥480.00	46	¥22,080.00
19	LH00106	李庆静	女	剃须刀	¥220.00	23	¥5,060.00
20	LH00106	李庆静	女	剃须刀	¥290.00	20	¥5,800.00
21	LH00103	陈飞吉	男	平板电脑	¥950.00	85	¥80,750.00
22	LH00103	陈飞吉	男	平板电脑	¥820.00	77	¥63,140.00

图1-2-19 多条件排序的最终结果

从上述排序结果可以看出,有些类别家电的低价位产品较受欢迎,如"厨卫小电"类;有些类别家电的高价位产品较受欢迎,如"电脑"类;有些则区分度不大,如"生活电器""个护健康"类。

2.2 数据的筛选

筛选是查找和处理数据列表中特定数据子集的快捷方法。筛选结果仅显示满足特定条件的数据,具体条件由用户针对某些字段指定。Excel提供了两种筛选数据的命令:自动筛选,适用于简单条件;高级筛选,适用于复杂条件。与排序不同,筛选并不重新排列数据,只是将不满足条件的数据暂时隐藏起来。

2.2.1 数据的自动筛选

例2-5 打开"2017年7月白马公司员工工资表.xlsx"工作簿，筛选出"技术部"员工的工资记录，方法如下。

(1) 选中数据区域内的任意一个单元格，然后单击"数据"选项卡下"排序和筛选"组中的"筛选"按钮，对所有字段启用自动筛选功能，效果如图1-2-20所示。或者先单击E列，然后单击"数据"选项卡下"排序和筛选"组中的"筛选"按钮，仅对"部门"字段启用自动筛选功能，效果如图1-2-21所示。

A	B	C	D	E	F	G	H	I	J	K	L
序号	日期	工号	姓名	部门	基本工资	补贴补助	奖金	应发工资	代缴保险	应纳税额	实发工资
1	2017年7月	BM200401	刘青云	技术部	5468	236	308	6012	156	110.6	5745.4
2	2017年7月	BM200402	冯丽娜	工程部	3790	139	219	4148	178	14.1	3955.9
3	2017年7月	BM200403	陈金芳	财务部	2980	136	210	3326	245	0	3081
4	2017年7月	BM200404	魏南华	客服部	5130	237	220	5587	312	152.5	5122.5
5	2017年7月	BM200405	李春东	销售部	4869	284	267	5420	178	149.2	5092.8
6	2017年7月	BM200406	雷彬彬	技术部	3210	178	232	3620	156	0	3464
7	2017年7月	BM200407	黄金铠	工程部	4328	256	304	4888	242	9.38	4636.62
8	2017年7月	BM200408	邓小丽	销售部	4674	290	348	5312	156	140.6	5015.4
9	2017年7月	BM200409	吴亚楠	技术部	3872	202	245	4319	321	14.94	3983.06
10	2017年7月	BM200410	梁永飞	客服部	3609	280	314	4203	278	12.75	3912.25

图1-2-20 对所有字段启用自动筛选功能

A	B	C	D	E	F	G	H	I	J	K	L
序号	日期	工号	姓名	部门	基本工资	补贴补助	奖金	应发工资	代缴保险	应纳税额	实发工资
1	2017年7月	BM200401	刘青云	技术部	5468	236	308	6012	156	110.6	5745.4
2	2017年7月	BM200402	冯丽娜	工程部	3790	139	219	4148	178	14.1	3955.9
3	2017年7月	BM200403	陈金芳	财务部	2980	136	210	3326	245	0	3081
4	2017年7月	BM200404	魏南华	客服部	5130	237	220	5587	312	152.5	5122.5
5	2017年7月	BM200405	李春东	销售部	4869	284	267	5420	178	149.2	5092.8
6	2017年7月	BM200406	雷彬彬	技术部	3210	178	232	3620	156	0	3464
7	2017年7月	BM200407	黄金铠	工程部	4328	256	304	4888	242	9.38	4636.62
8	2017年7月	BM200408	邓小丽	销售部	4674	290	348	5312	156	140.6	5015.4
9	2017年7月	BM200409	吴亚楠	技术部	3872	202	245	4319	321	14.94	3983.06
10	2017年7月	BM200410	梁永飞	客服部	3609	280	314	4203	278	12.75	3912.25

图1-2-21 仅对"部门"字段启用自动筛选功能

(2) 单击第1行"部门"旁边的自动筛选标记箭头，可以看到在筛选下拉列表中显示了第2~11行包含的数据项，默认情况下全部选中，先取消"（全选）"，然后只选中"技术部"，如图1-2-22所示。

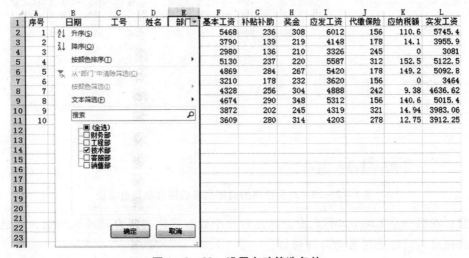

图1-2-22 设置自动筛选条件

(3) 单击"确定"按钮，最终的筛选结果如图 1-2-23 所示。

	A	B	C	D	E	F	G	H	I	J	K	L
1	序号	日期	工号	姓名	部门	基本工资	补贴补助	奖金	应发工资	代缴保险	应纳税额	实发工资
2	1	2017年7月	BM200401	刘青云	技术部	5468	236	308	6012	156	110.6	5745.4
7	6	2017年7月	BM200406	雷彬彬	技术部	3210	178	232	3620	156	0	3464
10	9	2017年7月	BM200409	吴亚楠	技术部	3872	202	245	4319	321	14.94	3983.06

图 1-2-23 自动筛选结果

如果选中数据区域内的任意一个单元格启用自动筛选功能，自动筛选标记将设置在整个数据列表的首行，如例 2-5 中的操作；如果选中某个数据区域启用自动筛选功能，自动筛选标记将设置在选定区域的首行，如图 1-2-24 所示。

	A	B	C	D	E	F	G	H	I	J	K	L
1	序号	日期	工号	姓名	部门	基本工资	补贴补助	奖金	应发工资	代缴保险	应纳税额	实发工资
2	1	2017年7月	BM200401	刘青云	技术部	5468	236	308	6012	156	110.6	5745.4
3	2	2017年7月	BM200402	冯丽娜	工程部	3790	139	219	4148	178	14.1	3955.9
4	3	2017年7月	BM200403	陈金飞	财务部	29	1	2	33	2		30
5	4	2017年7月	BM200404	魏南华	客服部	5130	237	220	5587	312	152.5	5122.5
6	5	2017年7月	BM200405	李春东	销售部	4869	284	267	5420	178	149.2	5092.8
7	6	2017年7月	BM200406	雷彬彬	技术部	3210	178	232	3620	156	0	3464
8												
9	7	2017年7月	BM200407	黄金铠	工程部	4328	256	304	4888	242	9.38	4636.62
10	8	2017年7月	BM200408	邓小丽	销售部	4674	290	348	5312	156	140.6	5015.4
11	9	2017年7月	BM200409	吴亚楠	技术部	3872	202	245	4319	321	14.94	3983.06
12	10	2017年7月	BM200410	梁永飞	客服部	3609	280	314	4203	278	12.75	3912.25

图 1-2-24 选中局部数据启用自动筛选功能

如果要对包含空行或空列的整个数据区域启用自动筛选功能，必须先选定整个数据列表，然后启用自动筛选功能，否则默认状态下 Excel 只会选取当前单元格周围的连续数据区域进入自动筛选状态。例如，单击图 1-2-25 中 C4 单元格的筛选标记，下拉列表中仅显示了第 5~7 行包含的 3 个工号数据项"BM200404、BM200405、BM200406"，不包含第 8 行空行以下的数据，而第 4 行作为标题行不参与筛选。

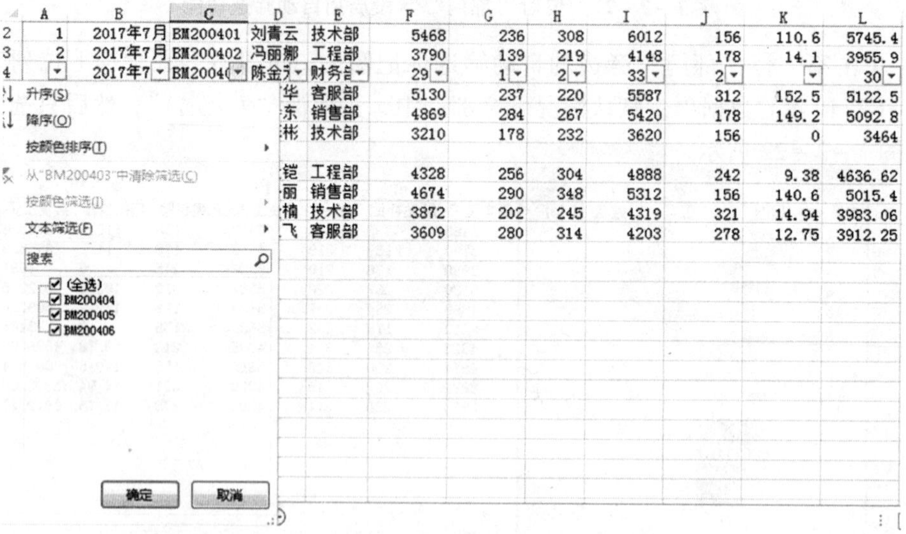

图 1-2-25 对含空格的数据列表启用自动筛选功能

注意：在同一个 Excel 工作表中，只能对一个数据区域启用自动筛选功能，不能对多个不连续的行或列同时启用自动筛选功能。

2.2.2 数据的自定义筛选

使用自动筛选列表中的"文本（或数字、日期）筛选"下的"自定义筛选"选项，可以对数据进行更为复杂的筛选操作，实现更高要求的数据选取需求。

例 2-6 图 1-2-26 中的表格是一张已经启用了自动筛选功能的职员销售量表，现在要求筛选出 2017 年 2 月上旬宝石销售量超过 4 件的数据记录，即同时满足以下几个条件的数据记录：

条件 1："销售日期"在 2017 年 2 月 1 日~10 日之间；

条件 2："商品名称"包含有"宝石"两个字；

条件 3："销售量"等于或大于 4。

	A	B	C	D	E	F
1			职员销售量表			
2	销售日期	员工编	销售地点	职员姓	商品名	销售量
3	2017年2月1日	ID050103	北京分公司	林啸序	水晶	2
4	2017年2月5日	ID050107	上海分公司	刘笔畅	红宝石	5
5	2017年2月5日	ID050104	成都分公司	萧遥	水晶	1
6	2017年2月6日	ID050108	成都分公司	曹惠阳	蓝宝石	4
7	2017年2月7日	ID050101	上海分公司	高天	钻石	3
8	2017年2月8日	ID050103	北京分公司	林啸序	红宝石	3
9	2017年2月11日	ID050106	北京分公司	蔡清	珍珠	2
10	2017年2月13日	ID050106	北京分公司	蔡清	珍珠	4
11	2017年2月13日	ID050101	上海分公司	高天	蓝宝石	5
12	2017年2月15日	ID050111	成都分公司	陈晓晓	蓝宝石	1
13	2017年2月16日	ID050108	成都分公司	曹惠阳	水晶	2
14	2017年2月18日	ID050110	上海分公司	李木子	珍珠	4
15	2017年2月18日	ID050107	上海分公司	刘笔畅	水晶	4
16	2017年2月19日	ID050111	成都分公司	陈晓晓	珍珠	3
17	2017年2月24日	ID050112	北京分公司	安飞	红宝石	3
18	2017年2月25日	ID050104	成都分公司	萧遥	红宝石	2
19	2017年2月28日	ID050112	北京分公司	安飞	蓝宝石	1
20	2017年2月28日	ID050110	上海分公司	李木子	水晶	5

图 1-2-26 职员销售量表

要实现这样的筛选要求，就需要使用"自定义筛选"的功能，方法如下。

(1) 对于条件 1，单击"销售日期"字段的筛选标记，在下拉列表中选择"日期筛选"选项下的"介于"选项，打开"自定义自动筛选方式"对话框，默认的第 1 个条件是"在以下日期之后或与之相同"，在其后面的取值下拉列表中选择"2017 年 2 月 1 日"，若没有该日期，可以直接输入，或者点击最右侧的日期选取器 选择相应的日期；类似地，保留默认的第 2 个条件"在以下日期之前或与之相同"，设置其取值为"2017-2-10"；然后将两个条件之间的逻辑关系选项选择为"与"，如图 1-2-27 所示。单击"确定"按钮即可得到条件 1 的筛选结果，如图 1-2-28 所示。

(2) 在上面筛选结果的基础上继续执行条件 2 的筛选操作。单击"商品名称"字段的筛选标记，在下拉列表中选择"文本筛选"下的"包含"选项，打开"自定义自动筛选方式"对话框，默认的第 1 个条件是"包含"，在其右侧的取值下拉列表中直接输入"*宝石*"，如图 1-2-29 所示。单击"确定"按钮即可得到条件 2 的筛选结果，如图 1-2-30 所示。

(3) 在步骤 (2) 筛选结果的基础上继续条件 3 的筛选操作。单击"销售量"字段的筛

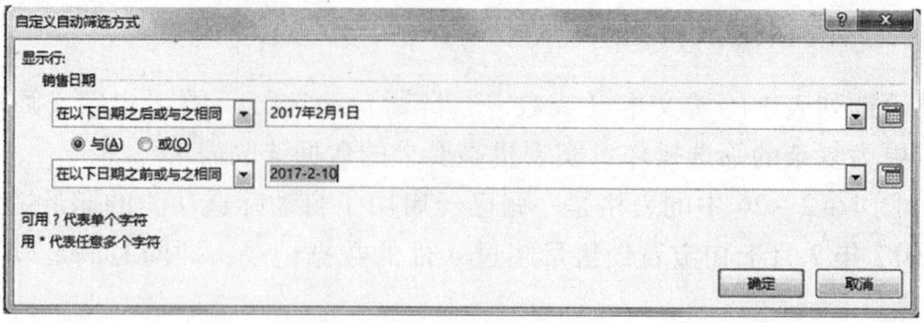

图 1-2-27 设置日期筛选

图 1-2-28 日期筛选结果

图 1-2-29 设置文本筛选

图 1-2-30 文本筛选结果

选标记，在下拉列表中选择"数字筛选"下的"大于或等于"，打开"自定义自动筛选"对话框，默认的第 1 个条件是"大于或等于"，在其右侧的取值下拉列表中选择"4"，或者直接输入"4"，如图 1-2-31 所示；也可以把"大于或等于"分解成两个条件的组合，如图 1-2-32 所示。单击"确定"按钮即可得到条件 3 的筛选结果，如图 1-2-33 所示。

注意："自定义自动筛选"对话框允许使用两种通配符，星号"*"代表任意多个字符，问号"?"代表单个字符。如果要使用"*"或"?"本身所代表的字符，可以在它们前面添加波形符"~"，例如"~*"可以筛选出数据中含有"*"的数据，"~?"可以筛选出数据中含有"?"的数据。

第 2 章　Excel 财经数据的整理

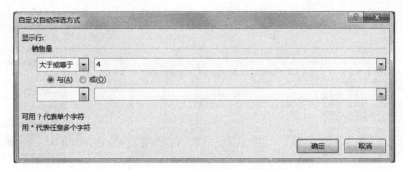

图 1-2-31　设置数字筛选

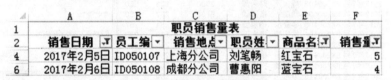

图 1-2-32　设置数字筛选条件

	A	B	C	D	E	F
1			职员销售量表			
2	销售日期	员工编	销售地点	职员姓	商品名	销售量
4	2017年2月5日	ID050107	上海分公司	刘笔畅	红宝石	5
6	2017年2月6日	ID050108	成都分公司	曹惠阳	蓝宝石	4

图 1-2-33　数字筛选结果

2.2.3　数据的高级筛选

高级筛选适用于条件较复杂的筛选。与自动筛选不同，要使用高级筛选，需要在数据列表之外单独建立筛选条件区域，用于指定筛选的数据需要满足的条件。一个高级筛选的条件区域至少要包含两行：第一行是列标题，列标题应该与数据列表中的字段标题相匹配；第二行是筛选条件，筛选条件通常包含具体的数据或与数据相连接的比较运算符和通配符。图 1-2-34 是一张包含了筛选条件区域的数据列表，表格中的 B1：C1 单元格区域是条件区域的列标题，B2、B3、C2 和 C3 单元格内容是条件区域中的筛选条件，目的是筛选出"部门"字段为"客服部"且"实发工资"字段取值"大于5000"，或者"部门"字段为"工程部"且"实发工资"字段取值"大于4000"的职工记录。

例 2-7　执行图 1-2-34 中数据列表的高级筛选过程，方法如下。

（1）选中数据区域内的任意一个单元格，然后单击"数据"选项卡下"排序和筛选"组中的"高级"按钮，打开"高级筛选"对话框，如图 1-2-35 所示。

（2）在"高级筛选"对话框的"方式"组合框中，选中"在原有区域显示筛选结果"单选按钮。

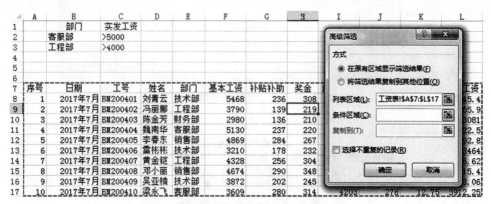

图 1-2-34 设置了条件区域的数据列表

图 1-2-35 "高级筛选"对话框

（3）将光标定位在"列表区域"文本框中，在表格内选取 A7:L17 单元格区域，此区域的地址会被自动地填写在"列表区域"文本框中，此区域就是待筛选的数据区域，如图 1-2-36 所示。

图 1-2-36 设置待筛选的数据区域

（4）与步骤（3）类似，将光标定位在"条件区域"文本框中，在表格内选取 B1:C3 单元格区域，此区域的地址会自动地填写在"条件区域"文本框中，此区域就是筛选使用的条件。最后单击"确定"按钮得到筛选结果，如图 1-2-37 所示。

图 1-2-37 高级筛选结果

图 1-2-37 是根据复合条件"部门"字段取值为"客服部"且"实发工资高于 5000"或者"部门"字段取值为"工程部"且"实发工资高于 4000"筛选得到的职工记录，并且设定筛选的结果显示在原有区域。

高级筛选可以在原有数据区域显示筛选结果，也可以将筛选结果复制到其他位置。如果要把上述筛选结果显示在其他位置，操作方法与前者类似。

(1) 单击"数据"选项卡下"排序和筛选"组中的"高级"按钮,打开"高级筛选"对话框,在"方式"选项中,选中"将筛选结果复制到其他位置"单选按钮。

(2) 在"列表区域"文本框中选取 A7:L17 单元格区域,在"条件区域"文本框中选取 B1:C3 单元格区域,在"复制到"文本框中选取 A20 单元格,如图 1-2-38 所示。

(3) 单击"确定"按钮,筛选结果显示在 A20 单元格起始的区域内,结果如图 1-2-39 所示,其中 A20:L22 数据区域是最后筛选出来的结果。

图 1-2-38 在"高级筛选"对话框中设置条件

图 1-2-39 在指定位置显示筛选结果

注意:高级筛选允许将筛选结果复制到其他位置,除了数据列表所在的工作表,还可以将筛选结果复制到其他的工作表中,但需要在选定目标工作表的前提下进行操作,即首先选定目标区域所在的工作表,然后再进行高级筛选操作。

2.2.4 财经数据筛选应用案例

例 2-8 图 1-2-40 是一个表示多重条件关系的条件区域,它同时包含了"关系与"和"关系或"的条件,表示筛选"部门"字段为"技术部"且"基本工资"字段取值"大于 3000"且"基本工资"字段取值"小于 5000",或者"部门"字段为"工程部"且"代缴保险"字段取值"等于 178",或者"部门"字段为"客服部"的所有职工记录,筛选出来的结果如图 1-2-41 所示。

图 1-2-40 多重条件关系

注意:当在条件区域中使用空白单元格作为条件时,表示任意数据内容均满足条件,即保留所有的记录，不作筛选。条件区域中的空白单元格并不表示筛选空值，如果要筛选空值，需要使用等号。例如，筛选"部门"字段为空的记录，需要在"部门"字段下方的单元格中放置"＝"。

	A	B	C	D	E	F	G	H	I	J	K	L
1	序号	日期	工号	姓名	部门	基本工资	补贴补助	奖金	应发工资	代缴保险	应纳税额	实发工资
3	2	2017年7月	BM200402	冯丽娜	工程部	3790	139	219	4148	178	14.1	3955.9
5	4	2017年7月	BM200404	魏南华	客服部	5130	237	220	5587	312	152.5	5122.5
7	6	2017年7月	BM200406	雷彬彬	技术部	3210	178	232	3620	156	0	3464
10	9	2017年7月	BM200409	吴亚楠	技术部	3872	202	245	4319	321	14.94	3983.06
11	10	2017年7月	BM200410	梁永飞	客服部	3609	280	314	4203	278	12.75	3912.25

图 1-2-41 多重条件筛选的结果

2.3 数据的分类汇总

各种报表处理操作中最常用的就是分类汇总功能，其目的是对行列数较多、字段类别包含多个层次含义的数据进行"分级显示"，以便于统计分析。例如，会计核算中需要按照科目将明细账分类汇总；仓库管理中需要按照产品类别将库存产品分类汇总；医院管理中需要按照疾病进行病源病谱的分类汇总等。在执行分类汇总操作之前，首先要确定分类的依据，并按照选定的分类依据将数据清单排序，然后才能进行分类汇总。根据分类依据的复杂程度（即个数），这里把分类汇总分成两类：简单分类汇总和嵌套分类汇总。

2.3.1 数据的简单分类汇总

数据的简单分类汇总是按照单个字段对数据列表进行分类汇总。

例 2-9 汇总邕凯公司 2017 年各季度的电器销售额，方法如下。

（1）先按照"季度"字段进行排序。单击"季度"字段所在列的任意一个单元格，单击"开始"选项卡下"编辑"组中的"排序和筛选"下拉按钮，选择"升序"得到排序结果如图 1-2-42 所示。

	A	B	C	D	E	F	G
1			2017年邕凯公司电器销售表				
2	年度	季度	产品类型	销售点	销售额（万元）	数量	区域
3	2017	1	LED液晶电视	航洋店	54.5	127	青秀区
4	2017	1	燃气热水器	大学店	16.2	35	西乡塘区
5	2017	1	冰箱	长湖店	13.4	48	青秀区
6	2017	1	平板电脑	淡村店	41.5	77	江南区
7	2017	1	洗衣机	航洋店	37.5	88	青秀区
8	2017	2	LED液晶电视	朝阳店	45.9	259	兴宁区
9	2017	2	燃气热水器	淡村店	57.1	68	江南区
10	2017	2	冰箱	南棉店	26.4	66	兴宁区
11	2017	2	平板电脑	长湖店	56.2	88	青秀区
12	2017	2	洗衣机	朝阳店	27.9	55	兴宁区
13	2017	3	LED液晶电视	南棉店	38.8	86	兴宁区
14	2017	3	燃气热水器	朝阳店	41.5	106	兴宁区
15	2017	3	冰箱	航洋店	55.2	132	青秀区
16	2017	3	平板电脑	朝阳店	42.8	76	兴宁区
17	2017	3	洗衣机	南棉店	31.6	96	兴宁区
18	2017	4	LED液晶电视	大学店	30.2	46	西乡塘区
19	2017	4	燃气热水器	友爱店	52.3	74	西乡塘区
20	2017	4	冰箱	友爱店	48.9	87	西乡塘区
21	2017	4	平板电脑	大学店	77.9	133	西乡塘区
22	2017	4	洗衣机	淡村店	25.5	68	江南区

图 1-2-42 按照"季度"进行排序的结果

(2) 单击"数据"选项卡下"分级显示"组中的"分类汇总"按钮,打开"分类汇总"对话框。在"分类字段"右侧的下拉列表中选择"季度",在"汇总方式"右侧的下拉列表中选择"求和",在"选定汇总项"列表框中选中"销售额(万元)"复选按钮,并"汇总结果显示下数据下方"复选按钮,如图1-2-43所示。

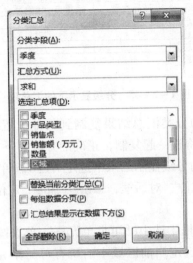

图1-2-43 在"分类汇总"对话框中设置条件

(3) 单击"确定"按钮,自动创建季度汇总项和总计项,并且进入分级显示模式。该公司各季度的电器销售额汇总结果如图1-2-44所示。

	A	B	C	D	E	F	G
1			2017年邕凯公司电器销售表				
2	年度	季度	产品类型	销售点	销售额(万元)	数量	区域
3	2017	1	LED液晶电视	航洋店	54.5	127	青秀区
4	2017	1	燃气热水器	大学店	16.2	35	西乡塘区
5	2017	1	冰箱	长湖店	13.4	48	青秀区
6	2017	1	平板电脑	淡村店	41.5	77	江南区
7	2017	1	洗衣机	航洋店	37.5	88	青秀区
8		1 汇总			163.1		
9	2017	2	LED液晶电视	朝阳店	45.9	259	兴宁区
10	2017	2	燃气热水器	淡村店	57.1	68	江南区
11	2017	2	冰箱	南棉店	26.4	66	兴宁区
12	2017	2	平板电脑	长湖店	56.2	88	青秀区
13	2017	2	洗衣机	朝阳店	27.9	55	兴宁区
14		2 汇总			213.5		
15	2017	3	LED液晶电视	南棉店	38.8	86	兴宁区
16	2017	3	燃气热水器	朝阳店	41.5	106	兴宁区
17	2017	3	冰箱	航洋店	55.2	132	青秀区
18	2017	3	平板电脑	朝阳店	42.8	76	兴宁区
19	2017	3	洗衣机	南棉店	31.6	96	兴宁区
20		3 汇总			209.9		
21	2017	4	LED液晶电视	大学店	30.2	46	西乡塘区
22	2017	4	燃气热水器	友爱店	52.3	74	西乡塘区
23	2017	4	冰箱	友爱店	48.9	87	西乡塘区
24	2017	4	平板电脑	大学店	77.9	133	西乡塘区
25	2017	4	洗衣机	淡村店	25.5	68	江南区
26		4 汇总			234.8		
27		总计			821.3		

图1-2-44 按季度分类汇总的结果

在分级显示状态下单击不同的显示级别所对应的数字按钮，数据列表将显示不同级别的数据。图1-2-45是单击了第2级数据按钮 2 以后的数据列表的显示结果。

1 2 3		A	B	C	D	E	F	G
	1			2017年邕凯公司电器销售表				
	2	年度	季度	产品类型	销售点	销售额（万元）	数量	区域
+	8		1 汇总			163.1		
+	14		2 汇总			213.5		
+	20		3 汇总			209.9		
+	26		4 汇总			234.8		
	27		总计			821.3		

图1-2-45 分级显示下的汇总项

如果想把图1-2-45中的分类汇总结果复制到其他位置，不能直接进行复制、粘贴，否则隐藏状态下的明细数据也将被一起复制，正确的方法如下。

（1）在图1-2-45所示的分级显示结果中选定A1:G27单元格区域。

（2）按"F5"键打开"定位"对话框，单击其中的"定位条件"按钮，打开"定位条件"对话框。

（3）在"定位条件"对话框中选中"可见单元格"单选按钮，如图1-2-46所示，然后单击"确定"按钮。这样只选定当前区域中的所有可见单元格，而不会同时选中处于隐藏状态下的单元格。

图1-2-46 "定位条件"对话框

（4）按"Ctrl+C"组合键复制。

（5）通过单击工作表标签选定目标工作表，如Sheet2，再选定该工作表中的任意一个单元格，如A1单元格，然后按"Ctrl+V"组合键完成粘贴。最终结果如图1-2-47所示。

注意：在使用分类汇总功能之前，必须先按照分类字段对数据列表中的数据进行排序。一个工作表内在行方向上或者列方向上只能创建一个分级显示。

	A	B	C	D	E	F	G
1	2017年邕凯公司电器销售表						
2	年度	季度	产品类型	销售点	售额（万元	数量	区域
3		1 汇总			163.1		
4		2 汇总			213.5		
5		3 汇总			209.9		
6		4 汇总			234.8		
7		总计			821.3		

图 1-2-47　在新表格中粘贴汇总数据

2.3.2　数据的嵌套分类汇总

如果希望按照多个字段对数据列表进行分类汇总，需要按照分类次序多次执行分类汇总操作，即嵌套分类汇总。在进行嵌套分类汇总之前，同样需要先对分类字段进行排序。

例 2-10　以 2017 年邕凯公司电器销售表为例，要求显示该公司在不同季度的销售总额和各区域在不同季度的销售总额，即先按照"季度"字段汇总"销售额（万元）"，再按照"区域"字段汇总"销售额（万元）"，方法如下。

（1）单击数据列表中的任意一个单元格，然后单击"数据"选项卡下"排序和筛选"组中的"排序"按钮，打开"排序"对话框。在"主要关键字"下拉列表中选择"季度"字段；单击"添加条件"按钮，在"次要关键字"下拉列表中选择"区域"字段；右侧的排序依据均保留默认设置，即排序依据为"数值"、次序为"升序"，单击"确定"按钮完成分类字段的排序。

（2）单击"数据"选项卡下"分级显示"组中的"分类汇总"按钮，打开"分类汇总"对话框。在"分类字段"右侧的下拉列表中选择"季度"字段，在"汇总方式"右侧的下拉列表中选择"求和"，在"选定汇总项"列表框中选中"销售额（万元）"复选按钮，并选中"汇总结果显示在数据下方"复选按钮，然后单击"确定"按钮关闭"分类汇总"对话框，初步生成第 1 层分类汇总。

（3）单击数据列表中的任意一个单元格，然后单击"数据"选项卡下"分级显示"组中的"分类汇总"按钮，打开"分类汇总"对话框。在"分类字段"右侧的下拉列表中选择"区域"字段，在"汇总方式"右侧的下拉列表中选择"求和"，在"选定汇总项"列表框中选中"销售额（万元）"复选按钮，取消选中"替换当前分类汇总"复选按钮。第 2 层分类汇总对话框的设置结果如图 1-2-48 所示。

（4）单击"确定"按钮即可实现嵌套分类汇总，最终的结果如图 1-2-49 所示。

分类汇总的实质是 Excel 为数据列表自动创建汇总项，根据分类字段进行汇总计算，并使用分级显示视图。当汇总要求较简单时，使用分类汇总功能可以便捷地分析处理数据；如果数据列表较庞大，并且汇总要求较复杂时，则需要借助数据透视表来实现分类汇总。

2.3.3　财经数据分类汇总应用案例

如果需要在不同的汇总方式下对不同的字段进行分类汇总，只需要按照分类次序选择合适的汇总方式，然后多次执行分类汇总功能。

	A	B	C	D	E	F	G
1	2017年邕凯公司电器销售表						
2	年度	季度	产品类型	销售点	销售额（万元）	数量	区域
3	2017	1	平板电脑	淡村店	41.5	77	江南区
4	2017	1	LED液晶电视	航洋店	54.5	127	青秀区
5	2017	1	冰箱	长湖店	13.4	48	青秀区
6	2017	1	洗衣机	航洋店			
7	2017	1	燃气热水器	大学店			
8		1 汇总					
9	2017	2	燃气热水器	淡村店			
10	2017	2	平板电脑	长湖店			
11	2017	2	LED液晶电视	朝阳店			
12	2017	2	冰箱	南棉店			
13	2017	2	洗衣机	朝阳店			
14		2 汇总					
15	2017	3	冰箱	航洋店			
16	2017	3	LED液晶电视	南棉店			
17	2017	3	燃气热水器	朝阳店			
18	2017	3	平板电脑	朝阳店			
19	2017	3	洗衣机	南棉店			
20		3 汇总					
21	2017	4	洗衣机	淡村店			
22	2017	4	LED液晶电视	大学店			
23	2017	4	燃气热水器	友爱店			
24	2017	4	冰箱	友爱店			
25	2017	4	平板电脑	大学店			
26		4 汇总			234.8		
27		总计			821.3		

图 1－2－48　设置第 2 层分类汇总

	A	B	C	D	E	F	G
1	2017年邕凯公司电器销售表						
2	年度	季度	产品类型	销售点	销售额（万元）	数量	区域
3	2017	1	平板电脑	淡村店	41.5	77	江南区
4					41.5		江南区 汇总
5	2017	1	LED液晶电视	航洋店	54.5	127	青秀区
6	2017	1	冰箱	长湖店	13.4	48	青秀区
7	2017	1	洗衣机	航洋店	37.5	88	青秀区
8					105.4		青秀区 汇总
9	2017	1	燃气热水器	大学店	16.2	35	西乡塘区
10					16.2		西乡塘区 汇总
11		1 汇总			163.1		
12	2017	2	燃气热水器	淡村店	57.1	68	江南区
13					57.1		江南区 汇总
14	2017	2	平板电脑	长湖店	56.2	88	青秀区
15					56.2		青秀区 汇总
16	2017	2	LED液晶电视	朝阳店	45.9	259	兴宁区
17	2017	2	冰箱	南棉店	26.4	66	兴宁区
18	2017	2	洗衣机	朝阳店	27.9	55	兴宁区
19					100.2		兴宁区 汇总
20		2 汇总			213.5		
21	2017	3	冰箱	航洋店	55.2	132	青秀区
22					55.2		青秀区 汇总
23	2017	3	LED液晶电视	南棉店	38.8	86	兴宁区
24	2017	3	燃气热水器	朝阳店	41.5	106	兴宁区
25	2017	3	平板电脑	朝阳店	42.8	76	兴宁区
26	2017	3	洗衣机	南棉店	31.6	96	兴宁区
27					154.7		兴宁区 汇总
28		3 汇总			209.9		
29	2017	4	洗衣机	淡村店	25.5	68	江南区
30					25.5		江南区 汇总
31	2017	4	LED液晶电视	大学店	30.2	46	西乡塘区
32	2017	4	燃气热水器	友爱店	52.3	74	西乡塘区
33	2017	4	冰箱	友爱店	48.9	87	西乡塘区
34	2017	4	平板电脑	大学店	77.9	133	西乡塘区
35					209.3		西乡塘区 汇总
36		4 汇总			234.8		
37		总计			821.3		

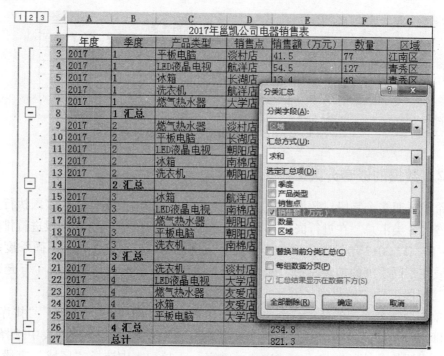

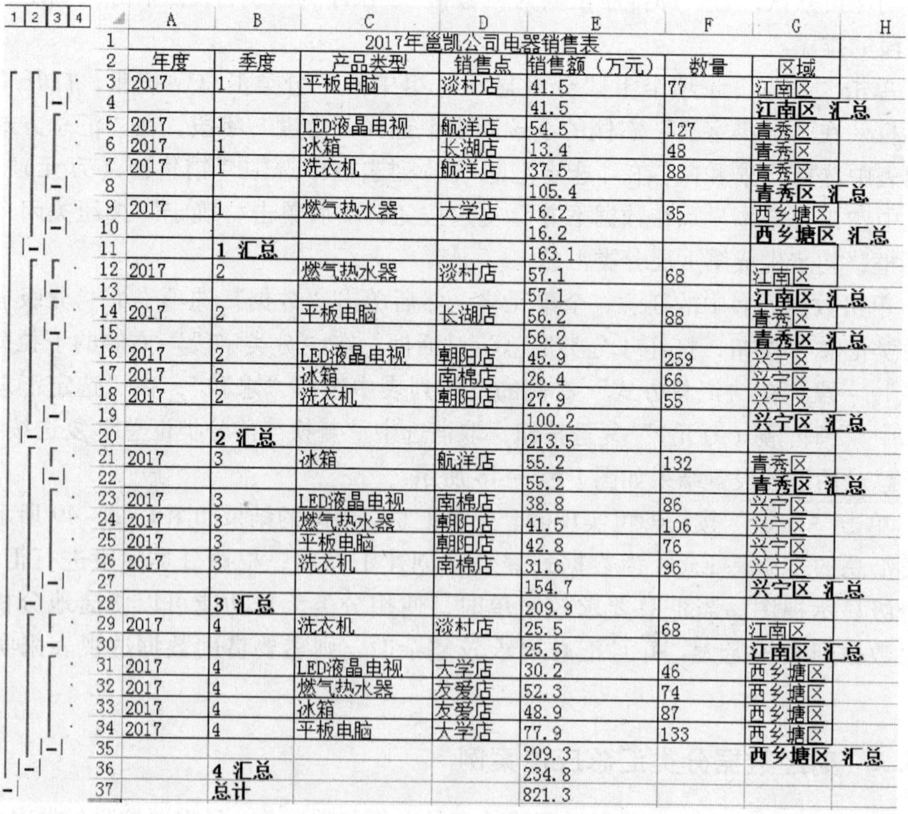

图 1－2－49　嵌套分类汇总的最终结果

例 2-11 以 2017 年邕凯公司电器销售表为例，要求显示该公司在不同季度的销售总额和各区域在不同季度的平均销售额，即先按照"季度"字段汇总"销售额（万元）"，再按照"区域"字段计算"销售额（万元）"的平均值，方法如下。

（1）单击数据列表中的任意一个单元格，然后单击"数据"选项卡下"排序和筛选"组中的"排序"按钮，打开"排序"对话框。在"主要关键字"下拉列表中选择"季度"字段；单击"添加条件"按钮，在"次要关键字"下拉列表中选择"区域"字段；右侧的排序依据均保留默认设置，即排序依据为"数值"、次序为"升序"，单击"确定"按钮完成分类字段的排序。

（2）单击"数据"选项卡下"分级显示"组中的"分类汇总"按钮，打开"分类汇总"对话框。在"分类字段"右侧的下拉列表中选择"季度"字段，在"汇总方式"右侧的下拉列表中选择"求和"，在"选定汇总项"列表框中选中"销售额（万元）"复选按钮，并选中"汇总结果显示在数据下方"复选按钮，然后单击"确定"按钮关闭"分类汇总"对话框，初步生成第 1 层分类汇总。

（3）单击数据列表中的任意一个单元格，然后单击"数据"选项卡下"分级显示"组中的"分类汇总"按钮，打开"分类汇总"对话框。在"分类字段"右侧的下拉列表中选择"区域"字段，在"汇总方式"右侧的下拉列表中选择"平均值"，在"选定汇总项"列表框中选中"销售额（万元）"复选按钮，取消选中"替换当前分类汇总"复选按钮。第 2 层分类汇总对话框的设置结果如图 1-2-50 所示。

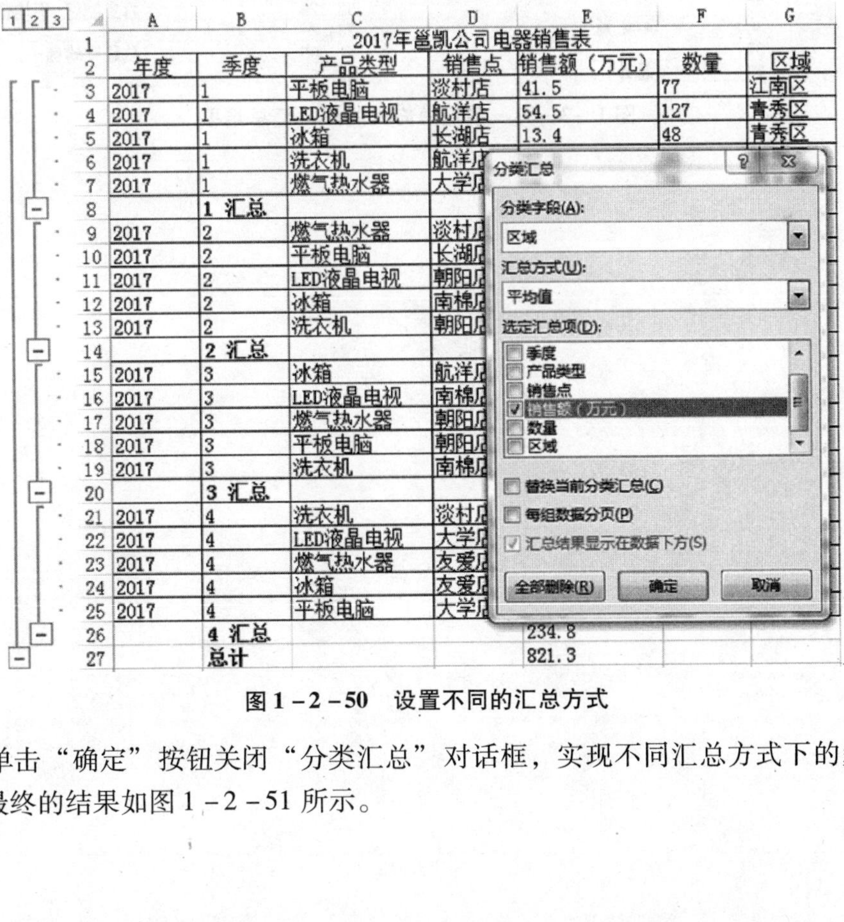

图 1-2-50　设置不同的汇总方式

（4）单击"确定"按钮关闭"分类汇总"对话框，实现不同汇总方式下的多重嵌套分类汇总，最终的结果如图 1-2-51 所示。

	A	B	C	D	E	F	G	H
1				2017年邕凯公司电器销售表				
2	年度	季度	产品类型	销售点	销售额（万元）	数量	区域	
3	2017	1	平板电脑	淡村店	41.5	77	江南区	
4					41.5		江南区	平均值
5	2017	1	LED液晶电视	航洋店	54.5	127	青秀区	
6	2017	1	冰箱	长湖店	13.4	48	青秀区	
7	2017	1	洗衣机	航洋店	37.5	88	青秀区	
8					35.13333333		青秀区	平均值
9	2017	1	燃气热水器	大学店	16.2	35	西乡塘区	
10					16.2		西乡塘区	平均值
11		1 汇总			163.1			
12	2017	2	燃气热水器	淡村店	57.1	68	江南区	
13					57.1		江南区	平均值
14	2017	2	平板电脑	长湖店	56.2	88	青秀区	
15					56.2		青秀区	平均值
16	2017	2	LED液晶电视	朝阳店	45.9	259	兴宁区	
17	2017	2	冰箱	南棉店	26.4	66	兴宁区	
18	2017	2	洗衣机	朝阳店	27.9	55	兴宁区	
19					33.4		兴宁区	平均值
20		2 汇总			213.5			
21	2017	3	冰箱	航洋店	55.2	132	青秀区	
22					55.2		青秀区	平均值
23	2017	3	LED液晶电视	南棉店	38.8	86	兴宁区	
24	2017	3	燃气热水器	朝阳店	41.5	106	兴宁区	
25	2017	3	平板电脑	朝阳店	42.8	76	兴宁区	
26	2017	3	洗衣机	南棉店	31.6	96	兴宁区	
27					38.675		兴宁区	平均值
28		3 汇总			209.9			
29	2017	4	洗衣机	淡村店	25.5	68	江南区	
30					25.5		江南区	平均值
31	2017	4	LED液晶电视	大学店	30.2	46	西乡塘区	
32	2017	4	燃气热水器	友爱店	52.3	74	西乡塘区	
33	2017	4	冰箱	友爱店	48.9	87	西乡塘区	
34	2017	4	平板电脑	大学店	77.9	133	西乡塘区	
35					52.325		西乡塘区	平均值
36		4 汇总			234.8			
37					41.065		总计平均值	
38		总计			821.3			

图1－2－51　多汇总方式的分类汇总结果

第 3 章

Excel 财经数据的分析与展示

本章主要介绍在 Excel 中如何创建数据透视表及图表,并对财经数据进行分析与展示;包括单表数据源和多表数据源创建数据透视表,数据透视表的格式化,数据透视表在财经数据中的案例应用;介绍各类图表的创建,图表的编辑与美化,如何通过制作图表对财经数据进行分析应用。

本章重点:数据透视表的布局、图表的设计。
本章难点:根据具体实例分析数据透视表的字段及布局、图表的组合及辅助区的设计。

3.1 财经数据透视表分析

数透视表的作用包括汇总(分类汇总、工作表汇总)、分析数据,核对数据等。数据透视表的数据源必须是标准规范的数据清单(数据库),即不存在合并单元格、多行标题、非法数字等情况。

3.1.1 创建数据透视表

1. 单表数据源创建数据透视表

例 3 - 1 以图 1 - 3 - 1 所示的数据创建一个上半年的销售数据透视表,并做出折线图分析上半年各月销售额的变化。具体操作步骤如下。

(1)单击数据区域的任一单元格。注意:不要选几列或全选工作表作为数据源。单击"插入"选项卡中的"数据透视表"按钮。

(2)打开"创建数据透视表"对话框,选择对应表的数据区域,选中"选择放置数据透视表的位置"栏下的"新工作表"单选按钮,然后单击"确认"按钮。

(3)设置对应的数据透视表字段,把"月份"拖至"行"标签区域,把"销售额"拖至"值"标签区域,即可得到数据透视表,如图 1 - 3 - 2 所示。

(4)对销售数据绘制折线图。选择数据源所在区域 A3:B10,单击"插入"选项卡下"图表"区右下角的下拉三角,打开"插入图表"对话框,选择"折线图"类中的第一个

月份	购货单位	业务员	产品名称	销售量	销售额
1月	客户02	马新华	产品002	2292	115706
1月	客户02	吴小莉	产品005	3084	101535
1月	客户02	吴小莉	产品006	1272	60491
2月	客户03	周娟	产品002	9800	443017
2月	客户50	马新华	产品006	1000	39097
2月	客户50	马新华	产品005	170	14020
3月	客户56	李玉萌	产品002	60	2388
3月	客户56	李玉萌	产品003	5220	137347
3月	客户56	崔晓铭	产品003	280	7492
4月	客户72	冯璐	产品005	167	7073
4月	客户72	冯璐	产品001	2950	93650
4月	客户73	马新华	产品002	800	86104
5月	客户33	赵传亮	产品004	250	13851
5月	客户34	赵传亮	产品006	3936	169610
5月	客户69	吴小莉	产品001	700	14651
6月	客户78	梁红梅	产品003	112	8963
6月	客户78	梁红梅	产品005	435	36687
6月	客户56	李玉萌	产品001	1016	28145

图 1-3-1 上半年销售情况表

图 1-3-2 销售数据透视表

图形"折线图"。

（5）在折线图上的字段按钮上单击鼠标右键，在弹出的快捷菜单中选择"隐藏图表上的所有字段按钮"则可隐藏图标上的字段按钮。

（6）删除图例。选中图表，单击图表右上角出现的"+"图标，图表元素则排列显示出来，单击选中对应的图表元素则可删除或增加该元素。也可选中图表区中的图表元素，通过按键盘退格键或"Delete"键删除。

（7）修改图表标题。单击图表区中的图表标题，将光标定位到标题文本框后，更改图表标题为"2018年上半年销售数据"，得到最终的图表，如图 1-3-3 所示。

2. 多表数据源创建数据透视表

在实际工作中常常需要利用多个表格构建数据透视表，这时应根据具体的表格结构选择适用的方法。本节介绍如何使用多重合并计算数据区域的方法构建数据透视表。当多个工作表数据是二维表格时（即数据区域的第一列和第一行是文本，其他的都是数字），则可以使用多重合并计算数据区域透视表进行合并。

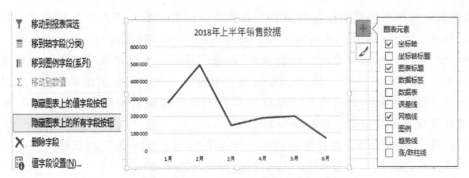

图 1-3-3 上半年销售数据折线图

例 3-2 以"多表数据源的数据透视表.xls"工作簿中 1—6 月工作表的数据为基础，制作如图 1-3-4 所示的公司部门上半年汇总表。具体操作步骤如下。

公司部门上半年汇总表

公司部门	办公费	差旅费	车辆费	税费	修理费	招待费	折旧费	职工工资	总计
后勤部	5258	7542	4685	7443	5370	4964	5645	4417	45324
技术部	5768	4392	4580	5202	7493	4984	4952	4406	41777
人事部	5693	5778	4797	4924	1941	4521	4569	4203	36426
设备部	4044	4829	5823	3021	3240	5395	4213	6406	36971
设计部	5540	5132	3597	5690	6172	6241	3122	5176	40670
生产部	5150	6988	6882	6127	6261	6802	4263	6667	49140
销售部	5470	3986	5611	4017	5905	6377	5827	4696	41889
信息中心	6806	4031	5845	5987	5184	3919	5118	5518	42382
总计	43729	42678	41820	42411	41540	43203	37709	41489	334579

图 1-3-4 公司部门上半年开销汇总表

（1）打开"数据透视表和数据透视图向导"对话框，在"数据透视表和数据透视图向导 - 步骤 1（共 3 步）"对话框中，选中"多重合并计算数据区域"和"数据透视表"单选按钮，如图 1-3-5 所示，然后单击"下一步"按钮。

图 1-3-5 数据透视表和数据透视图向导窗口

提示：可以通过添加"数据透视表和数据透视图向导"按钮到快速访问工具栏打开

"数据透视表和数据透视图向导"对话框。具体方法如下:单击"文件"选项卡,然后选择"选项",打开"Excel 选项"对话框,在左侧选择"快速访问工具栏",在左边的"从下列位置选择命令"下拉列表中选择"所有命令",在下方的列表框中选择"数据透视表和数据透视图向导",然后依次单击"添加"按钮和"确定"按钮。完成上述操作后,工具栏中将出现"数据透视表和数据透视向导"按钮。单击"数据透视表和数据透视向导"按钮即可打开"数据透视表和数据透视图向导"对话框。

(2) 打开"数据透视表和数据透视图向导 – 第 2a 步,共 3 步"对话框,选中"创建单页字段"单选按钮,然后单击"下一步"按钮。

"单页字段"只能做一个页字段(筛选字段),"自定义页字段"最多可做四个页字段。

(3) 打开"数据透视表和数据透视图向导 – 第 2b 步,共 3 步"对话框中,分别选中 1—6 月工作表中的数据作为选定的区域,依次单击"添加"按钮,将其添加到选定区域,如图 1 – 3 – 6 所示,然后单击"下一步"按钮。

(4) 在"数据透视表和数据透视图向导 – 第 3 步,共 3 步"对话框中,选中"新工作表"单选按钮,然后单击"完成"按钮,得到图 1 – 3 – 7 所示的上半年数据透视表。

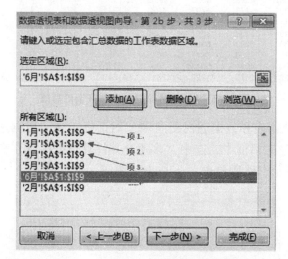

图 1 – 3 – 6 添加 6 个月数据区域

页1	(全部)								
求和项:值	列标签								
行标签	办公费	差旅费	车辆费	税费	修理费	招待费	折旧费	职工工资	总计
后勤部	5258	7542	4685	7443	5370	4964	5645	4417	45324
技术部	5768	4392	4580	5202	7493	4984	4952	4406	41777
人事部	5693	5778	4797	4924	1941	4521	4569	4203	36426
设备部	4044	4829	5823	3021	3240	5395	4213	6406	36971
设计部	5540	5132	3597	5690	6172	6241	3122	5176	40670
生产部	5150	6988	6882	6127	6261	6802	4263	6667	49140
销售部	5470	3986	5611	4017	5905	6377	5827	4696	41889
信息中心	6806	4031	5845	5987	5158	3919	5118	5518	42382
总计	43729	42678	41820	42411	41540	43203	37709	41489	334579

图 1 – 3 – 7 上半年数据透视表

提示:"数据透视表和数据透视图向导—第 2b 步,共 3 步"对话框中,"所有区域"列表中列示的排列顺序与添加工作表时的次序可能会不一样,透视表会生成一个页字段,页字段下面有多个项（汇总多少个工作表，就有多少个项目），项的名称是按照"所有区域"排列次序进行默认命名的，即项1（Item1）、项2（Item2）、项3（Item 3）…，因此系统需记住"所有区域"中各项与月份对应的顺序，以便后期修改成对应月份名称。

（5）图1-3-7的数据透视表显示的是公司各部门上半年汇总表，复制此表到新工作表"上半年汇总表"中，更改"行标签"为"公司部门"，添上表标题"公司部门上半年汇总表"，即可得到一张新的公司部门上半年汇总表。

例3-3 对公司部门上半年汇总表按照公司部门进行汇总，查看汇总项目费用中办公费每月在各部门的开销情况，如图1-3-8所示。

具体操作步骤如下。

（1）调整工作表"上半年数据透视表"字段的布局，如图1-3-9所示。手动修改每一列的名称，将名称修改成对应的月份，但不能拖曳自动填充。

项目费用	办公费						
求和项:值	月份						
公司部门	1月	2月	3月	4月	5月	6月	总计
后勤部	1482	300	603	302	1135	1436	5258
技术部	843	1405	514	949	1346	711	5768
人事部	739	625	1445	747	1085	1052	5693
设备部	1262	331	487	282	650	1032	4044
设计部	802	430	514	1481	1286	1027	5540
生产部	446	334	1302	588	1161	1319	5150
销售部	488	1494	1219	565	274	1430	5470
信息中心	1479	1458	1000	645	1258	966	6806
总计	7541	6377	7084	5559	8195	8973	43729

图1-3-8　各部门每月办公费的开销情况　　　　图1-3-9　调整数据透视表字段布局

提示：如需要调整月份的次序，选择月份的单元格后，使光标对准边框中间，出现拖放的箭头后，按住鼠标左键，将其拖到相应顺序的位置。

（2）将图1-3-10所示的数据透视表复制到新建的工作表中，命名为"项目费用开销汇总"，分别修改行标签为"公司部门"、列标签为"月份"、列为"项目费用"，如图1-3-11所示。单击"全部"下拉按钮，可选择任一项费用，可查看每项费用每月在各部门的开销情况及总计。

列	（全部）						
求和项:值	列标签						
行标签	项1	项2	项3	项4	项5	项6	总计
后勤部	7464	6033	7672	6107	9114	8934	45324
技术部	7121	7677	6961	7075	6892	6051	41777
人事部	5637	4951	7470	5893	5555	6920	36426
设备部	7297	5337	6700	5881	6357	5399	36971
设计部	6799	5202	7299	8527	8070	4773	40670
生产部	7894	8191	9597	6721	9398	7339	49140
销售部	7038	7533	6674	6504	6088	8052	41889
信息中心	7216	6684	6161	7153	6604	8564	42382
总计	56466	51608	58534	53861	58078	56032	334579

图1-3-10　各部门项目费用开销情况

项目费用	(全部)						
求和项:值	月份						
公司部门	1月	2月	3月	4月	5月	6月	总计
后勤部	7464	6033	7672	6107	9114	8934	45324
技术部	7121	7677	6961	7075	6892	6051	41777
人事部	5637	4951	7470	5893	5555	6920	36426
设备部	7297	5337	6700	5881	6357	5399	36971
设计部	6799	5202	7299	8527	8070	4773	40670
生产部	7894	8191	9597	6721	9398	7339	49140
销售部	7038	7533	6674	6504	6088	8052	41889
信息中心	7216	6684	6161	7153	6604	8564	42382
总计	56466	51608	58534	53861	58078	56032	334579

图 1-3-11 项目费用开销汇总表

提示：如果源数据表分布在多个不同的工作簿中，可用同样的方法建立多表数据源的数据透视表，但是需要每个工作簿都打开后再进行添加数据区域操作。

3.1.2 数据透视表的格式化

使用数据源做好基本的数据透视表以后，需要对透视表进行一些格式化处理，使得数据透视表呈现的数据显示得更清晰、更美观易读。

数据透视表的结构包括4个区域：行标签、列标签、值和筛选器，如图1-3-12所示。

行标签：用于分类字段下的项目，垂直排列。

列标签：用于分类字段下的项目，水平排列。

值：用于汇总计算字段下的数据。

筛选器：用于筛选整个数据透视表。

数据透视表中的几个术语解释如下。

数据区域：包括数据标题在内的完整的单元格区域。

字段：数据源中一列的数据，标题就是字段名，出现在"数据透视表字段列表"中，进行字段拖放构建数据透视表，如图1-3-13所示。

项目：字段下面不重复的数据，如图1-3-14所示。

记录：表中的每一行数据就是一个记录。

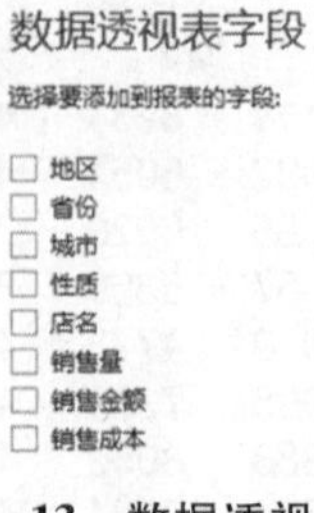

图 1-3-12 数据透视表的 4 个区域

图 1-3-13 数据透视表字段 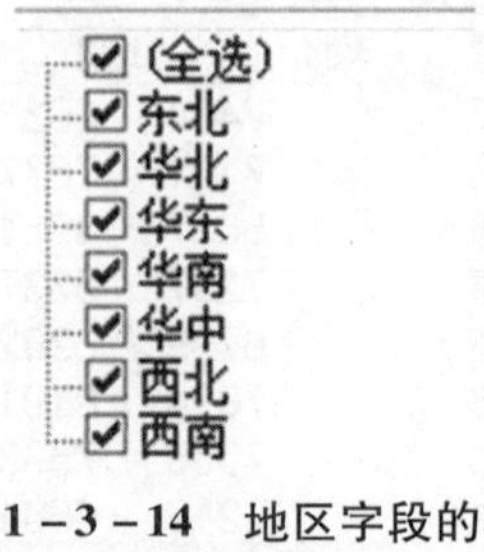   图 1-3-14 地区字段的项目

例3-4 以"各地区省市店面销售情况.xlsx"工作簿中数据制作多层分类汇总的数据透视表，并对数据透视表进行格式化。具体操作步骤如下。

（1）数据透视表基本布局。在新工作表中插入数据透视表，参照图 1 – 3 – 15，在右侧的字段列表和四个小窗格中拖放字段，或者勾选字段。

地区	省份	加盟 求和项:销售金额	加盟 求和项:销售成本	自营 求和项:销售金额	自营 求和项:销售成本	求和项:销售金额汇总	求和项:销售成本汇总
⊟东北		23697.25	8818.415	258304.5	91078.165	282001.75	99896.58
	黑龙江	23697.25	8818.415			23697.25	8818.415
	辽宁			258304.5	91078.165	258304.5	91078.165
⊟华北		371067.3	131776.33	302504.25	112116.9	673571.55	243893.23
	北京	28627.8	9802.1	103830.25	36224.915	132458.05	46027.015
	河北	141360.5	50479.125			141360.5	50479.125
	河南	55493	20653.63			55493	20653.63
	山东	69801.5	25066.49	157629.5	61333.525	227431	86400.015
	山西	50241.75	17071.95			50241.75	17071.95
	天津	25542.75	8703.035	41044.5	14558.46	66587.25	23261.495
⊟华东		603509.1	216446.14	1822519.67	662100.875	2426028.77	878547.015
	安徽	103800	37526.075			103800	37526.075
	福建	58854.25	21075.28	212382	81453.385	271236.25	102528.665
	江苏	361354	128846.58	792878.85	305746.755	1154232.85	434593.335
	上海			656022.57	213670.305	656022.57	213670.305
	浙江	79500.85	28998.205	161236.25	61230.43	240737.1	90228.635
⊟华南		303417.75	115900.515	188787.05	73191.47	492204.8	189091.985
	广东	217290	86143.4	188787.05	73191.47	406077.05	159334.87
	海南	86127.75	29757.115			86127.75	29757.115

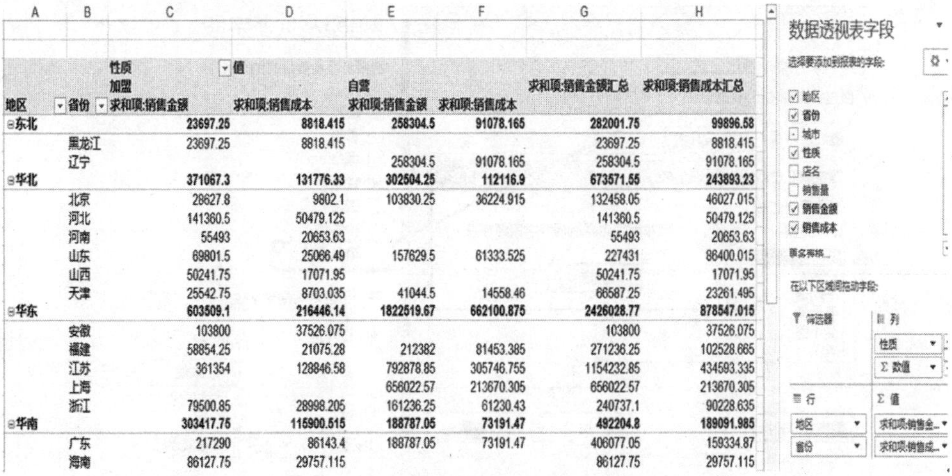

图 1 – 3 – 15　汇总各地区中每个省份不同性质店面的销售情况

提示： 如果想对数据透视表重新布局，有两种方法。

方法 1：在“数据透视表字段”窗格中，取消选中字段前面的复选标记。

方法 2：通过单击“数据透视表工具”下的“分析”选项卡，然后单击“操作”组中的“清除”按钮，在下拉列表中选择“全部清除”选项进行设置。

（2）对数据透视表设置样式，美化数据透视表。单击“数据透视表工具”下的“设计”选项卡，通过“数据透视表样式”组选择美观合适的样式即可。例如，设置数据透视表样式为“中等深浅 2”，可单击“数据透视表工具”下的“设计”选项卡，然后单击“数据透视表样式”组中的下拉按钮，在下拉列表中选择相应选项即可。

（3）设置报表的布局，设置为表格形式。单击“数据透视表工具”下的“设计”选项卡，然后单击“布局”组下的“报表布局”下拉按钮，如图 1 – 3 – 16 所示。报表布局有三种：压缩形式，大纲形式，表格形式。

压缩形式：所有字段压缩在一列显示，此时标题不是真正的字段名称。（默认的显示形式）

大纲形式：所有字段分列显示，分类汇总在顶部，标题是字段名称。

表格形式：所有字段分列显示，分类汇总在底部。（普通的形式）

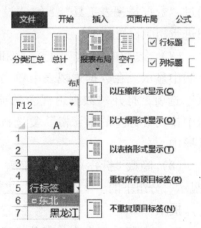

图 1 – 3 – 16　报表布局

（4）修改字段名称或者项目名称。把“求和项：销售金额”“求和项：销售成本”分别改成“销售金额”“销售成本”。在单元格里直接更改名字即可；也可以双击字段名称单元格，在出现的“值字段设置”对话框中修改。

提示： 如果更改的名称与“数据透视表字段”中的字段名相同，Excel 会弹出如图 1 – 3 –

17 提示框。此时可在字段标题的后面多加一个空格符号解决,如将"销售金额"改为"销售金额　"。

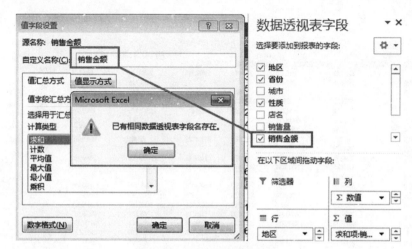

图 1－3－17　同名字段提示

(5)隐藏分类汇总。在默认情况下,每个分类字段都有分类汇总,当不需要这个分类汇总时,可以将其隐藏起来。在不想显示汇总的列单击鼠标右键,在弹出的快捷菜单中取消选中"分类汇总"栏下"地区"选项前的复选标记。如果想重新显示,再在相应列单击鼠标右键,重新选中复选标记即可。也可选择"数据透视表工具"下的"设计"选项卡,然后通过"布局"组中的"分类汇总"下拉按钮,选择"不显示分类汇总"选项进行设置。

(6)隐藏表格总计。每个数据透视表都有两个总计:行总计和列总计。行总计是透视表右侧一列或几列的总计;列总计是透视表底部一行的总计。当不需要时可以隐藏起来,可通过"数据透视表工具"下的"设计"选项卡,然后通过"布局"组中的"总计"下拉按钮进行相应设置。

(7)合并单元格。当行字段和列字段中有两个以上的字段时,外层的字段项目可以合并居中显示。在数据透视表中单击鼠标右键,在弹出的快捷菜单中选择"数据透视表选项"选项,打开"数据透视表选项"对话框,在"布局和格式"选项卡下选中"合并且居中排列带标签的单元格"复选按钮,即可见"加盟""自营""东北"等单元格均被合并居中。

(8)隐藏"折叠\展开按钮"。单击"数据透视表工具"下的"分析"选项卡,然后单击"显示"分组下的"＋/－按钮"进行隐藏折叠/展开图标。

提示:

1.在数据透视表中,布局完字段后,字段的项目会按照默认的规则自动排序。如果想更改字段项目的顺序,可采用手工排序的方法:将光标对准要调整顺序的字段单元格边框,当指针出现四个小箭头后,按鼠标左键拖动即可。

2.如果数据透视表的原始数据变了,可通过单击鼠标右键,在弹出的快捷菜单中选择"刷新",使得数据透视表更新。

3. 复制/移动数据透视表。单击“数据透视表工具”下的“分析”选项卡，然后选择“操作”组中的“整个透视表”按钮，则可选中整个数据透视表，在此基础上进行复制操作。

4. 对数据透视表进行位置的移动。单击“数据透视表工具”下的“分析”选项卡，然后选择“操作”组中的“移动数据透视表”，在此基础上选择移动位置即可。

3.1.3　财经数据透视表应用案例

利用数据透视表进行表格结构快速转换。可以应用数据透视表将二维表转换成一个数据清单，也可以把流水表转换成一个二维表，以方便不同场合的应用及查看。

1. 二维表转化为数据清单

例 3－5　把“二维表转化为数据清单 . xlsx”工作簿中的二维表数据转化成数据清单，如图 1－3－18 所示。

商品	1月	2月	3月	4月	5月	6月
商品01	139	98	212	69	108	92
商品02	85	178	290	118	59	298
商品03	248	86	121	254	166	65
商品04	69	52	248	44	125	141
商品05	164	242	50	269	293	161
商品06	154	239	102	165	259	140
商品07	263	239	300	30	29	199
商品08	44	24	91	170	200	166
商品09	174	21	149	53	166	294
商品10	233	161	280	130	57	239
商品11	194	231	276	102	114	300
商品12	220	60	134	88	116	25
商品13	29	262	62	111	27	113
商品14	188	65	186	76	101	216
商品15	87	300	276	185	263	196

商品	月份	金额
商品01	1月	139
商品01	2月	98
商品01	3月	212
商品01	4月	69
商品01	5月	108
商品01	6月	92
商品02	1月	85
商品02	2月	178
商品02	3月	290
商品02	4月	118
商品02	5月	59
商品02	6月	298
商品03	1月	248
商品03	2月	86
商品03	3月	121
商品03	4月	254
商品03	5月	166
商品03	6月	65
商品04	1月	69
商品04	2月	52
商品04	3月	248

图 1－3－18　将二维表转化成数据清单

具体操作步骤如下。

（1）单击“数据透视表和数据透视图向导”图标，在打开的对话框中选中“多重合并计算数据区域”单选按钮，在所需创建的报表类型区域选中“创建数据透视表”单选按钮，单击“下一步”按钮；选中“创建单页字段”单选按钮，单击“下一步”按钮；在“选定区域”中输入“二维表转化为数据清单！$A$1：$G$16”，单击“添加”按钮，如图 1－3－19 所示，最后单击“完成”按钮，得到如图 1－3－20 所示的商品销售数据透视表。

图 3－1－19　选择商品销售数据区域

（2）在“商品销售数据透视表”中双击最后的合计单元格，得到如图 1－3－21 形式的表格。

（3）对图 1－3－21 表格样式进行清除。选择图 1－3－21 所示表格中的数据，工具栏中

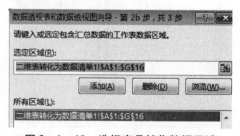

图 1-3-20 商品销售数据透视表　　　　　图 1-3-21 商品销售数据透视表

出现"表格工具"选项卡，单击其下的"设计"选项卡，然后单击"表格样式"组中右下角的下拉按钮，展开"表格样式"对话框，单击"清除"按钮，即可清除 1-3-21 表格当前的样式。

（4）转换为普通区域。单击"表格工具"下的"设计"选项卡，单击"工具"组中的"转换为区域"按钮，打开"是否将表转化为普通区域"对话框，单击"是"按钮，即已经把数据透视表转化成了普通表格。删除表中的"页1"这一列，把行、列、值分别改成商品、月份、金额，即可将二维表转换为数据清单。

2. 流水表转化为数据清单

例 3-6　把"流水表转化成数据清单.xlsx"工作簿中的数据转化成数据清单，要求分公司一列，姓名一列，如图 1-3-22 所示。

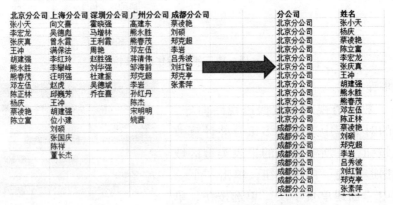

图 1-3-22 数据流水表变成数据清单

具体操作步骤如下。

（1）在原表中插入一列辅助列，可任意输入名字，如图 1-3-23 所示。

（2）单击"数据透视表和数据透视图向导"图标，在打开的对话框中选中"多重合并计算数据区域"单选按钮，在"所需创建的报表类型选项区域中"选中"创建数据透视表"单选按钮，单击"下一步"按钮；选中"创建单页字段"单选按钮，单击"下一步"按

第 3 章　Excel 财经数据的分析与展示

aaa	北京分公司	上海分公司	深圳分公司	广州分公司	成都分公司
a1	张小天	向文喜	霍晓强	高建东	蔡凌艳
a2	李宏龙	吴德彪	马增林	熊永胜	刘硕
a3	张庆真	曾永霞	王利霞	熊春茂	郑克超
a4	王冲	满保法	周艳	邓左伍	李岩
a5	胡建强	李红玲	赵胜强	蒋清伟	吕秀波
a6	熊永胜	李攀峰	刘华强	邹海前	刘红智
a7	熊春茂	汪明强	杜建振	郑克超	郑克亭
a8	邓左伍	赵虎	吴德斌	李岩	张素萍
a9	陈正林	邱巍芳	乔在喜	孙红丹	
a10	杨庆	王冲		陈杰	
a11	蔡凌艳	胡建强		宋明明	
a12	陈立富	位小建		姚茜	
a13		刘硕			
a14		张国庆			
a15		陈祥			
a16		董长杰			

图 1 - 3 - 23　流水表新插入一列

钮；将"选定区域"设置为 $A$1：$E$17，如图 1 - 3 - 24 所示，单击"添加"按钮，在生成的新工作表中得到数据透视表如图 1 - 3 - 25 所示。

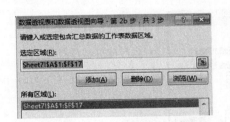

图 1 - 3 - 24　选择表格数据区域

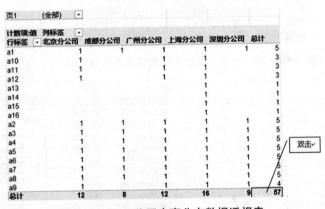

图 1 - 3 - 25　公司人事分布数据透视表

（3）双击"公司人事分布数据透视表"最后的合计单元格，结果图 1 - 3 - 26 所示。参照例 3 - 5 中的第（4）步，将表转换成普通区域。最后，删去得到的普通表格中名为"页1"的最后一列，删去表格中名为"行"的第一列。

（4）选择空值删除大量空格。选中"B"列，按"Ctrl + G"组合键，打开如图 1 - 3 - 27 所示的"定位"对话框，单击"定位条件"按钮，在打开的对话框中选择"空值"，然后单击"确定"按钮，则 B 列所有空格被选中。选中空白单元格，单击鼠标右键，在弹出的快捷菜单中选择"删除"，打开"删除"对话框，选中"整行"单选按钮，单击"确定"按钮，如图 1 - 3 - 28 所示。

（5）进行自定义排序。单击"数据"选项卡下的"排序"按钮，打开"排序"对话框；设置"主要关键字"为"列"，设置"次序"为"升序"，选中"数据包含标题"复选按钮，然后单击"确定"按钮，如图 1 - 3 - 29 所示。在已排序的表中更改标题"列"名为"分公司"，"值"名为"姓名"，得到如图 1 - 3 - 30 所示分公司人员数据清单。

行	列	值	页1
a1	北京分公司	张小天	项1
a1	成都分公司	蔡凌艳	项1
a1	广州分公司	高建东	项1
a1	上海分公司	向文喜	项1
a1	深圳分公司	霍晓强	项1
a10	北京分公司	杨庆	项1
a10	成都分公司		项1
a10	广州分公司	陈杰	项1
a10	上海分公司	王冲	项1
a10	深圳分公司		项1
a11	北京分公司	蔡凌艳	项1
a11	成都分公司		项1
a11	广州分公司	宋明明	项1
a11	上海分公司	胡建强	项1
a11	深圳分公司		项1
a12	北京分公司	陈立富	项1
a12	成都分公司		项1
a12	广州分公司	姚茜	项1
a12	上海分公司	位小建	项1
a12	深圳分公司		项1
a13	北京分公司		项1
a13	成都分公司		项1
a13	广州分公司		项1

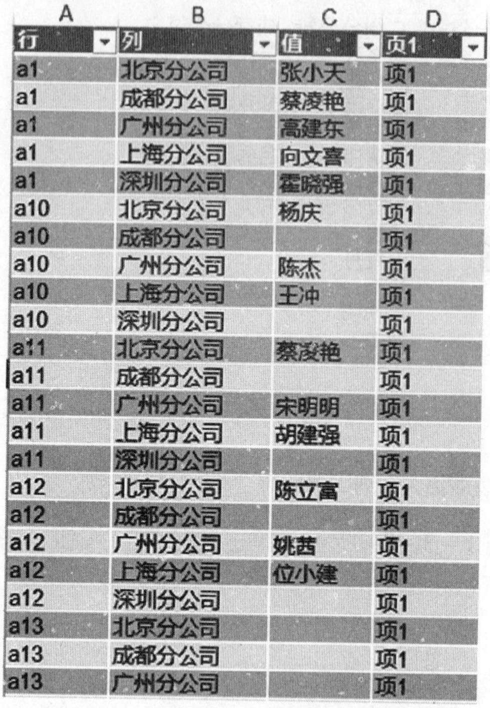

图 1－3－26　公司人事分布数据透视表合计结果

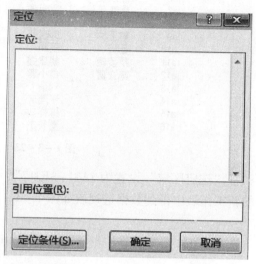

图 1－3－27　“定位”对话框

列	值
北京分公司	张小天
成都分公司	蔡凌艳
广州分公司	高建东
上海分公司	向文喜
深圳分公司	霍晓强
北京分公司	杨庆
成都分公司	
广州分公司	陈杰
上海分公司	王冲
深圳分公司	
北京分公司	蔡凌艳
成都分公司	
广州分公司	宋明明
上海分公司	胡建强
深圳分公司	
北京分公司	陈立富
成都分公司	
广州分公司	姚茜
上海分公司	位小建
深圳分公司	
北京分公司	
成都分公司	
广州分公司	

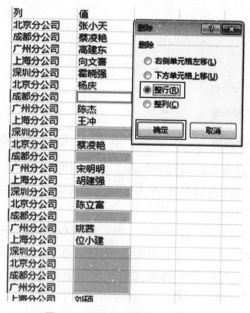

图 1－3－28　删除空格单元列

3. 添加自定义计算字段

用户可以在数据透视表中添加计算字段，以便得到新的字段和分析指标。计算字段是指在数据透视表中创建公式，对现有字段进行计算得到一个新的字段。计算字段即现有字段之间的计算结果。

例 3－7　制作如图 1－3－31 所示的添加自定义计算字段的数据透视表。要求利用基础

第 3 章　Excel 财经数据的分析与展示

图 1-3-29　自定义排序

图 1-3-30　分公司人员数据清单

表中的数据，按地区和性质计算毛利、毛利率、完成率三个新字段。具体操作步骤如下。

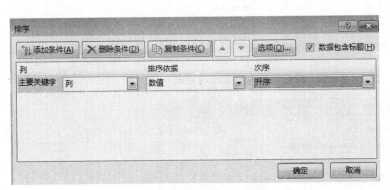

图 1-3-31　自定义计算新字段

（1）在新工作表中创建销售数据基础数据透视表，如图 1-3-32 所示。

（2）单击"数据透视表工具"下的"分析"选项卡，然后单击"计算"组下的"字段、项目和集"下拉按钮，选择"计算字段"，打开"插入计算字段"对话框。

（3）在"插入计算字段"对话框中的"名称"栏中输入新字段名，在"公式"栏中输入公式，单击"添加"按钮，此时在字段栏则出现新的字段。如图 1-3-33 所示添加"毛利"新字段，输入公式"=实际销售额－销售成本"。使用同样的方法插入"毛利率""完成率"字段。毛利率与完成率的计算公式分别为："毛利率 = round（毛利/ 实际销售金额，4）"；"完成率 = 实际销售金额/ 本月指标"。上述设置完成后即可得到添加新字段后的数据透视表。

· 81 ·

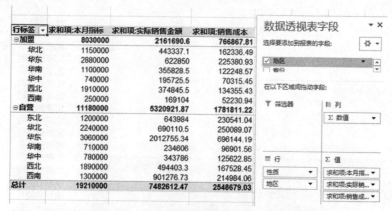

图 1-3-32　销售数据基础数据透视表

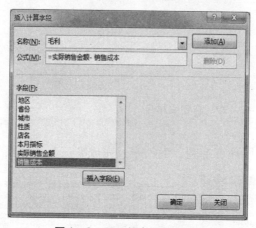

图 1-3-33　添加毛利字段

提示：在"公式"栏中可以插入部分函数使用。如用四舍五入函数对毛利率保留四位小数点计算等。

（4）调整数据透视表格式。单击"数据透视表工具"下的"设计"选项卡，单击"布局"组中的"分类汇总"按钮；打开"分类汇总"对话框，选择"在组的底部显示所有分类汇总"复选按钮，则可显示汇总项。在"数据透视表样式"下拉列表中选择"清除"，即清除数据透视表的当前样式，最后得到以表格形式显示的结果，如图 1-3-34 所示。

行标签	求和项:本月指标	求和项:实际销售金额	求和项:销售成本	求和项:毛利	求和项:毛利率	求和项:完成率
⊟加盟						
华北	1150000	443337.1	162336.49	281000.61	0.6338	0.385510522
华东	2880000	622850	225380.93	397469.07	0.6381	0.216267361
华南	1100000	355828.5	122248.57	233579.93	0.6564	0.323480455
华中	740000	195725.5	70315.45	125410.05	0.6407	0.264493919
西北	1910000	374845.5	134355.43	240490.07	0.6416	0.196254188
西南	250000	169104	52230.94	116873.06	0.6911	0.676416
⊟自营						
东北	1200000	643984	230541.04	413442.96	0.6420	0.536653333
华北	2240000	690110.5	250089.07	440021.43	0.6376	0.308085045
华东	3060000	2012755.34	696144.19	1316611.15	0.6541	0.657763183
华南	710000	234606	96901.56	137704.44	0.5870	0.330430986
华中	780000	343786	125622.85	218163.15	0.6346	0.440751282
西北	1890000	494403.3	167528.45	326874.85	0.6612	0.261589048
西南	1300000	901276.73	214984.06	686292.67	0.7615	0.693289792
总计	19210000	7482612.47	2548679.03	4933933.44	0.6594	0.389516526

图 1-3-34　添加新字段后的数据透视表

3.2 分析数据的图表处理

3.2.1 图表的创建

例 3-8 制作各个地区销售额对比分析和趋势分析图，要求以饼图突出每个地区的销售额对所有地区的销售额的全年占比情况，以折线图强调每个地区自身的发展趋势及获得各地区销售情况对比，如图 1-3-35 所示。

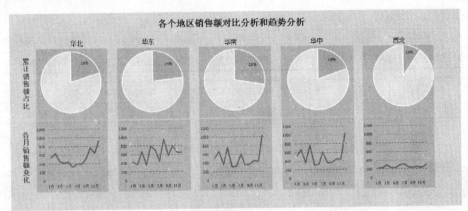

图 1-3-35 各个地区销售额对比分析和趋势分析

具体操作步骤如下。

(1) 利用函数 VLOOKUP 函数，做出 5 个地区分别与其他地区全年累计值的辅助表。首先做一个华北地区辅助表。在 B10 单元格输入"华北"，在 C10 单元格输入"=VLOOKUP (B10,$B$2:$O$6,14,1)"，在 B11 单元格输入"其他地区"，在 C11 单元格输入"=$O$7-C10"。此时建立好华北地区与其他地区全年累计值对比的辅助表。利用复制公式方法，复制四份华北地区辅助表，分别将区域修改为华东、华南、华中、西北。

(2) 选择华北地区辅助表数据，单击"插入"选项卡，选择"图表"按钮，打开"插入图表"对话框，选择"饼图"单选按钮。分别选中图例、图表标题，将其删除。单击"图表工具"下的"设计"选项卡，单击"图表布局"组中的"添加图表元素"下拉列表，选择"数据标签"，然后选择"其他数据标签选项"，打开"设置数据标签格式"对话框；选中"百分比""数据标签内"复选按钮，则对华北地区设置百分比数据标签。单击"格式"选项卡，单击"当前所选内容"下拉列表，选择"图表区"，打开"设置图表区格式"对话框，设置图表区的"填充"为"纯色填充"，填充色设置为橄榄色，淡色 40%。单击饼图的"系列 1 点华北"，打开"设置数据点格式"对话框，设置"纯色填充"，填充色为橙色。单击饼图的"系列 1 点其他地区"，在"设置数据点格式"对话框中设置为"纯色填充"，颜色为茶色。

提示：选择系列 1 点"华北"扇形时，第一次单击鼠标选择的是整个饼图的所有数据系列，需再单击一次华北区域扇形图，才能选中系列 1 点"华北"。

(3) 单击"插入"选项卡，在"文本框"下拉列表中选择"绘制文本框"；在饼图上方插入文本框,输入"华北";单击"绘图工具"选项卡,单击"形状样式"组中的"形状轮廓",将形状轮廓设置为"无轮廓",设置"形状填充"为"无填充色"。

(4)复制四个饼图,分别对应修改饼图的图表数据区域为华东、华南、华中、西北的数据。复制四个文本框,分别输入"华东""华南""华中""西北",如图1-3-36所示。

地区	1月	2月	3月	4月	5月	6月	7月	8月	9月	10月	11月	12月	合计
华北	545	637	456	416	439	320	398	392	511	768	637	923	6442
华东	428	363	667	358	800	700	451	951	571	792	646	651	7378
华南	820	776	614	651	747	836	758	678	675	707	810	722	8794
华中	525	664	366	764	317	323	605	361	366	450	438	1030	6209
西北	221	233	295	230	232	290	317	246	232	258	231	298	3083
合计	2539	2673	2398	2419	2535	2469	2529	2628	2355	2975	2762	2624	31906

华北	6442
其他地区	25464

华东	7378
其他地区	24528

华南	8784
其他地区	23112

华中	6209
其他地区	25697

西北	3083
其他地区	28823

图1-3-36 各个地区全年累计值辅助表及饼图

(5)选择华北地区以及1—12月数据源,单击"插入"选项卡,选择"图表"下拉列表中的"折线图"。分别选中图例、图表标题,将其删除。

(6)设置纵坐标轴格式。将指针定位到图表的纵坐标轴,双击鼠标右键,打开"设置坐标轴格式"对话框,在"坐标轴选项中"设置最小值为"0",最大值为"1200",主要单位为"300"。将"填充线条"设置为"无填充",将线条设置为"无线条"。参照步骤(2)设置图表区填充颜色。选中饼图中的网格线,打开"设置主网格线格式"对话框,在"短划线类型"下拉列表中选择"短划线",则将主要网格线设置为虚线。

(7)复制4份华北地区的折线图,分别将折线图的图表数据区域修改为华东、华南、华中、西北的数据。

(8)参照第(3)步插入和设置文本框。在文本框内输入"各个地区销售额对比分析和趋势分析"作为标题。将文本框边框设置为无轮廓,无填充色,黑色字体。插入2个竖排文本框,分别制作饼图的标题为"累计销售额占比"、折线图的标题为"各月销售额变化",文本框边框设置为无轮廓,无填充色,红色字体。

(9)选择A13:N40单元格,单击"开始"选项卡,单击"字体区域"组中的"填充颜色"下拉按钮,设置填充颜色为蓝色,淡色80%填充。最后得到如图1-3-35所示的结果。

3.2.2 图表的编辑与美化

1. 柱形图的编辑

例3-9 制作楼盘销售情况统计柱形图,并对图进行编辑美化,如图1-3-37所示。

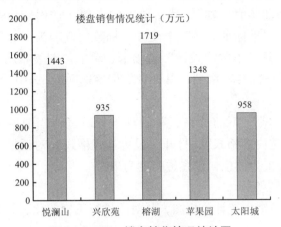

图1-3-37 楼盘销售情况统计图

具体操作步骤如下。

(1) 选中表格数据,单击"插入"选项卡,单击"图表"分组下的"柱形图"下拉按钮,选择"三维簇状柱形图",得到如图1-3-38所示的基本三维簇状柱形图。

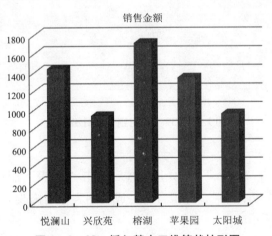

图1-3-38 插入基本三维簇状柱形图

(2) 将光标定位到图表空白处,单击鼠标右键,在弹出的快速菜单中选择"三维旋转",在"设置图表区格式"窗格中分别设置"X旋转""Y选择"为10%。

(3) 选中图表标题,单击"图表工具"下的"格式"选项卡,"当前所选内容"中出现"图表标题",单击右侧的下拉按钮,可以查看到本图表所有已呈现的图表元素,可选择"设置所选内容格式"进行各图表元素的设置。更改标题名为"楼盘销售情况统计表(万元)"。

(4) 选中图表的网格线,单击"图表工具"下的"格式"选项卡,在"当前所选内容"组中的下拉列表中选择"垂直(值)轴主要网格线",然后单击"设置所选内容格式"按钮,在打开的"设置主要网格线格式"窗格中选中"无线条"单选按钮。

（5）选中柱形图，单击"图表工具"下的"格式"选项卡，单击"形状样式"组中的右下角箭头，在打开的"设置数据点格式"窗格中将"填充"设置为"依数据点着色"，图表中的各柱形将出现不同的颜色；选择"系列选项"，将"分类间距"调整为65%。

（6）选中坐标轴，单击"图表工具"下的"格式"选项卡，在"当前所选内容"组中的下拉列表中选择"垂直（值）轴"，然后单击"设置所选内容格式"按钮，打开"设置坐标轴格式"窗格，在"坐标轴选项"中设置"标签位置"为"无"。

（7）单击"图表工具"下的"设计"选项卡，单击"图表布局"组中的"添加图表元素下拉按钮，选择"数据标签"中的"其他数据标签选项"，选中"标签包括"中的"值"复选按钮。

（8）单击"图表工具"下的"格式"选项卡，通过"当前所选内容"下拉按钮选择"基底"中的"设置所选内容格式"，打开"设置基底格式"对话框，将"填充"设置为纯色填充，将"颜色"设置为黑色，设置透明度为70%。

2. 折线－面积图组合编辑

例 3－10 制作公司销售统计分析图，并对图进行编辑美化，如图 1－3－39 所示。

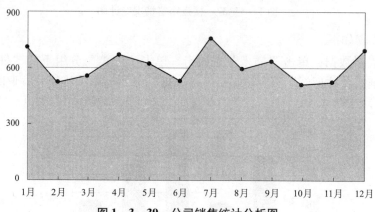

图 1－3－39 公司销售统计分析图

具体操作步骤如下。

（1）选择数据，单击"插入"选项卡，然后单击"图表"组中的"折线图"下拉按钮，选择"带数据标记的折线图"，并把自动生成的图表标题修改为"2018年公司销售统计分析"，如图 1－3－40 所示。

（2）双击图表区，打开"设置图表区格式"对话框，单击"边框"，将绘图区的边框颜色设置为"白色，深色50%"。双击"纵坐标轴"，打开"设置坐标轴格式"对话框，将垂直轴的坐标轴单位主要刻度设置为"300"。单击图表中的水平坐标轴，打开"设置坐标轴格式"对话框，在"坐标轴位置"中选择"在刻度线之上"。单击图表中的网格线，打开"设置主要网格线"对话框，将主要网格线格式设置为"方点"类型的虚线。

（3）把折线图再在原图上画一遍。选中销售额数据一列，按"Ctrl + C"组合键复制数据，在图表区内按"Ctrl + V"组合键粘贴数据。此时图表中有两条折线图重合在一起。单击"图表工具"下的"格式"选项卡，单击"当前所选内容"下拉按钮，可以看到出现两个"系列销售量（吨）"。

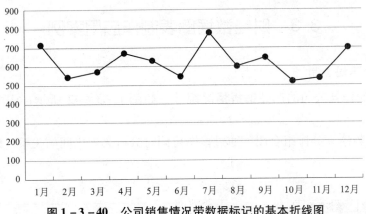

图 1-3-40　公司销售情况带数据标记的基本折线图

（4）绘制组合图。单击"图表工具"下的"设计"选项卡，在"更改图表类型"下拉列表中选择"组合"，分别设置系列名称为"带数据标记的折线图"和"面积图"，如图1-3-41所示。

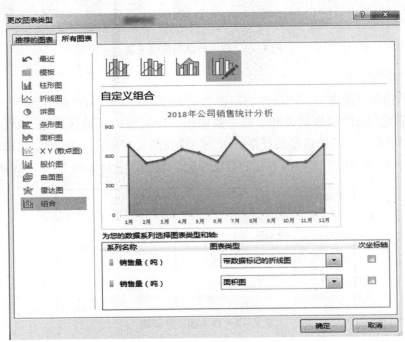

图 1-3-41　绘制组合图形

（5）设置数据系列格式。单击图表中的面积图的数据系列，打开"设置数据系列格式"对话框。设置填充为"纯色填充"，设置颜色为"白色，深色50%"，设置透明度为"80%"；设置边框为"实线"、颜色为"白色，深色50%"。单击图表中折线图的数据系列，打开"设置数据系列格式"对话框，设置线条为"实线"，设置颜色为"白色，深色50%"；设置标记填充为"纯色填充"、边框为"实线"、颜色为"白色，深色50%"。最终效果如图1-3-40所示样式。

3.3 财经数据图表制作应用案例

1. 整体-分体图应用

例 3-11 制作某公司的产品销售情况统计,如图 1-3-42 所示;用堆积柱形图表示左边的表格数据。

此类图属于整体-分体组合图,通过该图可同时分析大项之间的关系,以及大项下各小项的结构特征。

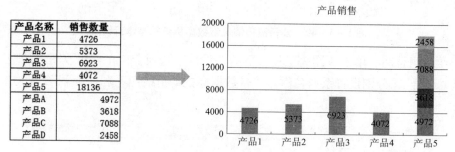

图 1-3-42 产品销售情况表

具体操作步骤如下。

(1)产品销售情况表中,产品 5 的销售数量为"18136",是产品 A、产品 B、产品 C、产品 D 四项小类产品的销售量之和。首先需制作一个二维的辅助区表格,目的是把产品 5 的销售量用四项小类产品销售量展开来表示。二维表的每列用一个辅助名,分别以 X1,X2,X3,X4 表示,以作为柱形图中的各柱的数据系列,辅助区表格如图 1-3-43 所示。

产品名称	X1	X2	X3	X4
产品 1	4726			
产品 2	5373			
产品 3	6923			
产品 4	4072			
产品 5	4972	3618	7088	2458

图 1-3-43 辅助区表格

(2)选择辅助区表格的所有数据。单击"插入"选项卡,然后单击"图表"组中的"插入图表"下拉按钮,选择"柱形图"中的"堆积柱形图"。

(3)添加图表数据标签。单击"图表工具"下的"设计"选项卡,单击"添加图表元素"组中的"添加数据标签"按钮,选择"居中",即添加了产品 1 至产品 5 的柱形图数据标签。对没有被自动添加的产品 5 的三个小柱形图,则以相同方法再次——添加数据标签。最后将图表标题名称更改为"产品销售"。

2. 动态分析图应用

例 3-12 制作项目预算执行情况分析动态图,如图 1-3-44 所示。

第 3 章　Excel 财经数据的分析与展示

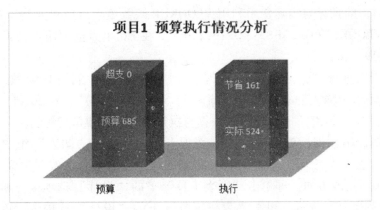

图 1-3-44　预算执行情况分析

具体操作步骤如下。

（1）制作选择项目列表控件。在 F2 单元格中输入"选择项目"。选中 G2 单元格，单击"数据"选项下"数据工具"组中的"数据验证"下拉按钮，打开"数据验证"对话框，如图 1-3-45 所示。在"数据验证"对话框中，将验证条件的"允许"设置为"序列"，设置"来源"为数据源中"项目"列中的项目 1 至合计，即"=$B$4:$B$19"，最后单击"确定"按钮，得到如图 1-3-46 中"选择项目"项目列表控件。

图 1-3-45　"数据验证"设置

（2）制作辅助区表格，如图 1-3-46 所示。

选择项目				
	预算	实际	超支	节省
预算				
执行				

图 1-3-46　项目列表控件及辅助区

（3）对辅助区进行"预算"列和"实际"列数据的填写。在 G2 下拉列表中选择项目 1，把数据源中项目1的预算与实际费用利用VLOOKUP函数填入对应单元格。在G5单元格中输入公式"=VLOOKUP(G2,$B$3:$D$19,2,0)",在H6单元格中输入公式"=VLOOKUP(G2,$B$3:$D$19,3,0)"。

（4）对辅助区进行"超支"列和"节省"列数据的填写。利用IF函数判断费用超支或节省。在I5单元格中输入公式"=IF(H6>G5,H6-G5,0)",在J6单元格中输入公式"=IF(G5>H6,G5-H6,0)"。最终得到预算与执行两行的总和是相等的。

（5）选择辅助区数据，单击"插入"选项卡，然后单击"图表"组中的"插入柱状图"下拉按钮，选择"三维堆积柱形图"，得到的柱形图表是默认按列生成了4个柱形体。因此需要按行画图更改方向，即单击"图表工具"下的"设计"选项卡，通过"数据"组中的切换行/列"按钮完成。单击"表格工具"下的"设计"选项卡，单击"添加图表元素"下拉按钮，选择"数据标签"中的"其他数据标签选项"，打开"设置数据标签格式"对话框，在标签选项中选中"名称"和"值"复选按钮，设置分隔符为"空格"。在图表中选中数据标签，单击"开始"选项卡，将数据标签的字体颜色设置为"黄色"。单击"表格工具"下的"格式"选项卡，单击"当前所选内容"下拉按钮，选择"基底"，则图表中的"基底"呈现选中状态。在"形状样式"组中单击"形状填充"按钮，将基底填充颜色设置为"茶色，背景2"。在图表中分别选中网格线、图例、纵坐标轴，按"Delete"键删除。

提示：设置数据标签时，需要对每个标签选择——进行设置。

（6）制作图表标题。在F8单元格中输入公式"=G2&"预算执行情况分析""，表示此单元格引用了G2单元格的内容并连接了"预算执行情况分析"字符串。单击"图表工具"下的"设计"选项卡，单击"添加图表元素"下拉按钮，选择"图表标题"，然后选择"图表上方"。选中图表标题，然后在编辑栏中输入"="并单击F8单元格，编辑栏中出现"=项目预算执行!$F$8"，按"Enter"键确认。图表标题将引用F8单元格中的内容，并根据F8单元格的内容改变而改变。

3. 差异分析图应用

例3-13 制作银行放贷执行情况差异图，如图1-3-47所示。

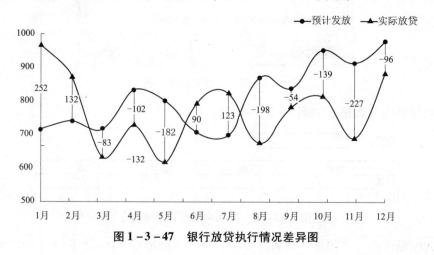

图1-3-47　银行放贷执行情况差异图

具体操作步骤如下。

(1) 做一个中值辅助表，存放每月预计发放和实际放贷的平均值。其中，中值的计算公式为：中值 = (预计发放 + 实际放贷)/2，如图 1-3-48 所示。

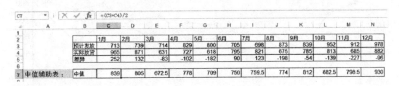

图 1-3-48　中值辅助表

(2) 选择月份、预计发放、实际放贷和中值四行数据，通过"插入"选项卡，插入带数据标记的折线图，如图 1-3-49 所示。

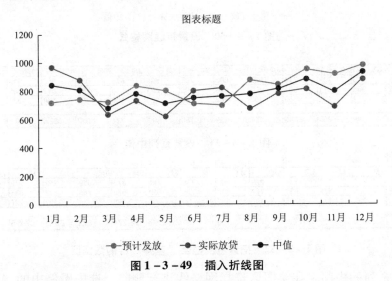

图 1-3-49　插入折线图

(3) 单击"图表工具"下的"格式"选项卡，单击"当前所选内容"下拉按钮，选择"系列中值"，然后单击下排"设置所选内容格式"按钮，打开"设置数据系列格式"对话框，选择"次坐标轴"；接着设置"填充线条"，分别设置"数据标记选项""填充""线条"为"无"。经过上述设置后，绘图区里的"系列中值点"的折线图呈现无显示状态，如图 1-3-50 所示。

(4) 单击"图表工具"下的"格式"选项卡，然后单击"当前所选内容"下拉按钮，选择"系列中值"，进行上述设置后，源数据表中的月份一行上出现紫色框、"中值"一行数据出现蓝色框，如图 1-3-51 所示。选中月份行的紫色框线，按住鼠标左键不放，把紫色框拖至"差异"行的数据区，如图 1-3-52 所示。此步操作是把"中值"系列的 X 轴从月份行的 1—12 个月换为"差异"行的数据，这样"中值"系列就会用"差异"值作为分类。

(5) 单击"图表工具"下的"设计"选项卡，单击"添加数据标签"按钮，选择"其他数据标签选项"，对"系列中值"设置数据标签，选中"类别名称"复选按钮，将标签位置设置为"居中"。

(6) 在绘图区选择次坐标轴，按"Delete"键进行删除，"中值系列"的标签就会自动

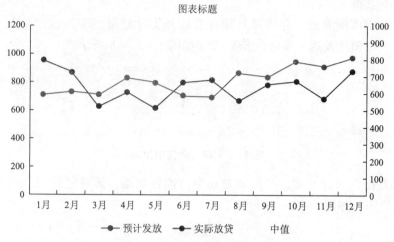

图1-3-50 设置折线图格式

	1月	2月	3月	4月	5月	6月	7月	8月	9月	10月	11月	12月
预计发放	713	739	714	829	800	705	698	873	839	952	912	978
实际放贷	965	871	631	727	618	795	821	675	785	813	685	882
差异	252	132	-83	-102	-182	90	123	-198	-54	-139	-227	-96
中值	839	805	672.5	778	709	750	759.5	774	812	882.5	798.5	930

图1-3-51 设置系列中值

	1月	2月	3月	4月	5月	6月	7月	8月	9月	10月	11月	12月
预计发放	713	739	714	829	800	705	698	873	839	952	912	978
实际放贷	965	871	631	727	618	795	821	675	785	813	685	882
差异	252	132	-83	-102	-182	90	123	-198	-54	-139	-227	-96
中值	839	805	672.5	778	709	750	759.5	774	812	882.5	798.5	930

图1-3-52 把紫色框拖至"差异"行的数据区

显示在另两条系列的中间。在绘图区选择网格线进行删除。选中图例中的"中值"图例，按"Delete"键进行删除。

（7）单击"图表工具"下的"设计"选项卡，单击"添加图表元素"按钮，选择"线条"，然后选择"高低点连线"。这时，"预计发放"和"实际房贷"每个数据点中就会出现了一条连线。

（8）单击"图表工具"下的"格式"选项卡，单击"当前所选内容"下拉按钮，选择"垂直轴"，然后点击"设置所选内容格式"按钮，打开"设置坐标轴格式"对话框，设置坐标轴刻度的最小值为"500"、最大值为"1000"、主要刻度为"100"。单击"当前所选内容"下拉按钮，选择"水平轴"，打开"设置坐标轴格式"对话框，将坐标轴位置设置为"在刻度线上"。

（9）单击"系列中值"的数据标签，然后单击"图表工具"下的"设计"选项卡，在"形状填充"中设置数据标签填充色为"橄榄色，80%"。分别选择"系列预计发放""系列实际放贷"，打开"设置数据系列格式"对话框，设置的"线条"为"平滑线"。最终得到如图1-3-47所示的效果图。

第 4 章

财经数据处理中的 Excel 公式与函数应用

本章主要介绍使用 Excel 在财经数据处理中可能遇到的常用函数，如文本函数、日期和时间函数、逻辑函数、求和函数、统计函数、查找与引用函数等。

本章重点：理解掌握并运用函数来解决实际问题。

本章难点：理解函数的语法中各个参数的含义。

4.1 文本函数

4.1.1 UPPER 函数

（1）用途：将文本的小写字母转换成大写字母。

（2）语法：UPPER（text）。

参数含义：参数 text 表示需要转换成大写字母的文本，该参数可以直接输入字符串或者单元格引用。

说明：此函数不改变参数 text 中非字母字符。

例 4-1 在 B2 单元格中输入"=UPPER（A2）"，然后按"Enter"键，可以将文本"excel"转换成大写字母"Excel"；向下填充到 B3 单元格，UPPER 函数将所有的小写字母转换为大写字母，如图 1-4-1 所示。

	A	B
1	原字符	UPPER函数返回值
2	excel	EXCEL
3	this is a good tool!	THIS IS A GOOD TOOL!

图 1-4-1 用 UPPER 函数转换成大写字母

4.1.2 MID 函数

(1) 用途：返回文本字符串中从指定位置开始的特定数目的字符。

(2) 语法：MID（text,start_num,num_chars）。

参数含义：参数 text 是包含要提取字符的文本字符串；参数 start_num 是文本中要提取的第一个字符的位置（≥1）；参数 num_chars 是要从文本中提取的字符的个数（≥0）。

说明：如果参数 start_num 大于文本长度，则 MID 函数返回空文本；如果参数 start_num 小于 1 或参数 num_chars 是负数，则 MID 函数返回错误值"VALUE!"；如果以上参数不是整数，则按其整数部分返回结果。

需要注意，使用该函数时，全部的参数都必须设定。

例 4-2 用 MID 函数提取身份证号码中的出生年月日。具体操作步骤如下。

在 B2 单元格中输入"=MID（A2,7,8）"，然后按"Enter"键，即可从身份证号码"450101197601250060"中获得出生年月日为"19760125"，如图 1-4-2 所示。

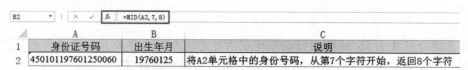

图 1-4-2 用 MID 函数提取身份证号码中的出生年月日

4.1.3 CONCATENATE 函数

(1) 用途：可将最多 255 个文本字符串合并为一个文本字符串。连接项可以是文本、数字、单元格引用或这些项的组合。

(2) 语法：CONCATENATE（text1,text2,……）。

参数含义：参数 text1 是必须连接的第 1 个文本字符串，参数 text2 以及后面参数是可选参数，项与项之间必须用英文逗号隔开。

例 4-3 将学校代码和学生编号连接生成学生的考号。具体操作步骤如下。

在 C2 单元格中输入"=CONCATENATE（A2,B2）"，然后按"Enter"键，可以把学校代码"GX11548"和学生编号"201801020001"连接起来生成学生考号"GX11548201801020001"，如图 1-4-3 所示。

图 1-4-3 用 CONCATENATE 函数连接字符串

4.1.4 LEFT 函数

(1) 用途：基于所指定的字符数返回文本字符串中的第一个或前几个字符。

(2) 语法：LEFT（text,num_chars）。

参数含义：参数 text 是必要参数，它是要提取字符的文本字符串；参数 num_chars 也是必要参数，它是数值表达式，表示将要提取多少个字符。

例 4-4　提取员工编号中"-"之前的字符。具体操作步骤如下。

在 B2 单元格中输入"=LEFT（A2,10）"，然后按"Enter"键，可以将员工编号"YG-BH035357-0001"截取为"YGBH035357"，如图 1-4-4 所示。

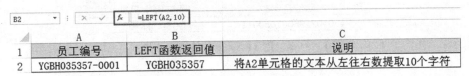

图 1-4-4　用 LEFT 函数提取字符

4.1.5　LEN 函数

（1）用途：返回字符串中字符的个数。

（2）语法：LEN（text）。

参数含义：参数 text 可以是文本，或者是文本所在的单元格，空格也作为字符进行计数。

说明：参数 text 不支持区域引用；如果要引用字符串，需要用英文引号（""）括起来；单字节或双字节字符，长度都计为 1。

例 4-5　检验身份证号码的录入位数是否正确。具体操作步骤如下。

在 B2 单元格中输入"=LEN（A2）"，然后按"Enter"键，可以得出身份证号码的位数，以此来检验身份证号码是否录入正确，如图 1-4-5 所示。

图 1-4-5　用 LEN 函数返回字符串个数

4.1.6　TEXT 函数

（1）用途：将数值转换成指定数字格式表示的文本。

（2）语法：TEXT（value,format_text）。

参数含义：参数 value 可以是一个数字型数据、一个常量或者表达式；参数 format_text 是指需要设置的文本格式，可以是任何有效的数字格式编码。

说明：TEXT 函数不支持区域引用；如果要引用字符串，需要用英文引号（""）括起来；单字节或双字节字符，长度都计为 1。

例 4-6　计算员工的出生日期，并表示为日期格式。具体操作步骤如下。

在 B2 单元格中输入"=TEXT(MID(A2,7,8),"#-00-00")"，然后按"Enter"键，可以计算得到日期格式的出生日期。其中，"MID(A2,7,8)"函数将 A2 单元格的身份证号从第 7 位开始的 8 位数字提取出来，"TEXT(MID(A2,7,8),"#-00-00")"函数中的"#"

是数字占位符，显示有意义的数字位数，"-"连字符表示将数字转化为日期，"00"表示有2位数字。如日期"19800705"是8位数字，则"00-00"就占用2位的月份和2位的日，"#"就代表剩余的4位，用来表示年份，如图1-4-6所示。

图1-4-6 用TEXT函数转换文本格式

4.2 日期和时间函数

4.2.1 DATE函数

（1）用途：返回表示特定日期的序列号，这个序列号对应一个日期。

（2）语法：DATE（year,month,day）。

参数含义：参数year指年份，可以输入0~9 999的任意数字；参数month可以输入一个正整数或者负整数，表示1月至12月的某个月；参数day可以输入一个正整数或者负整数，表示一个月中从1日至31日的某一天。

说明：如果参数year的值是介于0到1 899之间（包含这两个值），则将该值与1 900相加来计算年份。例如，DATE（118,1,2）返回的值是2018年1月2日。

如果参数year的值介于1 900到9 999之间（包含这两个值），则直接使用该值作为年份。例如，DATE（2018,12,5）返回的值是2018年12月5日。

如果参数month的值大于12，则从参数year指定年份的第一个月开始加上该月份数。例如，DATE（2017,14,2）返回的值为2018年2月2日。

如果参数month的值小于1，则从参数year指定年份前一年的十二月份开始往下减去该月份数。例如，DATE（2018,-3,2）返回的值为2017年9月2日。

如果参数day的值大于参数month指定月份中的天数，则从该月的第一天开始加上该天数。例如，DATE（2018,1,33）返回的值为2018年2月2日。

如果参数day的值小于1，则从参数month指定月份前一个月的最后一天开始减去该天数。例如，DATE（2018,1,-10）返回的值为2017年12月21日。

例4-7 给定3个数字，分别代表年、月、日，将这3个数字组合成一个真正的日期。具体操作步骤如下。

在D2单元格内输入"=DATE(A2,B2,C2)"，然后按"Enter"键，可以将A2、B2、C2单元格的三个数字组合，变成一个具体的日期。如图1-4-7所示。

图1-4-7 用DATE函数组合日期

例 4-8 计算出 2018 年第 200 天的具体日期。具体操作步骤如下。

在 B1 单元格内输入"=DATE(2018,1,200)",然后按"Enter"键,就能得到 2018 年第 200 天的具体日期是 2018 年 7 月 19 日,如图 1-4-8 所示。

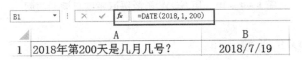

图 1-4-8 用 DATE 函数计算日期

4.2.2 TODAY 函数

(1) 用途:返回当前日期,如果单元格指定了日期格式,则返回指定的格式。

(2) 语法:TODAY()。

说明: 使用 TODAY 函数时,括号内不需要填写参数。TODAY 函数返回的是计算机当前的系统日期,如果计算机设置的系统日期有误,就会返回一个有误的值。

用 TODAY 函数输入的日期是可以更新的,当重新打开工作簿或重新计算工作表,如按 F9 键时,会更新为当前最新的日期。

例 4-9 计算距离 2020 年 1 月 1 日还有多少天。具体操作步骤如下。

在 B2 单元格中输入"=DATE(2020,1,1)-TODAY()",然后按"Enter"键,就能计算出当前日期到 2020 年 1 月 1 日的时间差。如果函数返回的值是日期型的,需要把单元格的格式更改为"常规"或者"数值"型,如图 1-4-9 所示。

图 1-4-9 用 TODAY 函数计算天数

4.2.3 NOW 函数

(1) 用途:返回当前日期和时间,如果单元格指定了日期格式,则返回指定的格式。

(2) 语法:NOW()。

说明: 使用 NOW 函数时,括号内不需要填写参数。NOW 函数返回的是计算机当前的系统日期和时间,如果计算机设置的系统日期和时间有误,就会返回一个有误的值。

用 NOW 函数输入的日期和时间是可以更新的,当重新打开工作簿或重新计算工作表,如按 F9 键时,会更新为当前最新的日期和时间。

例 4-10 在设计工资计算表时显示制表时间。具体操作步骤如下。

可以结合 TEXT 函数,构造出需要的各种日期格式。在 B1 单元格中输入"=TEXT(NOW(),"yyyy-mm-dd,时间 hh:mm:ss")",按"Enter"键后,B1 单元格返回计算结果值,如图 1-4-10 所示。

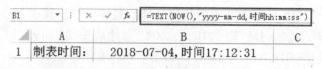

图1-4-10 用NOW函数提取系统日期和时间

4.2.4 DATEDIF函数

(1) 用途：计算两个日期之间的年数、月数、天数。

(2) 语法：DATEDIF（start_date, end_date, unit）。

参数含义：参数start_date表示起始日期；参数end_date表示结束日期；参数unit表示返回值的类型，用"y"表示返回值是整年数，用"m"表示返回值是整月数，用"d"表示返回值是天数，用"ym"表示返回值是去除整年后的月数，用"yd"表示返回值是去除整年后的月数，用"md"表示返回值是去除整月后的天数。

说明：DATEDIF函数是一个隐藏的函数，通过插入函数命令是找不到的，可以直接在公式输入栏中输入该函数。

例4-11 计算员工的年龄。具体操作步骤如下。

在B2单元格中输入"=DATEDIF(A2,TODAY(),"y")"，按"Enter"键后，B2单元格返回值为员工的年龄。"DATEDIF(A2,TODAY(),"y")"函数的参数"A2"表示提取A2单元格的出生年月"1989/7/5"作为起始日期，TODAY()函数作为参数表示提取当前日期作为结束日期，"y"表示返回值为两个日期之间的年数。最终结果如图1-4-11所示。

图1-4-11 用DATEDIF函数计算年龄

4.3 逻辑函数

4.3.1 IF函数

(1) 用途：根据条件进行判断返回不同的结果。

(2) 语法：IF（logical_test, value_if_true, value_if_false）。

参数含义：参数logical_test表示判断条件，结果返回true或者false；参数value_if_true表示如果条件判断为true，IF函数的返回值就是第二个参数；参数value_if_false表示如果条件判断为false，IF函数的返回值就是第三个参数。

说明：IF函数的部分参数是可以省略的，当参数logical_test判断的结果为true，参数value_if_true省略时，IF函数返回值为0，如输入"=IF(1<2,)"，则IF函数的返回值为0。当参数logical_test判断的结果为false，参数value_if_false省略时，IF函数返回值为

false,如输入"=IF(1>2,"正确")",IF 函数的返回值为 false。如果保留参数 value_if_false 的逗号分隔符,即参数 value_if_false 为空,如输入"=IF(1>2,"正确",)",则 IF 函数的返回值为 0。

例 4-12 判断商品是否在保修期内。具体操作步骤如下。

在 F2 单元格中输入"=IF(E2<TODAY(),"否","是")",按"Enter"键后,F2 单元格内返回商品是否过期的值。"IF(E2<TODAY(),"否","是")"函数的参数"E2<TODAY()"是判断 E2 单元格的商品到期日是否小于当前系统日期,如果小于当前系统日期,则 IF 函数返回值为"否",说明商品不在保修期内,如果大于系统当前日期,则 IF 函数返回值为"是",说明商品还在保修期内。最终结果如图 1-4-12 所示。

	A	B	C	D	E	F
1	产品编号	产品名称	购买日期	保修期(月)	到期日	是否在保修期内
2	JD01	飞利浦电视机	2017/5/23	12	2018/5/23	否
3	JD02	格力空调	2018/6/18	72	2024/6/18	是
4	JD03	西门子冰箱	2018/7/20	12	2019/7/20	是

图 1-4-12 用 IF 函数判断商品是否在保修期内

4.3.2 AND 函数

(1)用途:用来判断一组数据是否都满足条件,当所有的数据都满足条件时返回"TRUE",只要有一个数据不满足条件时就返回"FALSE"。

(2)语法:AND(logical1,logical2,……)。

参数含义:参数 logical1、logical2……表示需要进行判断的条件,最多可以设置 255 个条件参数。

例 4-13 公司计划给员工发放奖金,发放奖金的条件和金额为:销售额大于或等于"8500"的女员工奖励 600 元。具体操作步骤如下。

在 F2 单元格中输入"=IF(AND(B2="女",E2>=8500),600,0)",按"Enter"键后,F2 单元格返回奖金额。"AND(B2="女",E2>=8500)"函数设置了两个判断条件,如果员工性别等于"女"并且销售额大于或等于"8500",AND 函数返回值"TRUE",IF 函数就返回值"600",如果其中一个判断条件不满足,IF 函数就返回值"0",这样就能给符合条件的员工计算奖金。最终结果如图 1-4-13 所示。

	A	B	C	D	E	F
1	姓名	性别	工龄	部门	销售额	奖金
2	何晓丽	女	3	市场部	11000	600
3	张文杰	男	2	市场部	8560	0
4	王丽娜	女	5	市场部	7620	0
5	李慧芳	女	8	市场部	13200	600
6	赵叶枫	男	2	市场部	9800	0

图 1-4-13 用 AND 函数计算奖金额

4.3.3 OR 函数

（1）用途：一组数据中的任何一个满足条件时，返回"TRUE"；所有数据都不满足条件时就返回"FALSE"。

（2）语法：OR（logical1，logical2，……）。

参数含义：参数 logical1、logical2……表示需要进行判断的条件，最多可以设置 255 个条件参数。

例 4 – 14 公司计划给员工发放奖金，发放奖金的条件和金额为：销售额大于或等于"8000"的员工和工龄 5 年以上的男员工奖励 500 元。具体操作步骤如下。

在 F2 单元格中输入"= IF(OR(E2 > =8000，AND(B2 ="男"，C2 > =5))，500，0)"，按"Enter"键后，F2 单元格返回奖金额。"OR(E2 > =8000，AND(B2 ="男"，C2 > =5))"函数设置了两个参数条件，第一个参数"E2 > =8000"判断 E2 单元格数据是否大于"8000"，如果大于，则 IF 函数返回值为"500"，否则返回"0"；第二个参数"AND(B2 ="男"，C2 > =5)"，用 AND 函数判断员工是否为男性并且工龄在 5 年以上，如果满足条件的话 AND 函数返回值"TRUE"，OR 函数返回值为"TRUE"，则 IF 函数返回值为"500"，如果 OR 函数的两个参数都不满足条件，则 IF 函数返回值为"0"。最终结果如图 1 – 4 – 14 所示。

	A	B	C	D	E	F
1	姓名	性别	工龄	部门	销售额	奖金
2	何晓丽	女	3	市场部	11000	500
3	张文杰	男	2	市场部	8560	500
4	王丽娜	女	5	市场部	7620	0
5	李慧芳	女	2	市场部	13200	500
6	赵叶枫	男	8	市场部	9800	500

图 1 – 4 – 14 用 OR 函数计算奖金额

4.3.4 NOT 函数

（1）用途：要确保一个值不等同于某一特定值，可以使用 NOT 函数。

（2）语法：NOT（logical）。

参数含义：参数 logical 表示一个可以计算出 TRUE 或 FALSE 的逻辑值或逻辑表达式。

例 4 – 15 某公司进行招聘，因报名人数较多，年龄超过 35 岁的应聘者不能进入面试环节。这里使用 NOT 函数对符合条件的应聘者进行筛选。具体操作步骤如下。

在 E2 单元格中输入"= IF(NOT(C2 >35)，"可以面试"，"")"，按"Enter"键后，E2 单元格返回符合条件的值。"NOT（C2 >35）"函数的参数"C2 >35"判断应聘者的年龄是否大于 35 岁，如果大于，则 NOT 函数返回值"FALSE"，IF 函数的返回值为空；如果应聘者的年龄小于或等于 35 岁，NOT 函数返回值"TRUE"，IF 函数的返回值为"可以面试"。最终结果如图 1 – 4 – 15 所示。

第4章 财经数据处理中的Excel公式与函数应用

	A	B	C	D	E
1	姓名	性别	年龄	应聘部门	符合要求
2	李敏	女	26	市场部	可以面试
3	朱磊	男	28	销售部	可以面试
4	黎玲	女	42	运维部	
5	邹锋	男	30	市场部	可以面试
6	黄乐	男	36	销售部	

E2 单元格公式：=IF(NOT(C2>35),"可以面试","")

图1-4-15　NOT函数筛选数据

4.4　求和、统计函数

4.4.1　SUM 函数

（1）用途：返回某一单元格区域中所有数字之和。

（2）语法：SUM（Number1,Number2,……）。

参数含义：参数 Number1、Number2……表示 1 到 255 个需要求和的参数。

例 4-16　统计市场部各小组的第一季度销售业绩。具体操作步骤如下。

在 E3 单元格中输入" =SUM(B3:D3)"，按"Enter"键后，E3 单元格返回值为 A 组第一季度销售业绩。"SUM(B3:D3)"函数的参数"B3:D3"表示对 B3、C3、D3 连续单元格的数据进行求和。最终结果如图 1-4-16 所示。

	A	B	C	D	E
1		市场部第一季度销售业绩表			
2	部门	一月份	二月份	三月份	总计
3	A组	84,350.00	115,020.00	155,250.00	354,620.00
4	B组	1,150,050.00	76,200.00	166,280.00	1,392,530.00
5	C组	173,900.00	116,200.00	153,590.00	443,690.00
6	D组	154,930.00	107,960.00	130,690.00	393,580.00

E3 单元格公式：=SUM(B3:D3)

图1-4-16　用 SUM 函数求和

4.4.2　SUMIF 函数

（1）用途：根据指定的条件对若干单元格中的数字进行求和。

（2）语法：SUMIF（Range,Criteria,Sum_range）。

参数含义：参数 Range 是必需的，表示根据条件进行计算的单元格的区域；参数 Criteria 是必需的，用于确定对哪些单元格求和的条件，可以为数字、表达式、单元格引用、文本或函数；参数 Sum_range 表示要求和的实际单元格，可省略。

说明： 输入参数 Criteria 时，任何文本条件或任何含有逻辑或数学符号的条件都必须使用英文双引号括起来，如果条件为数字，则无须使用双引号。条件可以是精确的，也可以是模糊的，既可以使用比较运算符，也可以使用通配符（*）。如果判断区域和求和区域是同一个区域，则可以省略第三个参数的设置。

例 4－17 统计各个供应商的采购总金额。具体操作步骤如下。

在 H2 单元格中输入“＝SUMIF(B:B,G2,E:E)”，按“Enter”键后，H2 单元格的返回值为供应商采购总金额。“SUMIF(B:B,G2,E:E)”函数的第一个参数“B:B”表示设定的某个供应商所在的区域，第二个参数“G2”表示设定求和的条件为“南京顺风发展有限公司”，第三个参数“E:E”表示要求和的各供应商采购金额所在的区域。从 H2 单元格往下填充到 H8 单元格，执行 SUMIF(B:B,G2,E:E) 函数后，就能得到各个供应商的采购总金额。最终结果如图 1－4－17 所示。

H2　=SUMIF(B:B,G2,E:E)

	A	B	C	D	E	F	G	H
1	日期	供应商名称	项目	单号	金额		供应商	采购金额
2	2017/01/18	南京顺风发展有限公司	购钢筋款	101720	631.50		南京顺风发展有限公司	526479.09
3	2017/01/28	广西华维电子有限公司	购网线款	101721	50,000.00		广西华维电子有限公司	332449.00
4	2017/01/29	湖南哈飞电子科技有限公司	购电缆款	101722	80,000.00		湖南哈飞电子科技有限公司	168000.00
5	2017/02/18	贵州星高科技有限公司	购监视器款	101723	33,650.00		贵州星高科技有限公司	155835.00
6	2017/02/22	南京顺风发展有限公司	购钢筋款	101724	212,600.00		广州盛天电器有限公司	252384.23
7	2017/03/19	广州盛天电器有限公司	购热水器款	101725	48,850.00		湖北双星电子科技有限公司	83047.69
8	2017/04/12	南京双星电子有限公司	购热水器款	101726	57,363.94		江苏优越控制设备公司	243400.00
9	2017/04/18	广州盛天电器有限公司	购热水器款	101727	5,054.23			
10	2017/04/20	广西华维电子有限公司	购网线款	101728	30,383.30			
11	2017/04/20	湖南哈飞电子科技有限公司	购电缆款	101729	18,000.00			

图 1－4－17　用 SUMIF 函数求和

4.4.3　AVERAGE 函数

（1）用途：计算一组数的算术平均值。

（2）语法：AVERAGE（Number1,Number2,……）。

参数含义：参数 Number1 表示要计算平均值的第一个数字、单元格引用或单元格区域；参数 Number2……表示要计算平均值的其他数字、单元格引用或单元格区域，最多可输入 255 个参数，除第一个参数外其他参数也可省略。

说明： 如果参数是区域或单元格引用，里面包含文本、逻辑值或空单元格，则这些值将被忽略，但包含零值的单元格将被计算在内。

例 4－18 计算每个员工的月平均销售数量。具体操作步骤如下。

在 R2 单元格中输入“＝AVERAGE(E2:P2)”，按“Enter”键后，R2 单元格的返回值为第一个员工的月平均销售数量。从 R2 单元格开始向下填充即可算出其他员工的月平均销售数量。最终结果如图 1－4－18 所示。

R2　=AVERAGE(E2:P2)

	A	B	C	D	E	F	G	H	I	J	K	L	M	N	O	P	Q	R
1	职工号	姓名	性别	所属地区	一月	二月	三月	四月	五月	六月	七月	八月	九月	十月	十一月	十二月	全年合计	月平均
2	SN001	高晓慧	女	东北	16	6	5	9	13	4	10	11	7	33	7	14	135	11.25
3	SN002	郭燕妮	女	华北	18	7	8	5	15	6	13	5	9	16	10	3	115	9.58
4	SN003	张宝强	男	华北	10	2	6	7	9	5	8	7	8	8	5	10	85	7.08
5	SN004	赵静静	女	华东	17	7	10	1	19	0	14	11	7	31	11	14	142	11.83
6	SN005	张茹娜	男	华东	8	4	7	5	13	6	11	6	0	15	8	9	92	7.67
7	SN006	赵玥	女	西北	13	6	9	6	16	8	9	9	11	18	6	8	119	9.92
8	SN007	李欣然	女	华北	12	3	6	15	14	4	13	5	7	18	10	8	115	9.58
9	SN008	张琛	男	华南	6	8	11	4	16	5	6	10	8	9	3	13	99	8.25

图 1－4－18　用 AVERAGE 函数求平均值

4.4.4 ROUND 函数

(1) 用途：对数值进行四舍五入。
(2) 语法：ROUND（Number，Num_digits）。

参数含义：参数 Number 表示需要进行四舍五入的数字，参数 Num_digits 表示指定数字的位数，按此位数进行四舍五入。

说明：当参数 Num_digits > 0 时，将数字四舍五入到指定的小数位数；当参数 Num_digits = 0 时，将数字四舍五入到最接近的整数；当参数 Num_digits < 0 时，在小数点左侧进行四舍五入。

例 4 – 19 计算月人均销售量，结果不保留小数位。

具体操作步骤如下。

在 E98 单元格中输入"=ROUND(AVERAGE(E2:E96),0)"，按"Enter"键后，E98 单元格返回值为月人均销售量。"ROUND(AVERAGE(E2:E96),0)"函数的第一个参数"AVERAGE(E2:E96)"是计算各职工在一月的平均销售量；第二个参数"0"表示不保留小数位，将计算得出的平均销售量数字进行四舍五入为整数。从 E98 单元格开始向右填充即可算出其他月份的人均销售量。最终结果如图 1 – 4 – 19 所示。

	A	B	C	D	E	F	G	H	I	J
1	职工号	姓名	性别	所属地区	一月	二月	三月	四月	五月	六月
2	SN001	高晓慧	女	东北	16	6	5	9	13	4
3	SN002	郭燕妮	女	华北	18	7	8	5	15	6
4	SN003	张宝强	男	华北	10	2	6	7	9	5
5	SN004	赵静静	女	华东	17	7	10	1	19	0
93	SN092	郑长顺	男	华东	5	8	6	8	15	2
94	SN093	李艳丽	女	东北	5	1	4	2	18	5
95	SN094	郑海明	男	华南	9	8	13	7	23	3
96	SN095	刘奕	男	华东	10	2	5	5	1	4
97		月总销售量			805	467	714	511	1599	549
98		月人均销售量			8	5	8	5	17	6

图 1 – 4 – 19 ROUND 函数取整

4.4.5 MOD 函数

(1) 用途：计算两数相除的余数。
(2) 语法：MOD（Number，Divisor）。

参数含义：参数 Number 表示被除数，参数 Divisor 表示除数。

说明：MOD 函数返回值的符号与除数（Divisor）的符号相同，如果除数（Divisor）为零，返回值为"#DIV/0!"。MOD 函数在 Excel 中一般不单独使用，经常和其他函数组合起来使用。

例 4 – 20 对工资表的每隔 3 行设置间隔式底纹。具体操作步骤如下。

①选择单元格区域 A3:R20，然后单击"开始"选项卡下"样式"组中的"条件格式"下拉按钮，选择"新建规则"，打开"新建格式规则"对话框，选择规则类型为"使用公式确定要设置格式的单元格"，然后在"编辑规则说明"框里输入公式"=MOD(ROW(A3),3)=0"；再选择"格式"按钮，如图 1 – 4 – 20 所示。②打开"设置单元格格式"对话框，单击"填充"选项卡，任选一种填充色，单击"确定"按钮，如图 1 – 4 – 21 所示。③设置完成后的工资表如图 1 – 4 – 22 所示。

注意：函数 MOD(ROW(A3),3) 的第一个参数"ROW(A3)"，返回 A3 单元格所在行的行号，第二个参数"3"表示每隔 3 行进行一次计算，"MOD(ROW(A3),3)=0"表示如果 MOD 函数的返回值等于 0，就对这一行设置底纹。

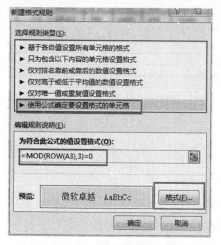

图 1-4-20 设置规则   图 1-4-21 设置填充色

	A	B	C	D	E	F	G	H	I	J	K	L	M	N	O	P	Q	R
1	编号	姓名	部门	职务	应发工资明细							代扣明细				应纳税所得额	个人所得税	实发合计
2					基本工资	岗位工资	误餐补贴	交通补贴	加班奖金	考勤扣款	应发合计	失业保险	养老保险	医疗保险	住房公积金			
3	A001	白晨	办公室	部门经理	900	1200	850	1000	79	147	3883	21	168	42	252	0	0	3400
4	A002	李阳	人事部	部门经理	1100	1200	850	1000	134	15	4269	23	184	46	276	240	7	3733
5	A003	韩云	纪检部	职员	1000	1000	850	1000	0	70	3780	20	160	40	240	0	0	3320
6	A004	韩婷	信息部	职员	1200	1000	850	1000	87	44	4093	22	176	44	264	87	3	3584
7	A005	耿直	销售部	职员	1000	1000	850	1000	208	13	4045	20	160	40	240	85	3	3582
8	A006	武旭	办公室	总经理	900	1500	850	1000	248	90	4408	24	192	48	288	356	11	3845
9	A007	张晶	采购部	职员	1000	1000	850	1000	0	0	3850	20	160	40	240	0	0	3390
10	A008	郑海	人事部	职员	1100	1000	850	1000	0	0	3950	21	168	42	252	0	0	3467
11	A009	刘媛	财务部	总经理	1200	1500	850	1000	107	72	4585	27	216	54	324	464	14	3950
12	A010	赵贺	采购部	职员	1000	1000	850	1000	293	0	4143	20	160	40	240	183	5	3677
13	A011	林静	财务部	职员	1200	1000	850	1000	128	59	4120	22	176	44	264	114	3	3610
14	A012	孙建	人事部	职员	1100	1000	850	1000	170	117	4002	21	168	42	252	19	1	3519
15	A013	丁鑫	财务部	部门经理	1200	1200	850	1000	67	173	4143	24	192	48	288	91	3	3589
16	A014	杨龙	纪检部	职员	1000	1000	850	1000	142	117	3875	20	160	40	240	0	0	3415
17	A015	石磊	销售部	部门经理	1000	1200	850	1000	0	44	4006	22	176	44	264	0	0	3500
18	A016	乔宇	销售部	职员	1000	1000	850	1000	129	53	3926	20	160	40	240	0	0	3466
19	A017	李宇	企划部	部门经理	1100	1200	850	1000	0	13	4137	23	184	46	276	108	3	3604
20	A018	董浩	纪检部	职员	1000	1000	850	1000	136	14	3972	20	160	40	240	12	0	3511

图 1-4-22 用 MOD 函数设置间隔底纹后的效果图

4.4.6 INT 函数

（1）用途：将数字向下舍入到最接近的整数。

（2）语法：INT（Number）。

参数含义：参数 Number 表示需要进行向下舍入取整的实数。

说明：INT 函数处理负数时，向下舍入负数会朝着远离 0 的方向将数字舍入。

例 4-21 计算商品的采购数量。具体操作步骤如下。

在 D2 单元格中输入"=INT(C2/B2)"，按"Enter"键后，D2 单元格返回笔记本的可购数量。从 D2 单元格向下填充即可计算出所有商品的可购数量。最终结果如图 1-4-23 所示。

D2　=INT(C2/B2)

计划采购商品	单价	可用金额	可购数量
笔记本	15.0	1000	66
订书机	23.0	800	34
钢笔	35.0	500	14
铅笔	0.7	180	257

图 1－4－23　用 INT 函数计算采购数量

4.4.7　MAX 函数

（1）用途：返回一组数值中的最大值。

（2）语法：MAX（Number1，Number2，……）。

参数含义：参数 Number1 是必需的，Number2……是可选的，最多可以设置 255 个参数。

说明：参数可以是数字或者是包含数字的名称、数组或引用，如果参数不包含任何数字，则返回 0。如果参数是一个数组或引用，则只使用其中的数字，数组或引用中的空白单元格、逻辑值或文本将被忽略。

4.4.8　MIN 函数

（1）用途：返回一组数值中的最小值。

（2）语法：MIN（Number1，Number2，……）。

参数含义：参数 Number1 是必需的，Number2……是可选的，最多可以设置 255 个参数。

说明：参数可以是数字或者是包含数字的名称、数组或引用，如果参数不包含任何数字，则返回 0。如果参数是一个数组或引用，则只使用其中的数字，数组或引用中的空白单元格、逻辑值或文本将被忽略。

例 4－22　统计市场部各组第一季度月最高销售额和月最低销售额。具体操作步骤如下。

①在 E3 单元格中输入“＝MAX(B3:D3)”，按“Enter”键后，E3 单元格返回 A 组的第一季度月最高销售额，从 E3 单元格向下填充可得到各组的最高销售额。最高销售额的计算结果如图 1－4－24 所示。

E3　=MAX(B3:D3)

市场部第一季度销售业绩表

部门	一月份	二月份	三月份	月最高销售额	月最低销售额
A组	93,450.00	124,620.00	166,250.00	166,250.00	93,450.00
B组	125,050.00	96,200.00	155,280.00	155,280.00	96,200.00
C组	193,800.00	146,200.00	163,490.00	193,800.00	146,200.00
D组	113,930.00	108,960.00	124,690.00	124,690.00	108,960.00
E组	189,560.00	153,890.00	135,520.00	189,560.00	135,520.00
F组	88,560.00	108,590.00	125,360.00	125,360.00	88,560.00
G组	109,560.00	123,140.00	155,540.00	155,540.00	109,560.00
H组	139,560.00	153,760.00	135,520.00	153,760.00	135,520.00

图 1－4－24　用 MAX 函数计算最大值

②在 F3 单元格中输入“＝MIN(B3:D3)”，按“Enter”键后，F3 单元格返回 A 组第一季度的月最低销售额，从 F3 单元格向下填充可得到各组的最低销售额。最低销售额的计算

结果如图 1 -4 -25 所示。

F3 =MIN(B3:D3)

	A	B	C	D	E	F
1	市场部第一季度销售业绩表					
2	部门	一月份	二月份	三月份	月最高销售额	月最低销售额
3	A组	93,450.00	124,620.00	166,250.00	166,250.00	93,450.00
4	B组	125,050.00	96,200.00	155,280.00	155,280.00	96,200.00
5	C组	193,800.00	146,200.00	163,490.00	193,800.00	146,200.00
6	D组	113,930.00	108,960.00	124,690.00	124,690.00	108,960.00
7	E组	189,560.00	153,890.00	135,520.00	189,560.00	135,520.00
8	F组	88,560.00	108,590.00	125,360.00	125,360.00	88,560.00
9	G组	109,560.00	123,140.00	155,540.00	155,540.00	109,560.00
10	H组	139,560.00	153,760.00	135,520.00	153,760.00	135,520.00

图 1 -4 -25　用 MIN 函数计算最小值

4.4.9　COUNT 函数

（1）用途：统计包含数字的单元格个数以及参数列表中数字的个数。

（2）语法：COUNT（Value1,Value2,……）。

参数含义：参数 Value1 是必需的，Value2……是可选的，最多可以设置 255 个参数。

说明：参数可以是单元格引用或区域。如果参数是数字、日期或者代表数字的文本、逻辑值和直接键入到参数列表中代表数字的文本，则将被计算在内；错误值、文字、逻辑值、空值将被忽略。

4.4.10　COUNTA 函数

（1）用途：统计数据区域内不为空的单元格个数。

（2）语法：COUNTA（Value1, Value2,……）。

参数含义：参数 Value1 是必需的，参数 Value2……是可选的，最多可以设置 255 个参数，参数可以是任何类型。

说明：COUNT 函数在统计非空单元格的个数时，错误值、文字、逻辑值、空值将被忽略；如果要统计含有错误值、文字、逻辑值的非空单元格人数，则使用 COUNTA 函数。

例 4 -23　统计公司 1—3 月的员工数和实际工作人数。具体操作步骤如下。

①在 I3 单元格中输入"=COUNT(D2:D11)"，按"Enter"键后，I3 单元格返回值为 1 月的实际工作人数。最终结果如图 1 -4 -26 所示。

②在 I2 单元格中输入"=COUNTA(D2:D11)"，按"Enter"键后，I2 单元格返回值为 1 月的员工人数。最终结果如图 1 -4 -27 所示。

需注意的是，COUNT 函数只统计 D2:D11 数据区域中的含数字类型的数据的单元格数量；COUNTA 函数统计 D2:D11 数据区域中所有非空单元格数量。

4.4.11　COUNTIF 函数

（1）用途：给定一个条件，统计指定区域内符合条件的单元格个数。

第4章 财经数据处理中的Excel公式与函数应用

图1-4-26 用COUNT函数计算实际工作人数

图1-4-27 用COUNTA函数计算员工人数

（2）语法：COUNTIF（Range，Criteria）。

参数含义：参数Range表示指定的统计区域，参数Criteria表示指定的条件。

说明：参数Criteria可以是数字、表达式或文本形式。

例4-24 统计出各月份销售电视机数量在10台以下的人数。具体操作步骤如下。

在D24单元格中输入"=COUNTIF(D2:D21,"<10")"，按"Enter"键后，D24单元格返回一月份销售电视机数量小于10台的人数，从D24单元格向右填充可统计出各月份符合条件的人数。最终结果如图1-4-28所示。

图1-4-28 用COUNTIF函数统计销售电视机数量小于10台的人数

4.4.12 COUNTIFS 函数

(1) 用途：给定多个条件，统计指定区域内符合所有条件的单元格个数。

(2) 语法：COUNTIFS(Criteria_range1,Criteria1,Criteria_range2,Criteria2,…)。

参数含义：参数 Criteria_range1 是必需的，表示指定的统计区域；参数 Criteria1 是必需的，表示指定的条件；参数 Criteria_range2 是可选的，表示附加的区域；Criteria2 也是可选的，表示附加区域所关联的条件。

说明：参数 Criteria1 的形式可以为数字、表达式、单元格引用或文本。每一个附加的区域都必须与参数 Criteria_range1 具有相同的行数和列数。

例 4 - 25 统计出各月份销售电视机数量在 10 ~ 20 台的人数。具体操作步骤如下。

在 D25 单元格中输入" = COUNTIFS(D2:D21,"> = 10",D2:D21,"< = 20")"，按"Enter"键后，D25 单元格返回一月份销售电视机数量在 10 ~ 20 台的人数，从 D25 单元格向右填充可统计出各月份符合条件的人数。最终结果如图 1 - 4 - 29 所示。

职工号	姓名	性别	一月	二月	三月	四月	五月	六月	七月	八月	九月	十月	十一月	十二月
EM001	高晓慧	女	7	9	12	4	18	4	9	6	7	31	6	14
EM002	郭燕妮	男	14	4	7	1	14	7	7	10	10	15	4	3
EM003	张宝强	男	8	7	10	4	19	3	11	5	6	18	8	10
EM004	赵静静	女	5	2	5	9	20	7	9	10	10	16	6	14
EM005	张茹娜	男	16	8	11	8	19	8	12	7	11	11	9	9
EM006	赵玥	女	14	4	9	6	16	9	10	10	12	23	7	8
EM007	李欣然	女	17	7	10	12	9	5	14	9	8	9	11	8
EM008	张琛	男	7	1	4	8	23	7	9	12	10	14	6	13
EM009	张靖岚	女	10	8	10	16	18	5	5	8	8	18	0	12
EM010	王媛	女	8	5	8	9	17	8	8	11	11	14	5	10
EM011	张皓昱	男	14	3	6	9	9	5	9	4	6	19	2	13
EM012	马佳	女	7	7	10	3	14	9	6	5	12	16	5	7
EM013	胡娜雪	女	6	1	5	3	17	5	11	8	8	15	8	11
EM014	郝玉琴	女	8	5	8	2	12	4	6	6	7	23	3	9
EM015	张乐天	男	13	3	6	5	18	8	7	7	11	16	4	10
EM016	曹婷婷	女	7	6	9	4	16	5	9	5	9	12	6	8
EM017	周鑫	女	4	7	7	9	17	6	8	6	4	11	3	7
EM018	高静雨	男	8	8	11	3	4	3	6	8	6	18	5	9
EM019	周亚静	女	4	3	6	4	19	7	6	8	10	22	3	11
EM020	赵艳青	女	8	5	8	9	17	8	11	11	11	14	5	14
分段统计			一月	二月	三月	四月	五月	六月	七月	八月	九月	十月	十一月	十二月
10台以下			13	20	13	18	2	20	15	14	9	1	19	9
10-20台			7	0	7	2	17	0	5	6	11	15	1	11

图 1 - 4 - 29 用 COUNTIFS 函数统计人数

4.4.13 RANK.AVG 函数

(1) 用途：求某个数值在一列数据区域内的大小排名，如果数据区域内有多个值具有相同的排名，则返回平均排名。

(2) 语法：RANK.AVG(Number,Ref,Order)。

参数含义：参数 Number 是必需的，表示要排名的数值；参数 Ref 是必需的，表示数据区域；参数 Order 是可选的，表示指定排名的方式。

说明：如果参数 Order 为 0 或省略，数值的排名按降序排列；如果参数 Order 不为零，数值的排名按升序排列。

例4-26 统计员工上半年销售数量合计的排名。具体操作步骤如下。

在 K2 单元格中输入"=RANK.AVG(J2,$J$2:$J$11,0)",按"Enter"键后,K2 单元格中返回职工号为 EM001 的员工排名,从 K2 单元格向下填充至 K11,可统计出所有员工的排名。

在排名结果中,职工号为 EM006 和 EM007 的员工销售数量合计相同,都是60,因此这两位员工的排名为他们的平均排名3.5,如果四舍五入为整数时,排名都为4,第3名空缺。最终结果如图1-4-30所示。

职工号	姓名	性别	一月	二月	三月	四月	五月	六月	合计	排名
EM001	高晓慧	女	7	9	12	4	18	4	54	6
EM002	郭燕妮	男	14	4	7	1	14	7	47	10
EM003	张宝强	男	8	7	10	4	19	3	51	7
EM004	赵静静	女	5	2	5	9	20	7	48	9
EM005	张茹娜	男	16	8	11	8	19	8	70	1
EM006	赵玥	女	14	4	9	8	16	9	60	3.5
EM007	李欣然	女	17	7	10	12	9	5	60	3.5
EM008	张琛	男	7	1	4	8	23	7	50	8
EM009	张靖岚	女	10	8	10	16	18	5	67	2
EM010	王嫒	女	8	5	8	9	17	8	55	5

图1-4-30 用 RANK.AVG 函数统计排名

4.4.14 RANK.EQ 函数

(1)用途:求某个数值在一列数据区域内的大小排名,如果数据区域内有多个值具有相同的排名,则返回最高排名。

(2)语法:RANK.EQ(Number,Ref,Order)。

参数含义:参数 Number 是必需的,表示要排名的数值;参数 Ref 是必需的,表示数据区域;参数 Order 是可选的,表示指定排名的方式。

说明:如果参数 Order 为0或省略,数值的排名按降序排列;如果参数 Order 不为零,数值的排名按升序排列。

例4-27 统计员工上半年销售数量合计的排名。具体操作步骤如下。

在 K2 单元格中输入"=RANK.EQ(J2,$J$2:$J$11,0)",按"Enter"键后,K2 单元格中返回职工号为 EM001 的员工排名,从 K2 单元格向下填充至 K11,可统计出所有员工的排名。

在排名结果中,职工号为 EM006 和 EM007 的员工销售数量合计相同,都是60,此时返回这两位员工的最高排名为3,第4名空缺。最终结果如图1-4-31所示。

职工号	姓名	性别	一月	二月	三月	四月	五月	六月	合计	排名
EM001	高晓慧	女	7	9	12	4	18	4	54	6
EM002	郭燕妮	男	14	4	7	1	14	7	47	10
EM003	张宝强	男	8	7	10	4	19	3	51	7
EM004	赵静静	女	5	2	5	9	20	7	48	9
EM005	张茹娜	男	16	8	11	8	19	8	70	1
EM006	赵玥	女	14	4	9	8	16	9	60	3
EM007	李欣然	女	17	7	10	12	9	5	60	3
EM008	张琛	男	7	1	4	8	23	7	50	8
EM009	张靖岚	女	10	8	10	16	18	5	67	2
EM010	王嫒	女	8	5	8	9	17	8	55	5

图1-4-31 用 RANK.EQ 函数统计排名

4.5 查找与引用函数

4.5.1 VLOOKUP 函数

（1）用途：在数据区域中的第一列查找指定的数值，向右边查找某列的数据。

（2）语法：VLOOKUP（Lookup_value,Table_array,Col_index_num,Range_lookup）。

参数含义：参数 Lookup_ value 表示要在数据区域第 1 列中查找的数值；参数 Table_ array 表示要在其中查找数据的数据区域；参数 Col_ index_ num 表示指定取数的列序号；参数 Range_ lookup 如果为 TRUE 或者忽略，表示返回近似匹配值，如果为 FALSE，表示返回精确匹配值，如果找不到，就返回错误值“#N/A”。

例 4－28 根据“销售记录”表的商品编码，把对应的商品名称、单价和单位从“商品资料”表里面查询出来。具体操作步骤如下。

在“销售记录”表的 C2 单元格中输入“＝VLOOKUP(B2,商品资料！$A$2:$D$13,2,0)”，按“Enter”键后，C2 单元格返回值为商品编码“D2004”所对应的商品名称“C－9”。函数“VLOOKUP(B2,商品资料！$A$2:$D$13,2,0)”的第 1 个参数“B2”表示要查找的数据是“销售记录”表里的商品编码“D2004”；第 2 个参数“商品资料！$A$2:$D$13”就是指定查找区域，查找区域是“商品资料”表的“$A$2:$D$13”，商品编码这一列数据必须位于查找区域的第 1 列；第 3 个参数“2”表示根据商品编码查出来的商品名称位于查找区域的第 2 列；第 4 个参数“0”表示返回精确匹配值。

在 D2 单元格中输入公式“＝VLOOKUP(B2,商品资料！$A$2:$D$13,3,0)”。

在 E2 单元格中输入公式“＝VLOOKUP(B2,商品资料！$A$2:$D$13,4,0)”。

指定查找区域及用 VLOOKUP 函数查询商品信息的最终结果分别如图 1－4－32、图 1－4－33 所示。

	A	B	C	D
1	商品编码	商品名称	单价	单位
2	D2001	C-5	689	套
3	D2002	C-6	1159	件
4	D2003	C-12	80	台
5	D2004	C-9	1350	台
6	D2005	C-3	2600	套
7	D2006	C-8	510	件
8	D2007	C-7	329	件
9	D2008	C-3	2539	台
10	D2009	C-10	640	件
11	D2010	C-4	2130	台
12	D2011	C-1	576	套
13	D2012	C-2	460	套

商品资料 | 销售记录 | Sheet1

图 1－4－32 指定查找区域

C2 =VLOOKUP(B2,商品资料!$A$2:$D$13,2,0)

	A	B	C	D	E	F	G
1	日期	商品编码	商品名称	单价	单位	销售量	金额
2	2018/5/1	D2004	C-9	1350	台	500	675000
3	2018/5/2	D2008	C-3	2539	台	200	507800
4	2018/5/3	D2012	C-2	460	套	400	184000

商品资料 | 销售记录 | Sheet1

图 1－4－33 用 VLOOKUP 函数查询商品信息

4.5.2 LOOKUP 函数

（1）用途：在单行或单列区域（向量）中查找数值，然后返回第二个单行或单列区域中相同位置的数值。

（2）语法：LOOKUP（Lookup_value，Lookup_vector，Result_vector）。

参数含义：参数 Lookup_value 表示要查询的条件，参数 Lookup_vector 表示查询条件所在的单行或者单列区域，参数 Result_vector 表示查询结果所在的单行或者单列区域。

说明：参数 Lookup_value 中的值必须按照升序排列，否则 LOOKUP 函数可能无法返回正确的值。当查找不到指定的条件时，会查找小于或等于该条件的最大值对应的数据。

例4-29 输入商品编号查询商品信息。具体操作步骤如下。

在"商品信息查询"表的 A3 单元格中输入"1005"，在 B3 单元格中输入"=LOOKUP(A3,商品信息表！A3:A11,商品信息表！B3:B11)"，按"Enter"键后，B3 单元格返回商品编号为"1005"对应的商品名称"C-5"。

函数 LOOKUP（A3，商品信息表！A3:A11，商品信息表！B3:B11）的第1个参数"A3"表示从 A3 单元格提取要查询的条件"1005"，第2个参数"商品信息表！A3:A11"表示查询条件商品编号"1005"在"商品信息表"的 A3:A11 区域，第3个参数"商品信息表！B3:B11"表示查询结果商品名称在"商品信息表"的 B3:B11 区域，返回值为"C-5"。

在 C3 单元格中输入公式"=LOOKUP(A3,商品信息表！A3:A11,商品信息表！C3:C11)"。

在 D3 单元格中输入公式"=LOOKUP(A3,商品信息表！A3:A11,商品信息表！D3:D11)"。

商品信息表及用 LOOKUP 函数查询商品信息的最终结果分别如图1-4-34、图1-4-35 所示。

图1-4-34 商品信息表　　　　图1-4-35 用 LOOKUP 函数查询商品信息

例4-30 利用 LOOKUP 函数实现模糊定位查找：输入座位号查询对应的座位区间。具体操作步骤如下。

在 E3 单元格输入"25"，在 F3 单元格中输入"=LOOKUP(E3,$B$3:$B$8,$A$3:$A$8)"，按"Enter"键后，F3 单元格返回座位号为"25"对应的座位区间为"A 区"。

在这个例子里，要查询的座位号"25"这个数字并不在 B 列或 C 列中，但是要提取"25"所对应的座位区间为"A 区"，可以设置函数"LOOKUP(E3,$B$3:$B$8,$A$3:$A$8)"，在 B

列中查找，当查找不到时，就会在 B 列中查找小于 25 的数值所对应的 A 列数值。最终结果如图 1－4－36 所示。

F3 　=LOOKUP(E3,$B$3:$B$8,$A$3:$A$8)

	A	B	C	D	E	F
1	座位区间名	座位号			查询座位号	对应区间
2		起始号	终止号			
3	A区	1	30		25	A区
4	B区	31	60		32	B区
5	C区	61	90		80	C区
6	D区	91	120		99	D区
7	E区	121	150		130	E区
8	F区	151	180		155	F区
9					52	B区

图 1－4－36　用 LOOKUP 函数实现模糊定位查找

4.5.3　MATCH 函数

（1）用途：查找数据区域中某个值的位置（行或列）。

（2）语法：MATCH（Lookup_value，Lookup_array，Match_type）。

参数含义：参数 Lookup_ value 表示要查找的值，参数 Lookup_ array 表示查找的值所在的数据区域，参数 Match_ type 指定查找的方式。

说明：参数 Lookup_ array 指定的数据区域必须是单行多列或者单列多行；参数 Match_ type 有 3 种查找方式，分别用数字 －1、0 或 1 表示：

当参数 Match_ type ＝ －1 时，查找大于或等于参数 Lookup_ value 的最小值，参数 Lookup_ array 中的值必须按降序排列；

当参数 Match_ type ＝0 时，查找等于参数 Lookup_ value 的第 1 个数值，参数 Lookup_ array 中的值可以任意顺序排列；

当参数 Match_ type ＝1 或省略时，查找小于或等于参数 Lookup_ value 的最大值，参数 Lookup_ array 中的值必须按升序排列。

例 4－31　查找商品销售量等于 200 所在的位置。具体操作步骤如下。

在 E2 单元格中输入“＝MATCH(D2,B2:B7,0)”，按“Enter”键后，E2 单元格返回销售量 200 所在的数据区域位置为 3。最终结果如图 1－4－37 所示。

E2 　=MATCH(D2,B2:B7,0)

	A	B	C	D	E
1	商品名称	销售量		查找数值	所在位置
2	商品A	120		200	3
3	商品B	80			
4	商品C	200			
5	商品D	150			
6	商品E	80			
7	商品F	220			

图 1－4－37　用 MATCH 函数查找位置

4.5.4 INDEX 函数

(1) 用途：查询指定单元格区域中行序号和列序号交叉处的值。

(2) 语法一（数组形式）：INDEX（Array,Row_num,Column_num）。

参数含义：参数 Array 表示单元格区域或数组常量；参数 Row_num 表示选择数组中的某行，函数从该行返回数值；参数 Column_num 表示选择数组中的某列，函数从该列返回数值。

说明：当参数 Array 为数组常量时，使用数组形式。如果数组只有一行或一列，则参数 Row_num 或参数 Column_num 为可选参数。如果数组有多行和多列，但只使用参数 Row_num 或参数 Column_num，函数 INDEX 返回数组中的整行或整列，且返回值也为数组。

(3) 语法二（引用形式）：INDEX（Reference,Row_num,Column_num,Area_num）。

参数含义：参数 Reference 表示对一个或多个单元格区域的引用；参数 Row_num 表示引用中某行的行号；参数 Column_num 表示引用中某列的列号；参数 Area_num 是可选的，指定返回的交叉点值位于第几个区域。

例 4-32 指定设备号和地区查询销售量。具体操作步骤如下。

在 L2 单元格中输入"=INDEX(B2:H9,J2,K2)"，按"Enter"键后，L2 单元格返回设备号为"3"、地区为"5"的销售量是"833"，如图 1-4-38 所示。

函数"INDEX(B2:H9,J2,K2)"的第 1 个参数"B2:H9"是区域引用，因为区域引用只有一个，因此第 4 个参数 Area_num 省略。

在实际的应用中，经常把 MATCH 函数和 INDEX 函数联合起来使用，方法是用 MATCH 函数确定查找数据的位置，再用 INDEX 函数把具体的数据查找出来。

设备号\地区	1	2	3	4	5	6	7	设备号	地区	销售量
1	820	539	244	859	868	538	404	3	5	833
2	538	258	393	669	580	410	689			
3	843	691	498	370	833	234	858			
4	771	758	468	252	590	478	380			
5	786	834	791	364	617	239	276			
6	442	691	220	553	602	715	542			
7	363	659	540	650	403	872	259			
8	778	469	647	336	811	282	384			

图 1-4-38 用 INDEX 函数查询销售量

4.5.5 OFFSET 函数

(1) 用途：以指定的单元格引用为参照系，通过给定的偏移量得到新的引用。

(2) 语法：OFFSET（Reference, Rows, Cols, Height, Width）。

参数含义：参数 Reference 表示指定的单元格引用；参数 Rows 表示从参照系的左上角单元格开始，向上或向下偏移的行数，正数表示向下偏移，负数表示向上偏移；参数 Cols 表示从参照系的左上角单元格开始，向左或向右偏移的列数，正数表示向右偏移，负数表示向左偏移；参数 Height 是可选的，表示要返回的引用区域的行数；参数 Width 表示返回的引用区域的列数。

说明：如果省略参数 Height，则返回的引用区域和参数 Reference 的行数相同；如果省略参数 Width，则返回的引用区域和参数 Reference 的列数相同。

例 4-33 累计职工的销售额。具体操作步骤如下。

在 P1 单元格中输入需要累计截止的月份"6 月"，然后在 P3 单元格中输入"= SUM (OFFSET(D3,0,0,1,MATCH($P$1,$D$2:$O$2,0)))"，按"Enter"键后，P3 单元格返回值为"EM001"号职工 1—6 月的累计销售额。从 P3 单元格往下填充，即可得到每个职工 1—6 月的累计销售额。

函数 OFFSET "(D3,0,0,1,MATCH($P$1,$D$2:$O$2,0))" 的第 2、3 个参数设置为"0"或者省略，表示不偏移，累计的单元格区域从 D3 单元格开始。函数"MATCH($P$1, $D$2:$O$2,0)" 可以计算出 OFFSET 函数的第 5 个参数值为"6"，即累计单元格的总列数。最终结果如图 1-4-39 所示。

	A	B	C	D	E	F	G	H	I	J	K	L	M	N	O	P
1												销售额累计截止月份				6月
2	职工号	姓名	性别	1月	2月	3月	4月	5月	6月	7月	8月	9月	10月	11月	12月	累计销售额
3	EM001	高晓慧	女	7	9	12	4	18	4	9	6	7	31	6	14	54
4	EM002	郭燕妮	男	14	4	7	1	14	7	7	10	10	15	4	3	47
5	EM003	张宝强	男	8	7	10	4	19	3	11	5	6	18	8	10	51
6	EM004	赵静静	女	5	2	5	9	20	7	9	10	10	16	6	14	48
7	EM005	张茹娜	男	16	8	11	8	19	8	12	7	11	11	9	9	70
8	EM006	赵玥	女	14	6	7	9	16	6	10	10	12	23	7	8	58
9	EM007	李欣然	女	17	7	10	12	9	5	14	9	8	9	11	8	60
10	EM008	张琛	男	7	1	4	8	23	7	9	12	10	14	6	13	50
11	EM009	张靖岚	女	10	8	10	16	18	5	5	8	8	18	9	12	67
12	EM010	王媛	女	8	5	8	9	17	8	8	11	11	11	6	9	55
13	EM011	张皓昱	男	14	3	6	9	16	6	6	6	6	19	2	13	54
14	EM012	马佳	女	7	7	10	3	14	9	6	5	12	16	3	9	50
15	EM013	胡娜雪	女	6	1	5	3	17	5	11	9	8	15	8	11	37
16	EM014	郝玉琴	女	8	5	8	2	12	4	6	6	6	23	6	10	39
17	EM015	张乐天	男	13	3	6	7	18	8	7	7	11	16	4	10	53
18	EM016	曹婷婷	女	7	6	9	6	14	6	9	9	9	12	6	6	46
19	EM017	周鑫	女	4	7	7	9	17	8	6	4	11	14	3	7	52
20	EM018	高静雨	男	8	8	11	3	4	3	6	6	6	18	5	7	37
21	EM019	周亚静	女	9	4	6	4	19	7	6	8	10	22	3	11	43
22	EM020	赵艳青	女	8	5	9	7	17	8	8	11	11	14	5	14	55

图 1-4-39 用 OFFSET 函数累计职工的销售额

4.5.6 INDIRECT 函数

（1）用途：返回由文本字符串指定的引用。

（2）语法：INDIRECT(Ref_text,A1)。

参数含义：参数 Ref_text 表示对单元格的引用；参数 A1 是可选的，指定单元格引用的类型。

说明：参数 A1 是一个逻辑值，如果 A1 为 TRUE 或者省略，引用为 A1 样式，系统默认是 A1 样式；如果 A1 为 FALSE，引用为 R1C1 样式。

例 4-34 跨表统计上半年利润。具体操作步骤如下。

在 B2 单元格中输入"= SUM(INDIRECT(A2&"!B:B"))"，按"Enter"键后，B2 单

元格返回值为 1 月份所有分类商品的利润总和。从 B2 单元格向下填充，即可计算出每个月的利润总和。1 月商品利润及上半年利润统计情况分别如图 1-4-40、图 1-4-41 所示。

函数 INDIRECT(A2&"!B:B")的第 1 个参数 "A2&"!B:B"" 中的 "A2" 表示直接引用 A2 单元格的数据得到表的名称 "1 月"，用 "&" 连接上 "!B:B"，表示引用的是表 "1 月" 中的 B 列区域，加上外层函数 SUM 可求出 1 月表中所有分类商品的利润总和。

图 1-4-40　1 月商品利润

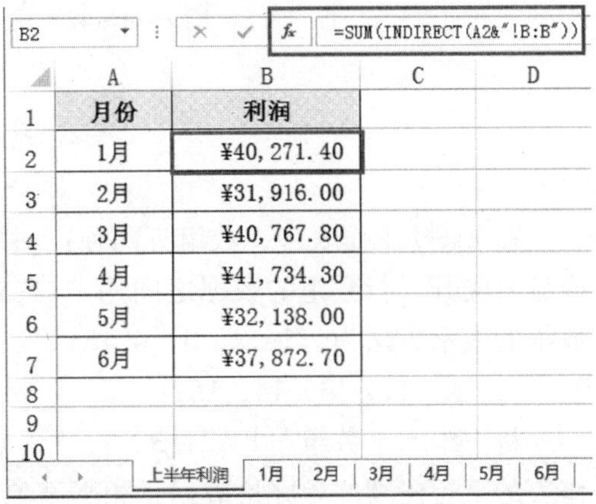

图 1-4-41　用 INDIRECT 函数统计上半年利润

4.5.7　HYPERLINK 函数

（1）用途：创建一个快捷方式或链接，打开硬盘、网络服务器或 Internet 上的文档。

（2）语法：HYPERLINK (Link_location, Friendly_name)。

参数含义：参数 Link_location 表示要打开的文件名称及完整路径；参数 Friendly_name 是可选的，表示要显示在单元格中的数字或字符串。

例 4-35　用 HYPERLINK 函数创建 4 种打开文件或链接的方法。具体操作步骤如下。

①打开网站。

在 B2 单元格中输入 "=HYPERLINK("http://www.excelhome.net/","ExcelHome")"。

②打开本地文件夹。

在 B3 单元格中输入 "=HYPERLINK("E:\Excel 课件","Excel 课件")"。

③打开本地文件。

在 B4 单元格中输入 "=HYPERLINK("E:\Excel 课件\Excel 函数表.xlsx","Excel 函数表")"。

④超链接到本工作簿的工作表。

在 B5 单元格中输入 "=HYPERLINK("#4.5.3MATCH 函数!A1","转到 MATCH 函数")"。

注意：在工作表名前面要加 "#" 分隔，工作表名与单元格、单元格区域之间要加 "!" 分隔。最终结果如图 1-4-42 所示。

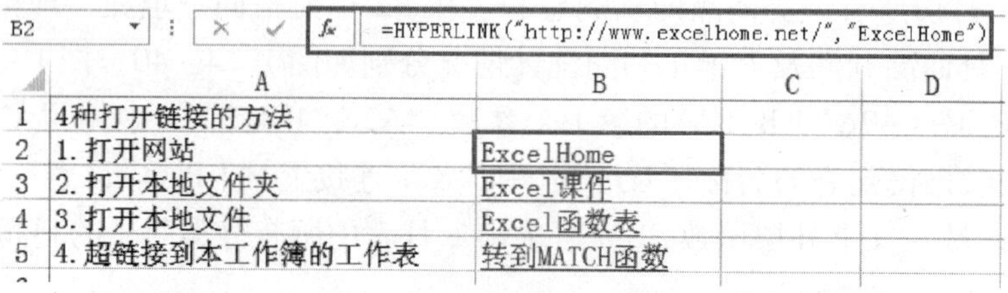

图 1-4-42 用 HYPERLINK 函数打开文件

4.6 数组公式

在 Excel 工作表中，数组有两种：一维数组和二维数组。数组中的各个数据需要用逗号或分号隔开。行数组的数据之间用","隔开，列数组的数据之间用";"隔开。如：一维数组的表示方法为 {1, 2, 3, 4, 5}，二维数组的表示方法为 {1, 2, 3, 4, 5; 6, 7, 8, 9, 10; 11, 12, 13, 14, 15}。

将一维水平数组 {1, 2, 3, 4, 5} 输入 Excel 工作表中，如图 1-4-43 所示，表示工作表的某行连续的单元格数据，相当于单元格数据区域 A2:E2。

将一维垂直数组 {1; 2; 3; 4; 5} 输入 Excel 工作表中，如图 1-4-44 所示，表示工作表的某列连续的单元格数据，相当于单元格数据区域 B2:B6。

图 1-4-43 一维水平数组在 Excel 工作表中的表示

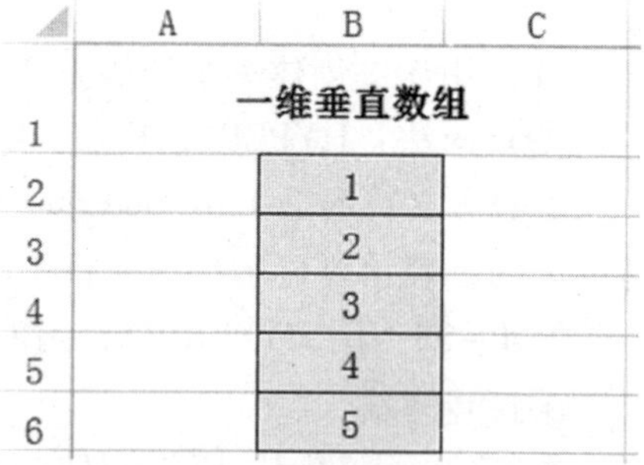

图 1-4-44 一维垂直数组在 Excel 工作表中的表示

将二维数组 {1, 2, 3, 4, 5; 6, 7, 8, 9, 10; 11, 12, 13, 14, 15} 输入 Excel 工作表中，如图 1-4-45 所示，表示工作表中一个矩形单元格数据区域，相当于单元格数据区域 A2:E4。

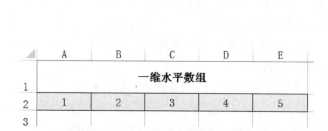

图 1-4-45 二维数组在 Excel 工作表中的表示

工作表的函数基本上只能返回一个计算结果，使用数组公式可以对两组或者两组以上的数据进行计算，返回一个或者多个计算结果。

注意： 输入数组公式后，同时按“Ctrl + Shift + Enter”组合键，Excel 会自动在公式的两边加上大括号“{}”，这样系统才会把公式视为一个数组公式；不能在输入数组公式时在数组公式的两端添加大括号。如果输入数组公式后只按“Enter”键，则输入的只是一个普通的公式，只在选中的单元格区域的第 1 个单元格显示出一个计算结果。

4.6.1　单一单元格数组公式

使用数据区域或者内存中的数组，在单一单元格内输入数组公式，并在单个单元格中返回计算结果。

例 4 - 36　计算产品的销售总额。具体操作步骤如下。

在 F2 单元格中输入“ = SUM(C2:C11 * D2:D11)”，然后同时按“Ctrl + Shift + Enter”组合键后，F2 单元格返回值为所有产品的销售总额。最终结果如图 1 - 4 - 46 所示。

注意： 定义好数组公式后如果需要修改，在修改结束后也必须按“Ctrl + Shift + Enter”组合键，这样才能得到正确的结果。

4.6.2　多单元格数组公式

使用数据区域或者内存中的数组，选择连续的多个单元格输入一个数组公式后，可以在连续的多个单元格中同时返回计算结果。

例 4 - 37　计算每个产品的销售额。具体操作步骤如下。

（1）选中单元格区域 E2:E11，如图 1 - 4 - 47 所示。

F2　　fx　{=SUM(C2:C11*D2:D11)}

	A	B	C	D	E	F
1	销售日期	产品编号	单价	数量		销售总额
2	2018年5月	D2240	899	12		122076
3	2018年5月	SX19	680	14		
4	2018年5月	M2250	888	14		
5	2018年5月	D2240	899	13		
6	2018年5月	M2250	888	13		
7	2018年5月	SX22	839	10		
8	2018年5月	D2740	2630	9		
9	2018年5月	SX22	839	5		
10	2018年5月	P236	950	18		
11	2018年5月	M2255	750	17		

图 1 - 4 - 46　单一单元格数组公式

	A	B	C	D	E
1	销售日期	产品编号	单价	数量	销售金额
2	2018年5月	D2240	899	12	
3	2018年5月	SX19	680	14	
4	2018年5月	M2250	888	14	
5	2018年5月	D2240	899	13	
6	2018年5月	M2250	888	13	
7	2018年5月	SX22	839	10	
8	2018年5月	D2740	2630	9	
9	2018年5月	SX22	839	5	
10	2018年5月	P236	950	18	
11	2018年5月	M2255	750	17	

图 1 - 4 - 47　选中要输入数组公式的区域

（2）在公式编辑栏中输入“ = ”，然后用鼠标选取单元格区域 C2:C11，如图 1 - 4 - 48 所示。

（3）在公式编辑栏中输入“ * ”，然后用鼠标选取单元格区域 D2:D11，如图 1 - 4 - 49 所示。

（4）同时按下“Ctrl + Shift + Enter”组合键后，公式两边自动加上大括号“{}”，在

C2 =C2:C11

	A	B	C	D	E
1	销售日期	产品编号	单价	数量	销售金额
2	2018年5月	D2240	899	12	=C2:C11
3	2018年5月	SX19	680	14	
4	2018年5月	M2250	888	14	
5	2018年5月	D2240	899	13	
6	2018年5月	M2250	888	13	
7	2018年5月	SX22	839	10	
8	2018年5月	D2740	2630	9	
9	2018年5月	SX22	839	5	
10	2018年5月	P236	950	18	
11	2018年5月	M2255	750	17	

图 1-4-48　选择单元格区域 C2:C11

D2 =C2:C11*D2:D11

	A	B	C	D	E
1	销售日期	产品编号	单价	数量	销售金额
2	2018年5月	D2240	899	12	1*D2:D11
3	2018年5月	SX19	680	14	
4	2018年5月	M2250	888	14	
5	2018年5月	D2240	899	13	
6	2018年5月	M2250	888	13	
7	2018年5月	SX22	839	10	
8	2018年5月	D2740	2630	9	
9	2018年5月	SX22	839	5	
10	2018年5月	P236	950	18	
11	2018年5月	M2255	750	17	

图 1-4-49　选择单元格区域 D2:D11

E2:E11 单元格区域内返回各产品的销售额，如图 1-4-50 所示。

E2 {=C2:C11*D2:D11}

	A	B	C	D	E
1	销售日期	产品编号	单价	数量	销售金额
2	2018年5月	D2240	899	12	10788
3	2018年5月	SX19	680	14	9520
4	2018年5月	M2250	888	14	12432
5	2018年5月	D2240	899	13	11687
6	2018年5月	M2250	888	13	11544
7	2018年5月	SX22	839	10	8390
8	2018年5月	D2740	2630	9	23670
9	2018年5月	SX22	839	5	4195
10	2018年5月	P236	950	18	17100
11	2018年5月	M2255	750	17	12750

图 1-4-50　得到各产品的销售额

注意：如果要修改多单元格数组公式，必须选择设置数组公式的整个区域再进行修改，不能只更改区域中的某个单元格，否则会报错。

第 5 章

Excel 在财务管理分析中的应用

本章主要介绍 Excel 在时间序列预测、财务数据处理与分析、财务预算中数据处理与分析、营运资金数据处理与分析中的应用，及如何利用 Excel 的公式和函数完成相关的财务运算。

本章重点：掌握运用 Excel 建立财务基本分析模型的方法。

本章难点：掌握 Excel 财务函数的实际运用方法，掌握利用 Excel 获取数据的方法。

5.1 时间序列预测

移动平均法是用一组最近的数据来预测未来一期或几期内的数据的方法。当产品需求既不快速增长也不快速下降，且不存在季节性因素时，移动平均法可以有效地消除短期内实际数据的随机波动，从而得到较为平滑的数据变动趋势图表；通过对历史趋势变动的分析，可以预测未来一期或几期内数据的变动方向。

5.1.1 利用简单移动平均法预测

简单移动平均法就是依次选取时间序列的 n 个数据进行算术平均，依次滑动后得到一个平均值序列，并以 n 个数据的平均值作为下一期的预测值。简单移动平均的各元素的权重都相等。

例 5-1 某相机销售公司在 2017 年 1-12 月份的销售额如图 1-5-1 所示。请利用移动平均工具预测 2018 年 1 月的销售额。

Excel 提供的数据分析工具包括在"分析工具库"里，要使用这些数据分析工具首先要安装分析工具库。

具体操作步骤如下。

（1）单击"文件"选项卡，选择"选项"，打开"Excel 选项"对话框，在左侧选择"加载项"，在列表中选中"分析工具库"，单击"转到"按钮，打开"加载宏"对话框，单击选中"分析工具库"复选按钮，最后单击"确定"按钮。

（2）单击"数据"选项卡下"分析"组中的"数据分析"按钮，打开"数据分析"对话框，在"分析工具"列表框中选择"移动平均"，单击"确定"按钮，打开"移动平均"对话框，如图1-5-2所示。

	A	B
1	月份	销售额（万元）
2	1月	45.8
3	2月	44.5
4	3月	47.5
5	4月	53.7
6	5月	57.4
7	6月	58.8
8	7月	65.3
9	8月	72.3
10	9月	86.9
11	10月	94.1
12	11月	100.8
13	12月	103.1
14	2018年1月	

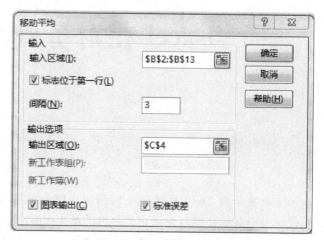

图1-5-1 2017年相机销售额

图1-5-2 打开"移动平均"对话框

（3）把光标放在"输入区域"编辑框中，用鼠标选择数据区域"B1:B13"；选中"标志位于第一行"复选按钮，在"间隔"编辑框中输入"3"；把光标放在"输出区域"编辑框中，用鼠标选择单元格"C4"；选中"图表输出"复选按钮；最后单击"确定"按钮。得到的数据和图表如图1-5-3所示。

说明："输入区域"为需要分析的数据区域，如果有数据标签需要选中"标志位于第一行"复选按钮；"间隔"为移动平均的时间跨度，指定用几组数据来计算平均值；"输出区域"为移动平均数显示的起始区域；"图表输出"为实际数值和移动平均预测值以图表形式显示，进行对比；"标准误差"为实际数值和移动平均预测值的标准误差，显示预测值与实际值的差距，标准误差数值越小越好。

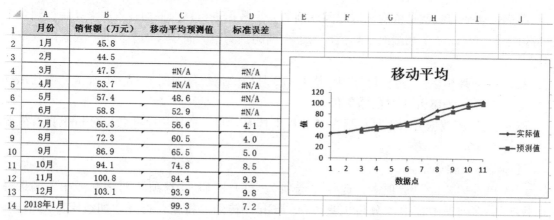

图1-5-3 利用简单移动平均法进行预测

图 1-5-3 中的"预测值"数据系列是使用移动平均数绘制的折线图,可以进行趋势的判断。因为本例中设定的移动平均时间跨度为 3,所以 C4、C5 单元格的值为"#N/A"。标准误差的计算是从 5 月份的预测值开始算起,经过 3 个月的时间跨度,在 7 月份得出第一个标准误差。

结论:由图 1-5-3 得出 2018 年 1 月的预测销售额为 99.3 万元。

5.1.2 利用加权移动平均法预测

越是近期的观测数据对预测值的影响越大,此时就可以采用加权移动平均法。加权移动平均法是对实际的观测数据分别赋予不同的权重,在预测时对近期观测值赋予较大权重,对远期观测值赋予较小权重,使预测值能够更好地反映市场未来的发展趋势。加权移动平均法可以弥补简单移动平均法的不足。

例 5-2 沿用例 5-1 的数据,用加权移动平均法预测 2018 年 1 月相机的销售额。
具体操作步骤如下。

(1) 设置权重。以近期权重大、远期权重小的原则,凭经验进行设置,或用试算法设置;各个权重值之和为 1。

移动平均的时间跨度 $n=3$,权重分配如图 1-5-4 所示。

(2) 计算预测值。在 C5 单元格中输入"= B2 * $H$3 + B3 * $H$4 + B4 * $H$5",按"Enter"键后,返回前 3 个月的加权平均预测值。从 C5 单元格向下复制公式至 C14 单元格,得出 2018 年 1 月的预测销售额为 100.6 万元,如图 1-5-5 所示。

间隔n=3时权重值	
期数	权重值
n-2	0.2
n-1	0.3
n	0.5
权重和	1

图 1-5-4 设置权重值

	A	B	C	D	E	F	G	H
1	月份	销售额(万元)	加权移动平均预测值	误差	误差平方		间隔n=3时权重值	
2	1月	45.8					期数	权重值
3	2月	44.5					n-2	0.2
4	3月	47.5					n-1	0.3
5	4月	53.7	46.3				n	0.5
6	5月	57.4	50.0				权重和	1
7	6月	58.8	54.3					
8	7月	65.3	57.4					
9	8月	72.3	61.8					
10	9月	86.9	67.5					
11	10月	94.1	78.2					
12	11月	100.8	87.6					
13	12月	103.1	96.0					
14	2018年1月		100.6					

图 1-5-5 计算加权移动平均预测值

(3) 计算平均误差。在 D5 单元格中输入"= ABS(B5 - C5)",按"Enter"键后,返回 4 月的销售额误差值。从 D5 单元格向下复制公式至 D13 单元格,得到其他月份的销售额误差值,如图 1-5-6 所示。在 D14 单元格中输入"= AVERAGE(D5:D13)",按"Enter"键后,得到平均误差值,如图 1-5-7 所示。

(4) 计算误差平方。在 E5 单元格中输入"= $D5^2$",按"Enter"键后,返回 4 月销售额的误差平方。从 E5 单元格向下复制公式至 E13 单元格,得到其他月份的误差平方。在

	A	B	C	D	E	F	G	H
1	月份	销售额（万元）	加权移动平均预测值	误差	误差平方		间隔n=3时权重值	
2	1月	45.8					期数	权重值
3	2月	44.5					n−2	0.2
4	3月	47.5					n−1	0.3
5	4月	53.7	46.3	7.4			n	0.5
6	5月	57.4	50.0	7.4			权重和	1
7	6月	58.8	54.3	4.5				
8	7月	65.3	57.4	7.9				
9	8月	72.3	61.8	10.5				
10	9月	86.9	67.5	19.4				
11	10月	94.1	78.2	15.9				
12	11月	100.8	87.6	13.2				
13	12月	103.1	96.0	7.1				
14	2018年1月		100.6					

图 1−5−6　计算误差

	A	B	C	D	E	F	G	H
1	月份	销售额（万元）	加权移动平均预测值	误差	误差平方		间隔n=3时权重值	
2	1月	45.8					期数	权重值
3	2月	44.5					n−2	0.2
4	3月	47.5					n−1	0.3
5	4月	53.7	46.3	7.4			n	0.5
6	5月	57.4	50.0	7.4			权重和	1
7	6月	58.8	54.3	4.5				
8	7月	65.3	57.4	7.9				
9	8月	72.3	61.8	10.5				
10	9月	86.9	67.5	19.4				
11	10月	94.1	78.2	15.9				
12	11月	100.8	87.6	13.2				
13	12月	103.1	96.0	7.1				
14	2018年1月		100.6	10.4				

图 1−5−7　计算平均误差

E14 单元格中输入"=AVERAGE(E5:E13)"，按"Enter"键后，得到误差平方的平均值，如图 1−5−8 所示。

	A	B	C	D	E	F	G	H
1	月份	销售额（万元）	加权移动平均预测值	误差	误差平方		间隔n=3时权重值	
2	1月	45.8					期数	权重值
3	2月	44.5					n−2	0.2
4	3月	47.5					n−1	0.3
5	4月	53.7	46.3	7.4	55.4		n	0.5
6	5月	57.4	50.0	7.4	54.8		权重和	1
7	6月	58.8	54.3	4.5	20.2			
8	7月	65.3	57.4	7.9	63.0			
9	8月	72.3	61.8	10.5	110.9			
10	9月	86.9	67.5	19.4	376.4			
11	10月	94.1	78.2	15.9	252.8			
12	11月	100.8	87.6	13.2	174.8			
13	12月	103.1	96.0	7.1	50.3			
14	2018年1月		100.6	10.4	128.7			

图 1−5−8　计算误差平方

（5）调整第 $n-2$、第 $n-1$ 期和第 n 期的权重值，得出调整后的平均误差和误差平方的平均值，如图 1−5−9 所示。预测平均误差和误差平方的平均值越小的数据，预测的效果更好。

第 5 章　Excel 在财务管理分析中的应用

月份	销售额（万元）	加权移动平均预测值	误差	误差平方		间隔n=3时权重值	
						期数	权重值
1月	45.8					n-2	0.1
2月	44.5					n-1	0.4
3月	47.3					n	0.5
4月	53.7	46.1	7.6	57.3		权重和	1
5月	57.4	50.3	7.1	50.4			
6月	58.8	54.9	3.9	15.0			
7月	65.3	57.7	7.6	57.3			
8月	72.3	61.9	10.4	108.0			
9月	86.9	68.2	18.8	351.6			
10月	94.1	78.9	15.2	231.0			
11月	100.8	89.0	11.8	138.3			
12月	103.1	96.7	6.4	40.6			
2018年1月		101.3	9.8	116.6			

图 1-5-9　调整权重后的预测值

5.1.3　利用指数平滑法预测

指数平滑法是对移动平均法的改进，以本期实际数据和本期预测数据为基础，使用一个平滑系数得到一个新的预测值，修正前期预测值的误差。

例 5-3　沿用例 5-1 的数据，要求用 Excel 的指数平滑工具预测 2018 年 1 月相机的销售额。

具体操作步骤如下。

（1）单击"数据"选项卡下"分析"组中的"数据分析"按钮，打开"数据分析"对话框，在"分析工具"列表框中选择"指数平滑"，单击"确定"按钮，打开"指数平滑"对话框，如图 1-5-10 所示。

图 1-5-10　打开"指数平滑"对话框

（2）把光标放在"输入区域"编辑框中，用鼠标选择数据区域"B1:B13"；在"阻尼系数"编辑框中输入"0.4"；选中"标志"复选按钮；把光标放在"输出区域"编辑框中，用鼠标选择单元格"C2"；选中"图表输出"复选按钮；最后单击"确定"按钮。得到的预测数据和图表如图 1-5-11 所示。

（3）选中 C13:D13 单元格，向下复制公式，得到 2018 年 1 月的预测销售额为"100.17"，标准误差为"11.93",如图 1-5-12 所示。

	A	B	C	D
1	月份	销售额(万元)	指数平滑预测值	标准误差
2	2017年1月	45.8	#N/A	#N/A
3	2017年2月	44.5	45.80	#N/A
4	2017年3月	47.5	45.02	#N/A
5	2017年4月	53.7	46.51	#N/A
6	2017年5月	57.4	50.82	4.46
7	2017年6月	58.8	54.77	5.81
8	2017年7月	65.3	57.19	6.09
9	2017年8月	72.3	62.06	6.46
10	2017年9月	86.9	68.20	7.90
11	2017年10月	94.1	79.42	13.17
12	2017年11月	100.8	88.23	14.94
13	2017年12月	103.1	95.77	15.53
14	2018年1月			

图 1-5-11 指数平滑预测数据和图表

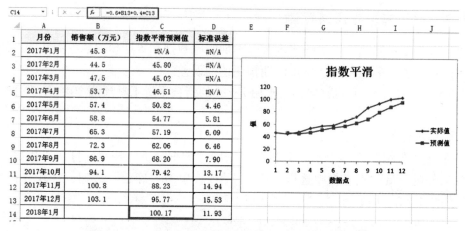

图 1-5-12 利用指数平滑法预测 2018 年 1 月销售额

说明:选中 C14 单元格,其中的公式为"=0.6*B13+0.4*C13",公式中的"0.6"是平滑系数 α,0.4 是设置的阻尼系数 β,两者的关系为平滑系数(α)=1-阻尼系数(β)"。

在指数平滑法中,平滑系数 α 的取值可以参考以下三点。

(1) 当时间序列比较稳定时,α 应取较小值,如 0.1~0.3。

(2) 当时间序列变化较大时,α 应取中间值,如 0.3~0.5。

(3) 当时间序列具有明显的上升或下降趋势时,α 应取较大值,如 0.6~0.8。

在实际运用中,可取若干个 α 值进行试算,通过比较后选择预测误差最小的 α 值。

5.2 财务数据处理与分析

5.2.1 财务比率分析

财务比率分析是把同一时期财务报表中的有关项目进行对比,得出一系列的财务比率,以评价企业的财务状况和经营成果。比率分析是财务分析的核心。

财务比率分析主要以资产负债表和利润表为依据，分析以下四类指标数据：短期偿债能力比率、长期偿债能力比率、资产管理比率和盈利能力比率。

1. 短期偿债能力比率

短期偿债能力比率是衡量公司偿还短期债务的能力，又称变现能力比率，它取决于可以在近期转变为现金的流动资产的多少。短期偿债能力比率主要包括流动比率和速动比率两种。

（1）流动比率。

流动比率是流动资产除以流动负债的比值。相关计算公式如下。

$$流动比率 = 流动资产/流动负债$$

流动比率可以衡量企业短期偿债能力的大小，一般认为生产企业的流动比率为2比较合理，如果比率过低，说明该企业可能要出现债务问题；如果比率过高，说明该企业资金未得到有效利用。

（2）速动比率。

速动比率是从流动资产中扣除存货部分，再除以流动负债的比值。相关计算公式如下。

$$速动比率 = （流动资产 - 存货）/流动负债$$

速动比率比流动比率更能反映企业偿还短期债务的能力，一般认为企业的速动比率为1比较合理，低于1则表明企业偿债能力偏低；如果比率过高，表明企业的资金未得到有效利用。

2. 长期偿债能力比率

长期偿债能力比率是指债务和资产、净资产的关系，又称负债比率，它反映了企业偿还到期长期债务的能力。长期偿债能力比率包括资产负债率、产权比率、有形净值债务比率和已获利息倍数。

（1）资产负债率。

资产负债率是负债总额和资产总额的比例关系，反映了在总资产中有多大比例是通过借债取得的。相关计算公式如下。

$$资产负债率 = 负债总额/资产总额$$

资产负债率越高，表明企业的偿还能力越差。

（2）产权比率。

产权比率是负债总额与股东权益总额之比，是衡量长期偿债能力的指标之一，也称为长期偿债能力比率。相关计算公式如下。

$$产权比率 = 负债总额/股东权益$$

产权比率越低，说明企业的长期财务状况越好，债权人贷款的安全越有保障，企业的财务风险越小。

（3）有形净值债务比率。

有形净值债务比率是企业负债总额与有形净值的比例关系，是产权比率的延伸。有形净值是股东权益减去无形资产后的净值。相关计算公式如下。

$$有形净值债务比率 = 负债总额/（股东权益 - 无形资产）$$

有形净值债务比率越低说明企业的财务风险越小。

(4) 已获利息倍数。

已获利息倍数又称利息保障倍数，指企业经营业务收益与利息费用的比例关系，用来衡量企业偿付借款利息的能力。相关计算公式如下。

$$已获利息倍数 = 息税前利润/利息费用$$

息税前利润是指利润表中未扣除利息费用和所得税之前的利润。利息费用是指本期发生的全部应付利息。一般来说，企业的已获利息倍数至少要大于1，否则难以偿还债务及利息。

3. 资产管理比率

资产管理比率是用来衡量企业在资产管理方面的效率的财务比率，又称营运效率比率。资产管理比率包括总资产周转率、固定资产周转率、流动资产周转率、应收账款周转率、存货周转率等。

(1) 总资产周转率。

总资产周转率用来分析企业全部资产的使用效率。如果该比率越低，说明企业利用其资产进行经营的效果越差，会降低企业的获利能力。相关计算公式如下。

$$总资产周转率 = 销售收入/平均资产总额$$

$$平均资产总额 = （期初资产总额 + 期末资产总额）/2$$

公式中的销售收入来源于利润表的"营业收入"项目，平均资产总额来源于资产负债表的资产总计数的"年初数"和"期末数"的平均数。

(2) 固定资产周转率。

固定资产周转率主要用来分析对固定资产的利用效率，固定资产周转率越高，说明企业对固定资产的利用率越高，管理水平越高。相关计算公式如下。

$$固定资产周转率 = 销售收入/平均固定资产$$

$$平均固定资产 = （期初固定资产 + 期末固定资产）/2$$

公式中的销售收入来源于利润表的"营业收入"项目，平均固定资产来源于资产负债表的固定资产的"年初数"和"期末数"的平均数。

(3) 流动资产周转率。

流动资产周转率可以反映企业在一个会计年度内流动资产周转的速度，流动资产周转率越高，说明企业流动资产的利用率越高。相关计算公式如下。

$$流动资产周转率 = 销售收入/平均流动资产$$

$$平均流动资产 = （期初流动资产余额 + 期末流动资产余额）/2$$

公式中的销售收入来源于利润表的"营业收入"项目，平均流动资产来源于资产负债表的流动资产总计数的"年初数"和"期末数"的平均数。

(4) 应收账款周转率。

应收账款周转率是指年度内应收账款转为现金的平均次数，它反映了应收账款的流动速度。应收账款的周转率越高，说明企业催收账款的效率越高；应收账款的周转率越低，说明企业催收账款的效率越低，可能影响现金的正常周转。相关计算公式如下。

$$应收账款周转率 = 销售收入/平均应收账款$$

$$平均应收账款 = （期初应收账款 + 期末应收账款）/2$$

公式中的销售收入来源于利润表的"营业收入"项目，平均应收账款来源于资产负债表的应收账款的"年初数"和"期末数"的平均数。

用时间表示的应收账款周转率就是应收账款周转天数，也称为平均收现期。相关计算公式如下。

$$应收账款周转天数 = 360/应收账款周转率$$
$$= 360 * 平均应收账款/销售收入$$

应收账款周转天数越短说明应收账款的周转速度越快。

（5）存货周转率。

存货周转率是衡量和评价企业购入存货、投入生产、销售收回货款等环节管理状况的综合性指标，也称为存货周转次数。存货周转率可以反映企业的销售效率和存货使用效率。通常情况下，企业存货周转率越高，说明存货的周转速度越快，企业的销售能力越强。相关计算公式如下。

$$存货周转率 = 销售成本/平均存货$$
$$平均存货 = （期初存货余额 + 期末存货余额）/2$$

公式中的销售成本来源于利润表的"营业成本"项目，平均存货来源于资产负债表的存货的"年初数"和"年初数"的平均数。

4. 盈利能力比率

盈利能力就是指企业赚取利润的能力。评价盈利能力的指标主要包括销售净利率、销售毛利率、资产净利率和权益报酬率。

（1）销售净利率。

销售净利率指净利润和销售收入的比率关系，是衡量公司能否持续获得利润能力的重要指标。销售净利率越高，企业通过扩大销售获取收益的能力就越强。相关计算公式如下。

$$销售净利率 = 净利润/销售收入$$

（2）销售毛利率。

销售毛利率是销售毛利和销售收入的比率关系，毛利率是商品流通企业和制造企业反映商品或产品销售获利能力的重要财务指标。销售毛利率越大，说明销售收入中销售成本所占的比重越小，企业通过销售获取利润的能力就越强。相关计算公式如下。

$$销售毛利率 = 销售毛利/销售收入$$
$$销售毛利 = 销售收入 - 销售成本$$

（3）资产净利率。

资产净利率是企业净利润和平均资产总额的比率关系，也称为资产报酬率，它反映了企业资产的利用效率，是衡量企业利用资产获利的能力。资产净利率越高，说明企业的获利能力越强。相关计算公式如下。

$$资产净利率 = 净利润/平均资产余额$$
$$平均资产余额 = （期初资产总额 + 期末资产总额）/2$$

平均资产余额来源于资产负债表的资产总计数的"年初数"和"期末数"的平均数。

（4）权益报酬率。

权益报酬率是净利润和股东权益平均总额的比率关系，也称为净值报酬率或净资产收益率，它反映了企业股东获取投资报酬的高低，权益报酬率越高说明企业的获利能力越强。相关计算公式如下。

权益报酬率 = 净利润/股东权益平均总额

股东权益平均总额 = （期初股东权益 + 期末股东权益）/2

在了解了财务比率分析指标后，就可以根据已有的资产负债表、利润表来对财务比率进行分析。

例 5－4 建立财务比率分析表。

具体操作步骤如下。

（1）新建工作簿，重命名为“5.2 财务数据处理与分析.xlsx”，将资产负债表和利润表的数据复制到“5.2 财务数据处理与分析.xlsx”工作簿中，如图 1－5－13 所示。

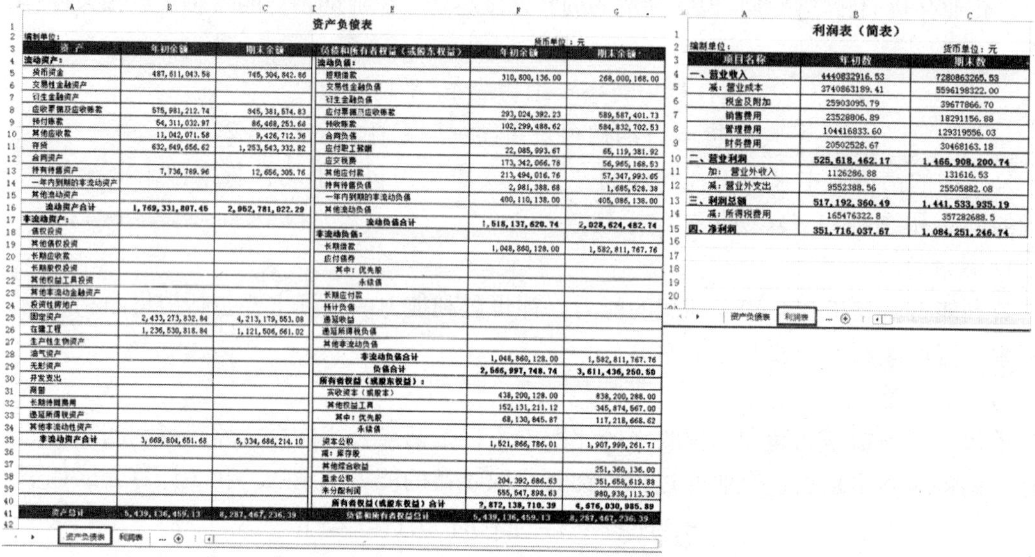

资产负债表

编制单位：　　　　货币单位：元

资产	年初余额	期末余额	负债和所有者权益（或股东权益）	年初余额	期末余额
流动资产：			流动负债：		
货币资金	487,611,043.58	745,304,842.86	短期借款	310,800,136.00	268,000,168.00
交易性金融资产			交易性金融负债		
衍生金融资产			衍生金融负债		
应收票据及应收账款	575,981,212.74	845,381,574.83	应付票据及应付账款	293,024,392.23	589,587,401.73
预付账款	54,311,032.97	86,468,253.68	预收账款	102,299,488.62	584,832,702.53
其他应收款	11,042,071.58	9,426,712.36	合同负债		
存货	632,649,656.62	1,253,543,332.82	应付职工薪酬	22,085,993.67	65,119,381.92
合同资产			应交税费	173,342,066.78	56,965,168.53
持有待售资产	7,736,769.96	12,656,305.76	其他应付款	213,494,016.76	57,347,993.65
一年内到期的非流动资产			持有待售负债	2,981,388.68	1,685,528.38
其他流动资产			一年内到期的非流动负债	400,110,138.00	405,086,138.00
流动资产合计	1,769,331,807.45	2,952,781,822.29	其他流动负债		
非流动资产：			流动负债合计	1,518,137,620.74	2,028,624,482.74
债权投资			非流动负债：		
其他债权投资			长期借款	1,048,860,128.00	1,582,811,767.76
长期应收款			应付债券		
长期股权投资			其中：优先股		
其他权益工具投资			永续债		
其他非流动金融资产			长期应付款		
投资性房地产			预计负债		
固定资产	2,433,273,832.84	4,213,179,553.08	递延收益		
在建工程	1,236,530,818.84	1,121,506,661.02	递延所得税负债		
生产性生物资产			其他非流动负债		
油气资产			非流动负债合计	1,048,860,128.00	1,582,811,767.76
无形资产			负债合计	2,566,997,748.74	3,611,436,250.50
开发支出			所有者权益（或股东权益）：		
商誉			实收资本（或股本）	438,200,128.00	838,200,288.00
长期待摊费用			其他权益工具	152,131,211.12	345,874,567.00
递延所得税资产			其中：优先股	68,130,845.87	117,218,668.62
其他非流动性资产			永续债		
非流动资产合计	3,669,804,651.68	5,334,686,214.10	资本公积	1,521,866,786.01	1,907,999,261.71
			减：库存股		
			其他综合收益		251,360,136.00
			盈余公积	204,392,686.63	351,658,619.88
			未分配利润	555,547,898.63	980,938,113.30
			所有者权益（或股东权益）合计	2,872,138,710.39	4,676,030,985.89
资产总计	5,439,136,459.13	8,287,467,236.39	负债和所有者权益总计	5,439,136,459.13	8,287,467,236.39

利润表（简表）

编制单位：　　　　货币单位：元

项目名称	年初数	期末数
一、营业收入	4440832916.53	7280863265.53
减：营业成本	3740863189.41	5596198322.00
税金及附加	25903095.79	39677866.70
销售费用	23528806.89	18291156.88
管理费用	104416833.60	129319556.03
财务费用	20502528.67	30468163.18
二、营业利润	525,618,462.17	1,466,908,200.74
加：营业外收入	1126286.88	131616.53
减：营业外支出	9552388.56	25505882.08
三、利润总额	517,192,360.49	1,441,533,935.19
减：所得税费用	165476322.8	357282688.5
四、净利润	351,716,037.67	1,084,251,246.74

图 1－5－13　资产负债表和利润表

（2）计算流动比率。流动比率 = 流动资产/流动负债，在 B5 单元格中输入“ = 资产负债表！C16/资产负债表！G17”，按“Enter”键后，B5 单元格返回流动比率为“1.46”，如图 1－5－14 所示。其中，“资产负债表！C16”的值为流动资产合计数，“资产负债表！G17”的值为流动负债合计数。

（3）计算速动比率。速动比率 = （流动资产 － 存货）/流动负债，在 B6 单元格中输入“ = （资产负债表！C16 － 资产负债表！C11）/资产负债表！G17”，按“Enter”键后，B6 单元格返回速动比率为“0.84”，如图 1－5－15 所示。其中，“资产负债表！C16”的值为流动资产合计数，“资产负债表！C11”的值为存货合计数，“资产负债表！G17”的值为流动负债合计数。

（4）计算资产负债率。资产负债率 = 负债总额/资产总额，在 B8 单元格中输入“ = 资产负债表！G29/资产负债表！C41”，按“Enter”键后，B8 单元格返回资产负债率为“0.44”，如图 1－5－16 所示。其中，“资产负债表！G29”的值为负债合计数，“资产负债表！C41”为资产总计数。

（5）计算产权比率。产权比率 = 负债总额/股东权益，在 B9 单元格中输入“ = 资产负

图 1-5-14 计算流动比率　　　　　　图 1-5-15 计算速动比率

债表! G29/资产负债表! G40"，按"Enter"键后，B9 单元格返回产权比率为"0.77"，如图 1-5-17 所示。其中，"资产负债表! G29"的值为负债合计数，"资产负债表! G40"的值为股东权益合计数。

图 1-5-16 计算资产负债率　　　　　图 1-5-17 计算产权比率

（6）计算有形净值债务比率。有形净值债务比率＝负债总额/（股东权益－无形资产），因为资产负债表中没有涉及无形资产的发生额，因此在单元格 B10 中输入公式"＝资产负债表! G29/（资产负债表! G40－0)"，按"Enter"键后，B10 单元格返回有形净值债务比率为"0.77"，如图 1-5-18 所示。其中，"资产负债表! G29"的值为负债合计数，"资产负债表! G40"的值为股东权益数。

（7）计算已获利息倍数。已获利息倍数＝息税前利润/利息费用，"息税前利润"用利润表中的"利润总额"加"财务费用"来估算，因此在 B11 单元格中输入"＝（利润表!

· 129 ·

C17 + 利润表！C11)/利润表！C11”，按“Enter”键后，B11 单元格返回已获利息倍数为“48.31”，如图 1－5－19 所示。其中“利润表！C17”的值为息税前利润，“利润表！C11”的值为利息费用。

（8）计算总资产周转率。总资产周转率 = 销售收入/平均资产总额，在 B13 单元格中输入“=2 * 利润表！C4/(资产负债表！B41 + 资产负债表！C41)”，按“Enter”键后，B13 单元格返回总资产周转率为“1.06”，如图 1－5－20 所示。其中，“利润表！C4”的值为营业收入（销售收入），“资产负债表！B41”的值为年初资产总计数，“资产负债表！C41”的值为期末资产总计数。

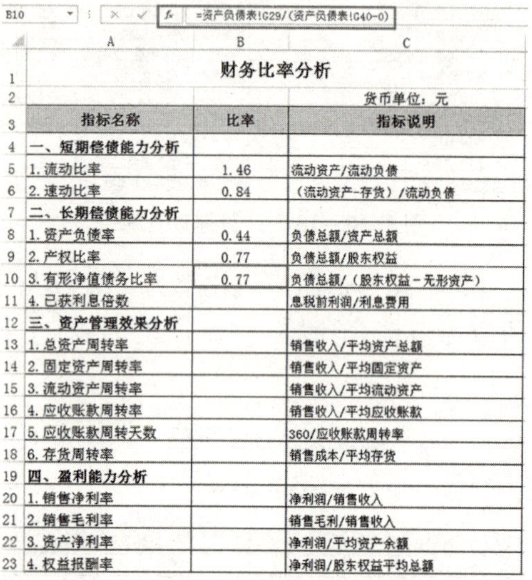

B10 =资产负债表!C29/(资产负债表!C40-0)

	A	B	C
1	财务比率分析		
2			货币单位：元
3	指标名称	比率	指标说明
4	一、短期偿债能力分析		
5	1. 流动比率	1.46	流动资产/流动负债
6	2. 速动比率	0.84	（流动资产-存货）/流动负债
7	二、长期偿债能力分析		
8	1. 资产负债率	0.44	负债总额/资产总额
9	2. 产权比率	0.77	负债总额/股东权益
10	3. 有形净值债务比率	0.77	负债总额/（股东权益－无形资产）
11	4. 已获利息倍数		息税前利润/利息费用
12	三、资产管理效果分析		
13	1. 总资产周转率		销售收入/平均资产总额
14	2. 固定资产周转率		销售收入/平均固定资产
15	3. 流动资产周转率		销售收入/平均流动资产
16	4. 应收账款周转率		销售收入/平均应收账款
17	5. 应收账款周转天数		360/应收账款周转率
18	6. 存货周转率		销售成本/平均存货
19	四、盈利能力分析		
20	1. 销售净利率		净利润/销售收入
21	2. 销售毛利率		销售毛利/销售收入
22	3. 资产净利率		净利润/平均资产余额
23	4. 权益报酬率		净利润/股东权益平均总额

图 1－5－18　计算有形净值债务比率

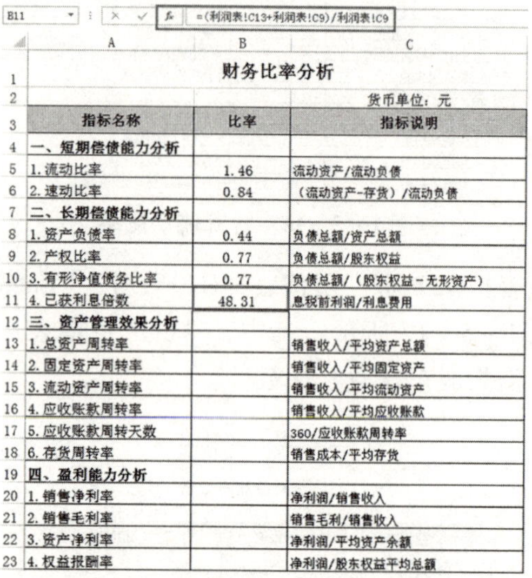

B11 =(利润表!C13+利润表!C9)/利润表!C9

	A	B	C
1	财务比率分析		
2			货币单位：元
3	指标名称	比率	指标说明
4	一、短期偿债能力分析		
5	1. 流动比率	1.46	流动资产/流动负债
6	2. 速动比率	0.84	（流动资产-存货）/流动负债
7	二、长期偿债能力分析		
8	1. 资产负债率	0.44	负债总额/资产总额
9	2. 产权比率	0.77	负债总额/股东权益
10	3. 有形净值债务比率	0.77	负债总额/（股东权益－无形资产）
11	4. 已获利息倍数	48.31	息税前利润/利息费用
12	三、资产管理效果分析		
13	1. 总资产周转率		销售收入/平均资产总额
14	2. 固定资产周转率		销售收入/平均固定资产
15	3. 流动资产周转率		销售收入/平均流动资产
16	4. 应收账款周转率		销售收入/平均应收账款
17	5. 应收账款周转天数		360/应收账款周转率
18	6. 存货周转率		销售成本/平均存货
19	四、盈利能力分析		
20	1. 销售净利率		净利润/销售收入
21	2. 销售毛利率		销售毛利/销售收入
22	3. 资产净利率		净利润/平均资产余额
23	4. 权益报酬率		净利润/股东权益平均总额

图 1－5－19　计算已获利息倍数

（9）计算固定资产周转率。固定资产周转率 = 销售收入/平均固定资产，在 B14 单元格中输入“=2 * 利润表！C4/(资产负债表！B25 + 资产负债表！C25)”，按“Enter”键后，B14 单元格返回固定资产周转率为“2.19”，如图 1－5－21 所示。其中，“利润表！C4”的值为营业收入（销售收入），“资产负债表！B25”的值为年初固定资产数，“资产负债表！C25”的值为期末固定资产数。

（10）计算流动资产周转率。流动资产周转率 = 销售收入/平均流动资产，在 B15 单元格中输入“=2 * 利润表！C4/(资产负债表！B16 + 资产负债表！C16)”，按“Enter”键后，B15 单元格返回流动资产周转率为“3.08”，如图 1－5－22 所示。其中，“利润表！C4”的值为营业收入（销售收入），“资产负债表！B16”的值为年初流动资产合计数，“资产负债表！C16”的值为期末流动资产合计数。

（11）计算应收账款周转率。应收账款周转率 = 销售收入/平均应收账款，在 B16 单元格中输入“=2 * 利润表！C4/(资产负债表！B8 + 资产负债表！C8)”，按“Enter”键后，B16 单元格返回应收账款周转率为“10.24”，如图 1－5－23 所示。其中，“利润表！C4”的值为营业收入（销售收入），“资产负债表！B8”的值为年初应收账款数，“资产负债表！C8”的值为期末应收账款数。

（12）计算应收账款周转天数。应收账款周转天数 = 360/应收账款周转率，在 B17 单元格

图 1-5-20 计算总资产周转率

图 1-5-21 计算固定资产周转率

图 1-5-22 计算流动资产周转率

图 1-5-23 计算应收账款周转率

中输入"=360/B16",按"Enter"键后,B17 单元格返回应收账款周转天数为"35.16",如图 1-5-24 所示。

（13）计算存货周转率。存货周转率=销售成本/平均存货,在 B18 单元格中输入"=2*利润表!C5/(资产负债表!B11+资产负债表!C11)",按"Enter"键后,B18 单元格返回存货周转率为"5.93",如图 1-5-25 所示。其中,"利润表!C5"的值为营业成本（销售成本）,"资产负债表!B11"的值为存货的年初数,"资产负债表!C11"的值为存货的期末数。

（14）计算销售净利率。销售净利率=净利润/销售收入,在 B20 单元格中输入"=利润表!C15/利润表!C4",按"Enter"键后,B20 单元格返回销售净利率为"0.15",如图 1-5-26 所示。其中,"利润表!C15"的值为净利润,"利润表!C4"的值为营业收入

图 1-5-24 计算应收账款周转天数   图 1-5-25 计算存货周转率

（销售收入）。

（15）计算销售毛利率。销售毛利率＝销售毛利/销售收入。在 B21 单元格中输入"＝（利润表！C4－利润表！C5）/利润表！C4"，按"Enter"键后，B21 单元格返回销售毛利率为"0.23"，如图 1-5-27 所示。其中，"利润表！C4"的值为营业收入（销售收入），"利润表！C5"的值为营业成本（销售成本）。

图 1-5-26 计算销售净利率   图 1-5-27 计算销售毛利率

（16）计算资产净利率。资产净利率＝净利润/平均资产余额。在 B22 单元格中输入"＝2＊利润表！C15/（资产负债表！B41＋资产负债表！C41）"，按"Enter"键后，B22 单元格返回资产净利率为"0.16"，如图 1-5-28 所示。其中，"利润表！C15"的值为净利润，"资产负债表！B41"的值为年初资产总计数，"资产负债表！C41"为期末资产总计数。

（17）计算权益报酬率。权益报酬率＝净利润/股东权益平均总额。在 B23 单元格中输入"=2*利润表！C15/（资产负债表！F40+资产负债表！G40）"，按"Enter"键后，B23 单元格返回权益报酬率为"0.29"，如图 1-5-29 所示。其中，"利润表！C15"的值为净利润，"资产负债表！F40"的值为年初股东权益合计数，"资产负债表！G40"为期末股东权益合计数。

指标名称	比率	指标说明
一、短期偿债能力分析		
1. 流动比率	1.46	流动资产/流动负债
2. 速动比率	0.84	（流动资产-存货）/流动负债
二、长期偿债能力分析		
1. 资产负债率	0.44	负债总额/资产总额
2. 产权比率	0.77	负债总额/股东权益
3. 有形净值债务比率	0.77	股东权益-无形资产
4. 已获利息倍数	48.31	息税前利润/利息费用
三、资产管理效果分析		
1. 总资产周转率	1.06	销售收入/平均资产总额
2. 固定资产周转率	2.19	销售收入/平均固定资产
3. 流动资产周转率	3.08	销售收入/平均流动资产
4. 应收账款周转率	10.24	销售收入/平均应收账款
5. 应收账款周转天数	35.16	360/应收账款周转率
6. 存货周转率	5.93	销售成本/平均存货
四、盈利能力分析		
1. 销售净利率	0.15	净利润/销售收入
2. 销售毛利率	0.23	销售毛利/销售收入
3. 资产净利率	0.16	净利润/平均资产余额
4. 权益报酬率		净利润/股东权益平均总额

图 1-5-28　计算资产净利率

指标名称	比率	指标说明
一、短期偿债能力分析		
1. 流动比率	1.46	流动资产/流动负债
2. 速动比率	0.84	（流动资产-存货）/流动负债
二、长期偿债能力分析		
1. 资产负债率	0.44	负债总额/资产总额
2. 产权比率	0.77	负债总额/股东权益
3. 有形净值债务比率	0.77	股东权益-无形资产
4. 已获利息倍数	48.31	息税前利润/利息费用
三、资产管理效果分析		
1. 总资产周转率	1.06	销售收入/平均资产总额
2. 固定资产周转率	2.19	销售收入/平均固定资产
3. 流动资产周转率	3.08	销售收入/平均流动资产
4. 应收账款周转率	10.24	销售收入/平均应收账款
5. 应收账款周转天数	35.16	360/应收账款周转率
6. 存货周转率	5.93	销售成本/平均存货
四、盈利能力分析		
1. 销售净利率	0.15	净利润/销售收入
2. 销售毛利率	0.23	销售毛利/销售收入
3. 资产净利率	0.16	净利润/平均资产余额
4. 权益报酬率	0.29	净利润/股东权益平均总额

图 1-5-29　计算权益报酬率

5.2.2　财务比较分析

财务比较分析是财务分析中常用的技术方法之一。在分析企业经营和财务状况时，除了与本企业的历史数据进行比较外，还需要与同行业、同规模的其他企业的财务比率进行比较，从中发现差距，以明确本企业在市场竞争中的地位。行业平均水平的财务比率通常被用作比较的标准，被称为标准财务比率。目前只有一些发达国家的某些机构和金融企业在专门的刊物上定期公布各行业的财务统计指标，我国尚未有专门的刊物或机构从事该工作，用户可以参考各种统计年鉴或类似《中国证券报》等报刊提供的上市公司的财务比率，包括一些行业的平均数据，将其作为财务比较分析中的标准财务比率。

例 5-5　建立财务比较分析表。

操作步骤如下。

（1）打开"5.2 财务数据处理与分析.xlsx"工作簿，在工作簿中新建一个工作表，将其命名为"财务比较分析"。

（2）输入财务比较分析的相关项目，设置表格格式，如图 1-5-30 所示。

（3）输入标准财务比率数据，如图 1-5-31 所示。

（4）输入企业财务比率数据。数据可以直接引用"财务比率分析"表里的数据。在 C5 单元格里输入"=财务比率分析！B5"，按"Enter"键后，C5 单元格返回流动比率数据。从 C5 单元格向下复制公式至 C23 单元格，得到企业财务比率数据，如图 1-5-32 所示。

（5）计算企业财务比率和标准财务比率的"差异"值。在 D5 单元格中输入"=C5-B5"，按"Enter"键后，D5 单元格返回企业流动比率和标准流动比率的差异值为"-0.74"，

图 1-5-30 设置财务比较分析表格　　　　图 1-5-31 输入标准财务比率

如图 1-5-33 所示。从 D5 单元格向下复制公式至 D23 单元格，即可得到企业财务比率和标准财务比率的差异值。

图 1-5-32 输入企业财务比率　　　　图 1-5-33 计算差异值

5.2.3　图解分析

Excel 提供了多种标准图表类型，如柱形图、折线图、饼图、条形图、面积图、散点图、股价图、曲面图、雷达图等，每个类型又包括了几种不同的子类型，用户可以根据不同的需要选择适当的图表类型，还可以自定义图表类型。这些图表给财务分析提供了极大的帮助。

例 5-6　根据 1-12 月的产品利润率数据，对利润率进行趋势分析。

具体操作步骤如下。

(1) 打开表"5.2.3 趋势图解法.xlsx"工作簿,选择单元格区域 A2:M3,单击"插入"选项卡下"图表"组中的"查看所有图表"按钮,打开"插入图表"对话框。单击"所有图表"选项卡,在左侧选择"折线图",选择图表类型为"带数据标记的折线图",单击"确定"按钮,如图 1-5-34 所示。最终得到的利润率折线图如图 1-5-35 所示。

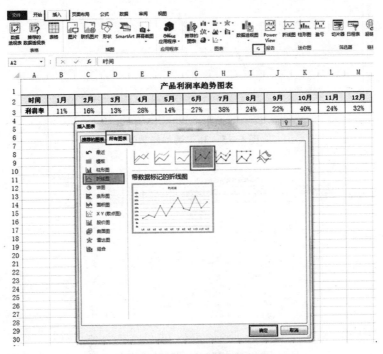

图 1-5-34　选择图表类型

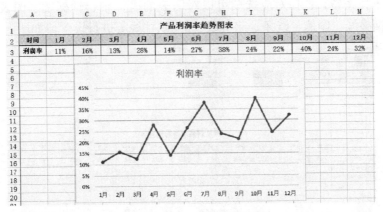

图 1-5-35　利润率折线图

(2) 选择数据折线,单击鼠标右键,在弹出的快捷菜单中选择"添加趋势线",如图 1-5-36 所示。打开"设置趋势线格式"窗格,选择表格右边的"设置趋势线格式",在"趋势线选项"列表中选择"线性",选中"显示公式"和"显示 R 平方值"复选按钮,如图 1-5-37 所示。

(3) 单击图表区域,单击"图表工具"下"设计"选项卡下"图表布局"组中的"添

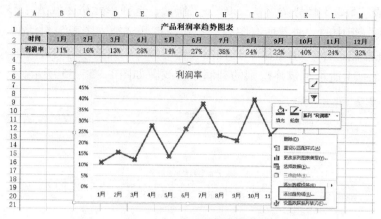

图 1-5-36　添加趋势线

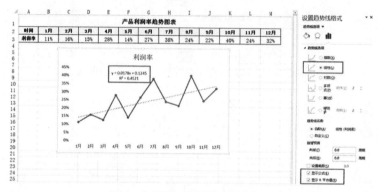

图 1-5-37　设置趋势线格式

加图表元素"下拉按钮,选择对应选项可以对图表的坐标轴、轴标题、图表标题、数据标签、误差线、网格线、图例、线条、趋势线、涨/跌柱线等进行设置,如图 1-5-38 所示。

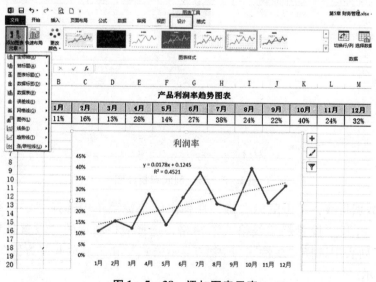

图 1-5-38　添加图表元素

5.2.4　综合分析

财务综合分析将企业的偿债能力、资金周转状况、盈利能力等方面看作一个分析系统，对企业的财务状况和经营效果进行解释和评价，以便了解企业的财务状况全貌。综合财务分析的常用方法有财务比率综合评分法和杜邦分析法等。

例 5－7　以财务比率分析表的数据为依据，编制财务比率综合评分表。

具体操作步骤如下。

（1）打开“5.2 财务数据处理与分析 .xlsx”工作簿，新建一个工作表，命名为“财务比率综合评分表”。

（2）选择评价企业财务状况的比率。根据企业的不同情况，选择包括反映企业偿债能力、营运能力和盈利能力的三大类财务比率，在本例中选择流动比率、速动比率、资产负债率、总资产周转率、应收账款周转率、存货周转率、销售净利率、资产净利率和权益报酬率作为评价指标。将上述选择的指标输入到“财务比率综合评分表”中，设置好表格格式，如图 1－5－39 所示。

	A	B	C	D	E	F
1	财务比率综合评分表					
2	指标名称	实际值	标准值	关系比率	评分值	综合得分
3	流动比率					
4	速动比率					
5	资产负债率					
6	总资产周转率					
7	应收账款周转率					
8	存货周转率					
9	销售净利率					
10	资产净利率					
11	权益报酬率					
12	合计					

图 1－5－39　设置财务比率综合评分表

（3）输入各项财务比率的实际值。数据可以直接引用“财务比率分析”表中的数据，在 B3:B11 单元格区域中输入公式，如图 1－5－40 所示。

	A	B	C	D	E	F
1	财务比率综合评分表					
2	指标名称	实际值	标准值	关系比率	评分值	综合得分
3	流动比率	=财务比率分析!B5				
4	速动比率	=财务比率分析!B6				
5	资产负债率	=财务比率分析!B8				
6	总资产周转率	=财务比率分析!B13				
7	应收账款周转率	=财务比率分析!B16				
8	存货周转率	=财务比率分析!B18				
9	销售净利率	=财务比率分析!B20				
10	资产净利率	=财务比率分析!B22				
11	权益报酬率	=财务比率分析!B23				
12	合计					

图 1－5－40　输入财务比率实际值

（4）输入各项财务比率的标准值。数据可以直接引用“财务比较分析”表中的数据，在 C3:C11 单元格区域中输入公式，如图 1-5-41 所示。

	A	B	C	D	E	F
1			财务比率综合评分表			
2	指标名称	实际值	标准值	关系比率	评分值	综合得分
3	流动比率	=财务比率分析!B5	=财务比较分析!B5			
4	速动比率	=财务比率分析!B6	=财务比较分析!B6			
5	资产负债率	=财务比率分析!B8	=财务比较分析!B8			
6	总资产周转率	=财务比率分析!B13	=财务比较分析!B13			
7	应收账款周转率	=财务比率分析!B16	=财务比较分析!B16			
8	存货周转率	=财务比率分析!B18	=财务比较分析!B18			
9	销售净利率	=财务比率分析!B20	=财务比较分析!B20			
10	资产净利率	=财务比率分析!B22	=财务比较分析!B22			
11	权益报酬率	=财务比率分析!B23	=财务比较分析!B23			
12	合计					

图 1-5-41　输入财务比率标准值

（5）计算关系比率。关系比率即各项财务比率的实际值与标准值的比率。在 D3 单元格中输入" =B3/C3"，按"Enter"键后，D3 单元格返回流动比率的关系比率值为"0.66"。从 D3 单元格向下复制公式至 D11 单元格，即可得到各项财务比率的关系比率，如图 1-5-42 所示。

	A	B	C	D	E	F
1			财务比率综合评分表			
2	指标名称	实际值	标准值	关系比率	评分值	综合得分
3	流动比率	1.46	2.20	0.66		
4	速动比率	0.84	1.35	0.62		
5	资产负债率	0.44	0.20	2.20		
6	总资产周转率	1.06	1.60	0.66		
7	应收账款周转率	10.24	15.00	0.68		
8	存货周转率	5.93	10.00	0.59		
9	销售净利率	0.15	0.26	0.58		
10	资产净利率	0.16	0.25	0.64		
11	权益报酬率	0.29	0.18	1.61		
12	合计					

图 1-5-42　计算关系比率

（6）设定评分值。评分值也称为重要性系数，根据各项财务比率的重要程度，确定评分值，各项评分值之和应等于100。将评分值分别输入到 E3:E11 单元格区域中，如图 1-5-43所示。

	A	B	C	D	E	F
1			财务比率综合评分表			
2	指标名称	实际值	标准值	关系比率	评分值	综合得分
3	流动比率	1.46	2.20	0.66	12	
4	速动比率	0.84	1.35	0.62	10	
5	资产负债率	0.44	0.20	2.20	10	
6	总资产周转率	1.06	1.60	0.66	10	
7	应收账款周转率	10.24	15.00	0.68	8	
8	存货周转率	5.93	10.00	0.59	10	
9	销售净利率	0.15	0.26	0.58	15	
10	资产净利率	0.16	0.25	0.64	15	
11	权益报酬率	0.29	0.18	1.61	10	
12	合计				100	

图 1-5-43　设定评分值

(7) 计算综合得分。各项财务比率的综合得分是关系比率和评分值的乘积。在 F3 单元格中输入 " = D3 * E3"，按"Enter"键后，F3 单元格返回流动比率的综合得分为"7.92"，从 F3 单元格向下复制公式至 F11 单元格，即可得到各项财务比率的综合得分。在 F12 单元格中输入公式 " = SUM(F3:F11)"，即可得到各项财务比率综合得分的合计数为"88.46"，如图 1 – 5 – 44 所示。

指标名称	实际值	标准值	关系比率	评分值	综合得分
流动比率	1.46	2.20	0.66	12	7.92
速动比率	0.84	1.35	0.62	10	6.20
资产负债率	0.44	0.20	2.20	10	22.00
总资产周转率	1.06	1.60	0.66	10	6.60
应收账款周转率	10.24	15.00	0.68	8	5.44
存货周转率	5.93	10.00	0.59	10	5.90
销售净利率	0.15	0.26	0.58	15	8.70
资产净利率	0.16	0.25	0.64	15	9.60
权益报酬率	0.29	0.18	1.61	10	16.10
合计				100	88.46

图 1 – 5 – 44 计算综合得分

企业财务指标的综合得分反映了企业财务状况是否良好。一般情况下，如果综合得分等于或接近 100 分，说明企业财务状况良好，基本达到预先设定的要求；如果综合得分低于 100 分，且与 100 分有较大差距，说明企业财务状况较差；如果综合得分超过 100 分很多，说明企业的财务状况非常理想。

5.3 财务预算中的数据处理与分析

在编制财务预算之前，需要对一些基本数据进行预测，如预计销售量、预计产品单价、预计定额成本、预计制造费用等。因此，先建立一些基本的数据表，以便进行数据引用。建立的基本数据表如图 1 – 5 – 45 所示。

5.3.1 销售预算

销售预算是以企业的销售预测为基础，为销售活动按季度编制的预算。

例 5 – 8 编制××公司 2018 年度的销售预算表。表中原始数据如图 1 – 5 – 46 所示。原始数据表内数据的计算公式定义如下。

各季度的销售收入 = 各季度预计销售量 * 预计单价

第一季度预计现金收入 = 第一季度销售收入 * 预计收现率 + 上年应收账款

第二季度现金收入 = 本季度销售收入 * 预计收现率 + 上季度销售收入 * （1 – 预计收现率）

第三、四季度现金收入公式同第二季度现金收入公式。

预计收现率定义为 60%。

具体操作步骤如下。

(1) 打开"5.3 财务预算中数据分析与处理.xlsx"工作簿中的"5.3.1 销售预算表"，

图1-5-45 基本数据表　　　　图1-5-46 销售预算原始数据

设置以显示精度数据为准进行计算，设置方法参看例5-4。计算全年预计销售量。在F3单元格中输入公式"=SUM(B3:E3)"。

（2）计算各季度和全年的销售收入。在B5单元格中输入公式"=B3*B4"，然后向右复制公式至F5单元格。

（3）计算各季度预计现金收入。

计算第一季度的预计现金收入：在B9单元格中输入公式"=B5*0.6"；计算第二季度的预计现金收入：在C10单元格中输入公式"=C5*0.6"；第三季度的预计现金收入：在D11单元格中输入公式"=D5*0.6"；计算第四季度的预计现金收入：在E12单元格中输入公式"=E5*0.6"。

（4）计算上季度销售收入中的现金收入。

在C9单元格中输入公式"=B5-B9"；在D10单元格中输入公式"=C5-C10"；在E11单元格中输入公式"=D5-D11"。

（5）计算各季度预计现金收入合计。在B13单元格中输入公式"=SUM(B8:B12)"，向右复制公式至E13单元格。

（6）计算各季度销售收入合计。在F8单元格中输入公式"=SUM(B8:E8)"，向下复制公式至F13单元格。

以上操作结果如图1-5-47所示。

第5章 Excel 在财务管理分析中的应用

图 1-5-47 销售预算表

	A	B	C	D	E	F
1		XX公司销售预算（2018年度）				
2	项目	第一季度	第二季度	第三季度	第四季度	全年
3	预计销售量	120	150	200	180	650
4	预计单价	300	300	300	300	300
5	销售收入	36000	45000	60000	54000	195000
6						
7		预计现金收入				
8	上年应收账款	6300				6300
9	第一季度	21600	14400			36000
10	第二季度		27000	18000		45000
11	第三季度			36000	24000	60000
12	第四季度				32400	32400
13	合计	27900	41400	54000	56400	179700

图 1-5-47 销售预算表

5.3.2 生产预算

企业在确定产品生产预算时，有关的生产量应与其销售量相对应。在具体确定预算期产品生产量时，还必须考虑预算期初库存和预算期末库存。期末库存量由下季度预计销售量的一定百分比确定。期初库存量可以根据期初实际的库存量或者在编制预算时预计。产品的生产量和销售量的计算公式如下。

预计生产量 =（预计销售量 + 预计期末库存量）- 预计期初库存量

例 5 - 9 编制××公司 2018 年度的生产预算。

具体操作步骤如下。

（1）打开"5.3 财务预算中数据分析与处理.xlsx"工作簿中的"5.3.2 生产预算"，在 B3 单元格中输入"='5.3.1 预计销售量表'! B3"，按"Enter"键后，B3 单元格返回第一季度的预计销售量，从 B3 单元格向右复制公式至 E3 单元格，表示从"5.3.1 预计销售量表"中得到各季度的预计销售量，如图 1-5-48 所示。

	A	B	C	D	E	F
1		XX公司生产预算（2018年度）				
2	项目	第一季度	第二季度	第三季度	第四季度	全年
3	预计销售量	120	150	200	180	650
4	加：预计期末库存					
5	减：预计期初库存					
6	预计生产量					

图 1-5-48 输入预计销售量

（2）在 F3 单元格中输入公式"=SUM(B3:E3)"，求出全年合计预计销售量。

（3）计算预计期末库存量和预计期初库存量。

本例设定期初库存量为 10，因此在 B5 单元格中输入"10"；期末库存量可以根据长期的销售趋势来确定，设定期末库存量为 15，因此在 E4 单元格中输入"15"，如图 1-5-49 所示。

在本例中设定"预计期末库存量 = 下季度预计销售量 * 10%"，假设产品数量是整数，

Excel 财经数据处理与分析

图 1-5-49 设定期初、期末库存量

在 B4 单元格中输入"= INT（C3 * 0.1）"，按"Enter"键后，B4 单元格返回第一季度的预计期末库存量为"15"，从 B4 单元格向右复制公式至 D4 单元格，在 F4 单元格中输入公式"= E4"，如图 1-5-50 所示。

图 1-5-50 设定预计期末库存量

同时设定"预计期初库存量 = 上期期末库存量"，在 C5 单元格中输入公式"= B4"，按"Enter"键后，C5 单元格返回第二季度预计期初库存量为"15"。从 C5 单元格向右复制公式至 E5 单元格，在 F5 单元格中输入公式"= B5"，如图 1-5-51 所示。

图 1-5-51 设定预计期初库存量

（4）计算预计生产量。在 B6 单元格输入公式"= B3 + B4 - B5"，按"Enter"键后，B6 单元格返回第一季度的预计生产量为"125"。从 B6 单元格向右复制公式至 F6，即可得到各季度和全年的预计生产量，如图 1-5-52 所示。

图 1-5-52 计算预计生产量

(5) 计算直接材料消耗和直接人工消耗。在 B9 单元格中输入公式"= B6 * '5.3 预计定额成本'! $B$3",按"Enter"键后,B9 单元格返回第一季度的直接材料消耗数量。从 B9 单元格向右复制公式至 F9 单元格,可计算出各季度和全年的直接材料消耗数量,如图 1-5-53 所示。

图 1-5-53 计算直接材料消耗

在 B11 单元格中输入"= B6 * '5.3 预计定额成本'! $B$4",按"Enter"键后,B11 单元格返回第一季度的直接人工消耗数量。从 B11 单元格向右复制公式至 F11 单元格,可计算出各季度和全年的直接人工消耗数量,如图 1-5-54 所示。

图 1-5-54 计算直接人工消耗

5.3.3 直接材料预算

直接材料预算是根据生产预算编制的,可以确定预算期的直接材料需用量、采购量和采购金额。直接材料预算包括三个部分:一是直接材料需用量;二是直接材料采购量;三是计算当期需要支付的材料采购款。

例 5-10 编制××公司 2018 年度的直接材料预算。

具体操作步骤如下。

(1) 打开"5.3 财务预算中数据分析与处理. xlsx"工作簿中的"5.3.3 直接材料预算",输入各季度的预计生产用量。在 B3 单元格中输入"= '5.3.2 生产预算'! B9",按"Enter"键后,B3 单元格返回第一季度的预计生产用量为"250"。从 B3 单元格向右复制公式至 F3 单元格,可计算出各季度和全年的预计生产用量,如图 1-5-55 所示。

(2) 本例中设定期初存量为 20,期末存量为 30,因此在 B6 单元格中输入"20.0",在 E4 单元格中输入"30.0",如图 1-5-56 所示。

(3) 计算预计期末存量。本例中设定"预计期末存量 = 下一季度生产用量 * 20%"。在

图 1-5-55 输入预计生产用量

图 1-5-56 设定期初期末存量

B4 单元格中输入公式"=C3*0.2",按"Enter"键后,B4 单元格返回第一季度预计期末存量。从 B4 单元格向右复制公式至 D4 单元格,即可计算出第二、三季度的预计期末存量。在 F4 单元格中输入公式"=E4",如图 1-5-57 所示。

图 1-5-57 计算预期期末存量

（4）计算预计需求量合计。在 B5 单元格中输入"=B3+B4",按"Enter"键后,B5 单元格返回第一季度预计需求量合计数。从 B5 单元格向右复制公式至 F5 单元格,即可计算出各季度和全年的预计需求量合计数,如图 1-5-58 所示。

（5）计算预计期初存量。本例中设定"预计期初存量=上一季度预计期末存量"。因此,在 C6 单元格中输入公式"=B4",在 D6 单元格中输入公式"=C4",在 E6 单元格中输入公式"=D4",在 F6 单元格中输入公式"=B6",如图 1-5-59 所示。

（6）计算预计材料采购量。本例中,"预计材料采购量=（预计生产用量+预计期末存量）-预计期初存量"。

	A	B	C	D	E	F
1	XX公司直接材料预算（2018年度）					
2	项目	第一季度	第二季度	第三季度	第四季度	全年
3	预计生产用量	250	310	396	354	1310
4	加：预计期末存量	62.0	79.2	70.8	30.0	30.0
5	预计需求量合计	312.0	389.2	466.8	384.0	1340.0
6	减：预计期初存量	20.0				
7	预计材料采购量					
8	预计材料单价（元）					
9	预计材料采购金额					

图 1-5-58 计算预计需求量合计

	A	B	C	D	E	F
1	XX公司直接材料预算（2018年度）					
2	项目	第一季度	第二季度	第三季度	第四季度	全年
3	预计生产用量	250	310	396	354	1310
4	加：预计期末存量	62.0	79.2	70.8	30.0	30.0
5	预计需求量合计	312.0	389.2	466.8	384.0	1340.0
6	减：预计期初存量	20.0	62.0	79.2	70.8	20.0
7	预计材料采购量					
8	预计材料单价（元）					
9	预计材料采购金额					

图 1-5-59 计算预计期初存量

在 B7 单元格中输入公式"= B5 - B6"，按"Enter"键后，B7 单元格返回第一季度的预计材料采购量。从 B7 单元格向右复制公式至 F7 单元格，可计算出各季度和全年的预计材料采购量，如图 1-5-60 所示。

	A	B	C	D	E	F
1	XX公司直接材料预算（2018年度）					
2	项目	第一季度	第二季度	第三季度	第四季度	全年
3	预计生产用量	250	310	396	354	1310
4	加：预计期末存量	62.0	79.2	70.8	30.0	30.0
5	预计需求量合计	312.0	389.2	466.8	384.0	1340.0
6	减：预计期初存量	20.0	62.0	79.2	70.8	20.0
7	预计材料采购量	292.0	327.2	387.6	313.2	1320.0
8	预计材料单价（元）					
9	预计材料采购金额					

图 1-5-60 计算预计材料采购量

（7）计算预计材料采购金额。本例中预计材料采购金额为"预计材料采购金额 = 预计材料采购量 * 预计材料单价"。

在 B8:F8 单元格区域中输入预计单价"10.0"，在 B9 单元格中输入公式"= B7 * B8"，按"Enter"键后，B9 单元格返回第一季度预计材料采购金额为"2920.0"。从 B9 单元格向右复制公式至 F9 单元格，即可计算出各季度和全年预计材料采购金额，如图 1-5-61 所示。

5.3.4 直接人工预算

直接人工预算是以生产预算为基础，根据预计生产量进行编制的，主要包括预计产量、

图 1-5-61　计算预计材料采购金额

单位产品工时、预计人工总工时、每小时人工成本和预计人工总成本。直接人工预算可以反映出预算期内人工工时的消耗水平和人工成本。需要用到的计算公式如下。

产品消耗的直接人工工时 = 单位产品工时定额 * 该产品预计产量

产品耗用的直接人工成本 = 单位工时工资 * 该产品消耗的直接人工工时

例 5-11　编制××公司 2018 年度的直接人工预算。

具体操作步骤如下。

（1）计算预计人工总工时。打开 "5.3 财务预算中数据分析与处理.xlsx" 工作簿中的 "5.3.4 直接人工预算"，预计人工总工时可以直接引用例 5-9 的生产预算表里的数据，在 B3 单元格中输入 "='5.3.2 生产预算'!B11"，按 "Enter" 键后，B3 单元格返回第一季度的预计人工总工时为 "187.5"，从 B3 单元格向右复制公式至 F3 单元格，即可得出各季度的预计人工总工时和合计数，如图 1-5-62 所示。

图 1-5-62　计算预计人工总工时

（2）输入单位工时工资率。单位工时工资率可以从 "5.3 预计定额成本" 表里引用，在 B4 单元格中输入 "='5.3 预计定额成本'!$B$5"，按 "Enter" 键后，B4 单元格格返回单位工时工资率为 "12.0"。从 B4 单元格向右复制公式至 F4 单元格，如图 1-5-63 所示。

图 1-5-63　输入单位工时工资率

(3) 计算预计人工总成本。在 B5 单元格中输入"= B3 * B4",按"Enter"键后,B5 单元格返回第一季度预计人工总成本。从 B5 单元格向右复制公式至 F5 单元格,即可计算出各季度的预计人工总成本和合计数,如图 1-5-64 所示。

	A	B	C	D	E	F
1	XX公司直接人工预算(2018年度)					
2	项目	第一季度	第二季度	第三季度	第四季度	合计
3	预计人工总工时	187.5	232.5	297.0	265.5	982.5
4	单位工时工资率	12.0	12.0	12.0	12.0	12.0
5	预计人工总成本	2250.0	2790.0	3564.0	3186.0	11790.0

图 1-5-64 计算预计人工成本

5.3.5 制造费用预算

制造费用预算的编制可以反映除直接材料、直接人工以外的其他一切生产费用的预算。制造费用包括变动制造费用和固定制造费用两大部分。变动制造费用可以用预计人工总工时和预计的变动制造费用分配率来计算。

例 5-12 编制××公司 2018 年度的制造费用预算。

具体操作步骤如下:

(1) 打开"5.3 财务预算中数据分析与处理.xlsx"工作簿中的"5.3.5 制造费用预算",输入各季度的预计人工总工时。预计人工总工时可以直接引用表"5.3.4 直接人工预算"里的数据,在 C3 单元格中输入"='5.3.4 直接人工预算'!B3",按"Enter"键后,C3 单元格返回第一季度的预计人工总工时"187.50",从 C3 单元格向右复制公式至 G3 单元格,即可得到各季度和全年的预计人工总工时,如图 1-5-65 所示。

	A	B	C	D	E	F	G
1	XX公司制造费用预算(2018年度)						
2	项目	费用标准数据	第一季度	第二季度	第三季度	第四季度	全年
3	预计人工总工时		187.50	232.50	297.00	265.50	982.50
4	1.变动制造费用						
5	(1)间接人工						
6	(2)间接材料						
7	(3)维修费用						
8	(4)其他费用						
9	变动制造费用合计						
10	2.固定制造费用						
11	(1)间接人工						
12	(2)间接材料						
13	(3)维修费用						
14	(4)折旧费用						
15	(5)其他费用						
16	固定制造费用合计						
17	3.制造费用合计						
18	付现的制造费用合计						
19	固定制造费用分配率						

图 1-5-65 输入预计人工总工时

(2) 输入变动制造费用分配率。变动制造费用分配率来源于表"5.3 预计制造费用",在 B5 单元格中输入"= VLOOKUP(A5,'5.3 预计制造费用'!$A$3:$B$6,2,FALSE)",按

"Enter"键后，B5单元格返回变动制造费用中的间接人工费用分配率。从B5单元格向下复制公式至B8单元格，即可得到变动制造费用的各项费用分配率，如图1-5-66所示。

	A	B	C	D	E	F	G
			=VLOOKUP(A5,'5.3预计制造费用'!$A$3:$B$6,2,FALSE)				
1	XX公司制造费用预算（2018年度）						
2	项目	费用标准数据	第一季度	第二季度	第三季度	第四季度	全年
3	预计人工总工时		187.50	232.50	297.00	265.50	982.50
4	1. 变动制造费用						
5	（1）间接人工	6.00					
6	（2）间接材料	0.80					
7	（3）维修费用	6.30					
8	（4）其他费用	0.50					
9	变动制造费用合计						
10	2. 固定制造费用						
11	（1）间接人工						
12	（2）间接材料						
13	（3）维修费用						
14	（4）折旧费用						
15	（5）其他费用						
16	固定制造费用合计						
17	3. 制造费用合计						
18	付现的制造费用合计						
19	固定制造费用分配率						

图1-5-66　输入变动制造费用分配率

（3）计算各季度变动制造费用的预算数据。本例中，"变动制造费用=预计人工总工时*变动制造费用分配率"。

在C5单元格中输入公式"=C$3*$B$5"，按"Enter"键后，C5单元格返回第一季度间接人工的预算数据，从C5单元格向右复制公式至F5单元格，即可计算出各季度的间接人工预算数据，如图1-5-67所示。

	A	B	C	D	E	F	G
			=C$3*$B$5				
1	XX公司制造费用预算（2018年度）						
2	项目	费用标准数据	第一季度	第二季度	第三季度	第四季度	全年
3	预计人工总工时		187.50	232.50	297.00	265.50	982.50
4	1. 变动制造费用						
5	（1）间接人工	6.00	1125.00	1395.00	1782.00	1593.00	
6	（2）间接材料	0.80					
7	（3）维修费用	6.30					
8	（4）其他费用	0.50					
9	变动制造费用合计						
10	2. 固定制造费用						
11	（1）间接人工						
12	（2）间接材料						
13	（3）维修费用						
14	（4）折旧费用						
15	（5）其他费用						
16	固定制造费用合计						
17	3. 制造费用合计						
18	付现的制造费用合计						
19	固定制造费用分配率						

图1-5-67　计算各季度间接人工预算数据

在C6单元格输入公式"=C$3*$B$6"，向右复制公式至F6单元格，即可计算出各季度间接材料预算数据；在C7单元格输入公式"=C$3*$B$7"，向右复制公式至F7单元格，即可计算出各季度维修费用预算数据;在 C8 单元格输入公式"= C$3*$B$8",向右复制公式至 F8 单元格,即可计算出各季度其他费用预算数据,如图 1-5-68 所示。

图 1-5-68 计算各项目预算数据

(4)计算变动制造费用各项目的合计数。

在 B9 单元格中输入公式"= SUM(B5:B8)",按"Enter"键后,再从 B9 单元格向右复制公式至 F9 单元格,如图 1-5-69 所示。

图 1-5-69 计算变动制造费用各季度合计数

在 G5 单元格中输入"= SUM(C5:F5)",按"Enter"键后,从 G5 单元格向下复制公式至 G9 单元格,如图 1-5-70 所示。

(5)输入固定制造费用数据。因为固定制造费用的各项数据不会随着人工总工时的变动而变动,所以各季度的固定制造费用可以直接引用表"5.3 预计制造费用"里的数据。

图 1-5-70 计算变动制造费用各项全年合计数

在 B11 单元格中输入公式"=VLOOKUP(A11,'5.3 预计制造费用'!A9:B13,2,FALSE)",按"Enter"键后,从 B11 单元格向下复制公式至 B15 单元格,得到固定制造费用的各项费用标准数据,如图 1-5-71 所示。

图 1-5-71 引用费用标准数据

计算各季度其他费用的预算数据,如图 1-5-72 所示。

(6) 计算固定制造费用各项目的合计数。在 B16 单元格中输入公式"=SUM(B11:B15)",按"Enter"键后,从 B16 单元格向右复制公式至 F16 单元格,如图 1-5-73 所示。

在 G11 单元格中输入公式"=SUM(C11:F11)",按"Enter"键后,从 G11 单元格向下复制公式至 G16 单元格,如图 1-5-74 所示。

(7) 计算制造费用合计数。本例中,"制造费用合计=变动制造费用合计+固定制造费

第5章 Excel在财务管理分析中的应用

	A	B	C	D	E	F	G
1	XX公司制造费用预算（2018年度）						
2	项目	费用标准数据	第一季度	第二季度	第三季度	第四季度	全年
3	预计人工总工时		187.50	232.50	297.00	265.50	982.50
4	1.变动制造费用						
5	(1)间接人工	6.00	1125.00	1395.00	1782.00	1593.00	5895.00
6	(2)间接材料	0.80	150.00	186.00	237.60	212.40	786.00
7	(3)维修费用	6.30	1181.25	1464.75	1871.10	1672.65	6189.75
8	(4)其他费用	0.50	93.75	116.25	148.50	132.75	491.25
9	变动制造费用合计	13.60	2550.00	3162.00	4039.20	3610.80	13362.00
10	2.固定制造费用						
11	(1)间接人工	3000.00	3000.00	3000.00	3000.00	3000.00	
12	(2)间接材料	500.00	500.00	500.00	500.00	500.00	
13	(3)维修费用	80.00	80.00	80.00	80.00	80.00	
14	(4)折旧费用	330.00	330.00	330.00	330.00	330.00	
15	(5)其他费用	50.00	50.00	50.00	50.00	50.00	
16	固定制造费用合计						
17	3.制造费用合计						
18	付现的制造费用合计						
19	固定制造费用分配率						

图1-5-72 输入各季度固定制造费用

	A	B	C	D	E	F	G
1	XX公司制造费用预算（2018年度）						
2	项目	费用标准数据	第一季度	第二季度	第三季度	第四季度	全年
3	预计人工总工时		187.50	232.50	297.00	265.50	982.50
4	1.变动制造费用						
5	(1)间接人工	6.00	1125.00	1395.00	1782.00	1593.00	5895.00
6	(2)间接材料	0.80	150.00	186.00	237.60	212.40	786.00
7	(3)维修费用	6.30	1181.25	1464.75	1871.10	1672.65	6189.75
8	(4)其他费用	0.50	93.75	116.25	148.50	132.75	491.25
9	变动制造费用合计	13.60	2550.00	3162.00	4039.20	3610.80	13362.00
10	2.固定制造费用						
11	(1)间接人工	3000.00	3000.00	3000.00	3000.00	3000.00	
12	(2)间接材料	500.00	500.00	500.00	500.00	500.00	
13	(3)维修费用	80.00	80.00	80.00	80.00	80.00	
14	(4)折旧费用	330.00	330.00	330.00	330.00	330.00	
15	(5)其他费用	50.00	50.00	50.00	50.00	50.00	
16	固定制造费用合计	3960.00	3960.00	3960.00	3960.00	3960.00	
17	3.制造费用合计						
18	付现的制造费用合计						
19	固定制造费用分配率						

图1-5-73 计算固定制造费用各季度合计数

用合计"。

在C17单元格中输入公式"=C9+C16"，按"Enter"键后，C17单元格返回第一季度制造费用合计数。从C17单元格向右复制公式至G17单元格，即可计算出各季度和全年制造费用合计数，如图1-5-75所示。

（8）计算付现的制造费用合计数。因为后期编制现金预算时需要预计现金支出，在制造费用中，折旧费用是非付现的项目，其余的费用都需要支付现金。所以计算付现的制造费用合计数的公式为"付现的制造费用=费用合计-折旧费用"。

在C18单元格中输入公式"=C17-C14"，按"Enter"键后，C18单元格返回第一季度付现的制造费用合计数。从C18单元格向右复制公式至G18单元格，即可计算出各季度

	A	B	C	D	E	F	G
1	XX公司制造费用预算（2018年度）						
2	项目	费用标准数据	第一季度	第二季度	第三季度	第四季度	全年
3	预计人工总工时		187.50	232.50	297.00	265.50	982.50
4	1.变动制造费用						
5	(1)间接人工	6.00	1125.00	1395.00	1782.00	1593.00	5895.00
6	(2)间接材料	0.80	150.00	186.00	237.60	212.40	786.00
7	(3)维修费用	6.30	1181.25	1464.75	1871.10	1672.65	6189.75
8	(4)其他费用	0.50	93.75	116.25	148.50	132.75	491.25
9	变动制造费用合计	13.60	2550.00	3162.00	4039.20	3610.80	13362.00
10	2.固定制造费用						
11	(1)间接人工		3000.00	3000.00	3000.00	3000.00	12000.00
12	(2)间接材料		500.00	500.00	500.00	500.00	2000.00
13	(3)维修费用		80.00	80.00	80.00	80.00	320.00
14	(4)折旧费用		330.00	330.00	330.00	330.00	1320.00
15	(5)其他费用		50.00	50.00	50.00	50.00	200.00
16	固定制造费用合计		3960.00	3960.00	3960.00	3960.00	15840.00
17	3.制造费用合计						
18	付现的制造费用合计						
19	固定制造费用分配率						

图1-5-74 计算固定制造费用各项全年合计数

	A	B	C	D	E	F	G
1	XX公司制造费用预算（2018年度）						
2	项目	费用标准数据	第一季度	第二季度	第三季度	第四季度	全年
3	预计人工总工时		187.50	232.50	297.00	265.50	982.50
4	1.变动制造费用						
5	(1)间接人工	6.00	1125.00	1395.00	1782.00	1593.00	5895.00
6	(2)间接材料	0.80	150.00	186.00	237.60	212.40	786.00
7	(3)维修费用	6.30	1181.25	1464.75	1871.10	1672.65	6189.75
8	(4)其他费用	0.50	93.75	116.25	148.50	132.75	491.25
9	变动制造费用合计	13.60	2550.00	3162.00	4039.20	3610.80	13362.00
10	2.固定制造费用						
11	(1)间接人工		3000.00	3000.00	3000.00	3000.00	12000.00
12	(2)间接材料		500.00	500.00	500.00	500.00	2000.00
13	(3)维修费用		80.00	80.00	80.00	80.00	320.00
14	(4)折旧费用		330.00	330.00	330.00	330.00	1320.00
15	(5)其他费用		50.00	50.00	50.00	50.00	200.00
16	固定制造费用合计		3960.00	3960.00	3960.00	3960.00	15840.00
17	3.制造费用合计		6510.00	7122.00	7999.20	7570.80	29202.00
18	付现的制造费用合计						
19	固定制造费用分配率						

图1-5-75 计算各季度及全年制造费用合计

和全年的付现制造费用合计数，如图1-5-76所示。

（9）计算固定制造费用分配率。后期编制产品成本预算时需要用到固定制造费用分配率，计算公式为"固定制造费用分配率=固定制造费用合计/人工总工时"。

在B19单元格中输入公式"=G16/G3"，按"Enter"键后，B19单元格返回固定制造费用分配率为"16.12"，如图1-5-77所示。

5.3.6 产品成本预算

产品成本预算是以生产预算、直接材料预算、直接人工预算和制造费用预算为基础进行编制的，反映了预算期内各种产品生产成本水平。

例5-13 编制××公司2018年度的产品成本预算。

第 5 章　Excel 在财务管理分析中的应用

C18　fx　=C17-C14

	A	B	C	D	E	F	G
1	XX公司制造费用预算（2018年度）						
2	项目	费用标准数据	第一季度	第二季度	第三季度	第四季度	全年
3	预计人工总工时		187.50	232.50	297.00	265.50	982.50
4	1.变动制造费用						
5	（1）间接人工	6.00	1125.00	1395.00	1782.00	1593.00	5895.00
6	（2）间接材料	0.80	150.00	186.00	237.60	212.40	786.00
7	（3）维修费用	6.30	1181.25	1464.75	1871.10	1672.65	6189.75
8	（4）其他费用	0.50	93.75	116.25	148.50	132.75	491.25
9	变动制造费用合计	13.60	2550.00	3162.00	4039.20	3610.80	13362.00
10	2.固定制造费用						
11	（1）间接人工	3000.00	3000.00	3000.00	3000.00	3000.00	12000.00
12	（2）间接材料	500.00	500.00	500.00	500.00	500.00	2000.00
13	（3）维修费用	80.00	80.00	80.00	80.00	80.00	320.00
14	（4）折旧费用	330.00	330.00	330.00	330.00	330.00	1320.00
15	（5）其他费用	50.00	50.00	50.00	50.00	50.00	200.00
16	固定制造费用合计	3960.00	3960.00	3960.00	3960.00	3960.00	15840.00
17	3.制造费用合计		6510.00	7122.00	7999.20	7570.80	29202.00
18	付现的制造费用合计		6180.00	6792.00	7669.20	7240.80	27882.00
19	固定制造费用分配率						

图 1-5-76　各季度付现的制造费用

B19　fx　=G16/G3

	A	B	C	D	E	F	G
1	XX公司制造费用预算（2018年度）						
2	项目	费用标准数据	第一季度	第二季度	第三季度	第四季度	全年
3	预计人工总工时		187.50	232.50	297.00	265.50	982.50
4	1.变动制造费用						
5	（1）间接人工	6.00	1125.00	1395.00	1782.00	1593.00	5895.00
6	（2）间接材料	0.80	150.00	186.00	237.60	212.40	786.00
7	（3）维修费用	6.30	1181.25	1464.75	1871.10	1672.65	6189.75
8	（4）其他费用	0.50	93.75	116.25	148.50	132.75	491.25
9	变动制造费用合计	13.60	2550.00	3162.00	4039.20	3610.80	13362.00
10	2.固定制造费用						
11	（1）间接人工	3000.00	3000.00	3000.00	3000.00	3000.00	12000.00
12	（2）间接材料	500.00	500.00	500.00	500.00	500.00	2000.00
13	（3）维修费用	80.00	80.00	80.00	80.00	80.00	320.00
14	（4）折旧费用	330.00	330.00	330.00	330.00	330.00	1320.00
15	（5）其他费用	50.00	50.00	50.00	50.00	50.00	200.00
16	固定制造费用合计	3960.00	3960.00	3960.00	3960.00	3960.00	15840.00
17	3.制造费用合计		6510.00	7122.00	7999.20	7570.80	29202.00
18	付现的制造费用合计		6180.00	6792.00	7669.20	7240.80	27882.00
19	固定制造费用分配率	16.12					

图 1-5-77　固定制造费用分配率

具体操作步骤如下。

（1）输入各项目的生产成本数据。

打开"5.3 财务预算中数据分析与处理.xlsx"工作簿中的"5.3.6 产品成本预算"，在 B3 单元格中输入"='5.3.3 直接材料预算'！F9"，按"Enter"键后，B3 单元格返回直接材料的生产成本为"13200.00"（该数据来源于"5.3.3 直接材料预算"），如图 1-5-78 所示；在 B4 单元格中输入"='5.3.4 直接人工预算'！F5"，按"Enter"键后，B4 单元格返回直接人工的生产成本为"11790.00"（该数据来源于表"5.3.4 直接人工预算"），如图 1-5-79 所示。

在 B5 单元格中输入"='5.3.5 制造费用预算'！G9"，按"Enter"键后，B5 单元格

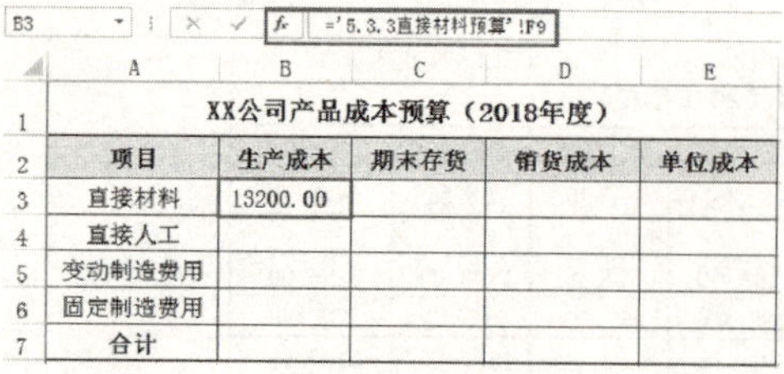

图 1-5-78 输入直接材料成本

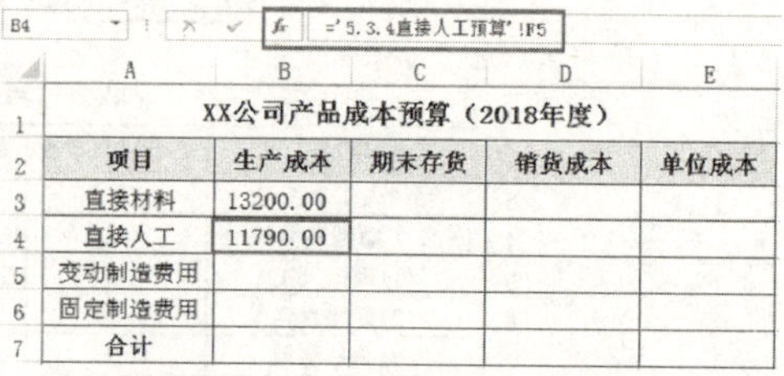

图 1-5-79 输入直接人工成本

返回变动制造费用成本为"13362.00"(该数据来源于表"5.3.5 制造费用预算"),如图 1-5-80 所示;在 B6 单元格中输入" ='5.3.5 制造费用预算'! G16",按"Enter"键后,B6 单元格返回固定制造费用成本为"15840.00"(该数据来源于表"5.3.5 制造费用预算"),如图 1-5-81 所示。

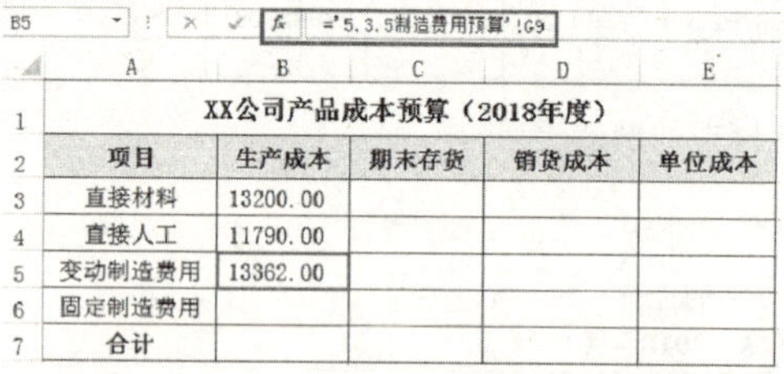

图 1-5-80 输入变动制造费用成本

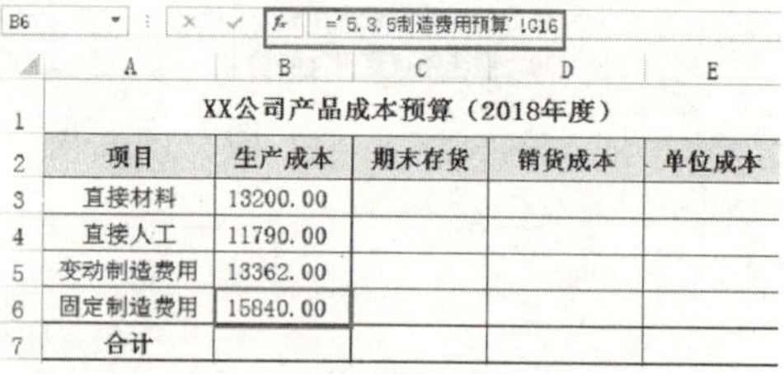

图 1-5-81 输入固定制造费用成本

(2) 计算各项目的单位成本。单位成本的计算公式为"单位成本=生产成本/预计生产量"。

在 C3 单元格中输入" =B3/'5.3.2 生产预算'! $F$6",按"Enter"键后,C3 单元格返回直接材料的单位成本为"20.15"。从 C3 单元格向下复制公式至 C6 单元格,可得到各项目的单位成本数据,如图 1-5-82 所示。

(3) 计算各项目的期末存货。期末存货预算是指为规划一定预算期末的在产品、产成品和原材料预计成本水平而编制的一种日常业务预算,它为预计资产负债表中的期末材料存货和期末产成品存货项目提供数据。期末存货的计算公式为"期末存货=单位成本*预计期末库存"。

在 D3 单元格中输入" =C3*'5.3.2 生产预算'! $E$4",按"Enter"键后,D3 单元格返回直接材料的期末存货为"302.25"。从 D3 单元格向下复制公式至 D6 单元格,即可得到各项目的期末存货数据,如图 1-5-83 所示。

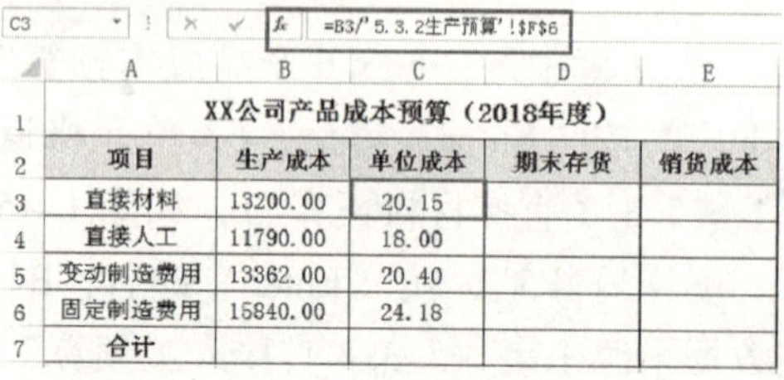

图 1-5-82 计算各项目的单位成本

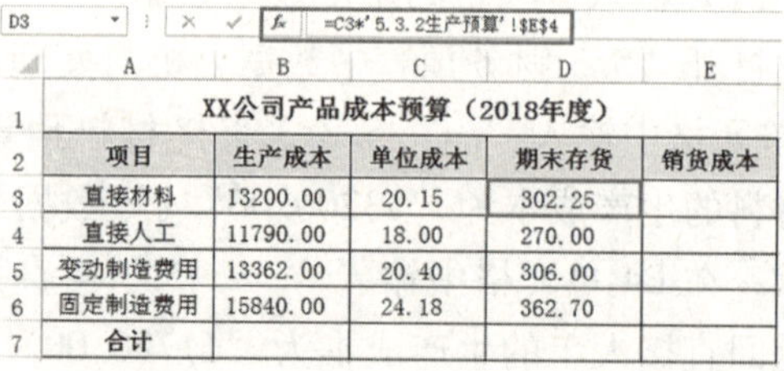

图 1-5-83 计算各项目的期末存货

(4) 计算各项目的销货成本。销货成本的计算公式为"销货成本 = 单位成本 * 预计销售量"。

在 E3 单元格中输入"= C3 * '5.3.2 生产预算'!$F$3",按"Enter"键后,E3 单元格返回直接材料的销货成本为"13097.50"。从 E3 单元格向下复制公式至 E6 单元格,即可得到各项目的销货成本数据,如图 1 - 5 - 84 所示。

(5) 计算成本合计数。在 B7 单元格中输入公式"= SUM(B3:B6)",按"Enter"键后,B7 单元格返回生产成本的合计数为"54192.00",从 B7 单元格向右复制公式至 E7 单元格,即可得到单位成本、期末存货和销货成本的合计数据,如图 1 - 5 - 85 所示。

	A	B	C	D	E
1		XX公司产品成本预算(2018年度)			
2	项目	生产成本	单位成本	期末存货	销货成本
3	直接材料	13200.00	20.15	302.25	13097.50
4	直接人工	11790.00	18.00	270.00	11700.00
5	变动制造费用	13362.00	20.40	306.00	13260.00
6	固定制造费用	15840.00	24.18	362.70	15717.00
7	合计				

图 1 - 5 - 84 计算各项目的销货成本

	A	B	C	D	E
1		XX公司产品成本预算(2018年度)			
2	项目	生产成本	单位成本	期末存货	销货成本
3	直接材料	13200.00	20.15	302.25	13097.50
4	直接人工	11790.00	18.00	270.00	11700.00
5	变动制造费用	13362.00	20.40	306.00	13260.00
6	固定制造费用	15840.00	24.18	362.70	15717.00
7	合计	54192.00	82.73	1240.95	53774.50

图 1 - 5 - 85 计算成本合计

5.3.7 销售与管理费用预算

销售费用预算是指为了实现销售预算所需支付的费用预算。销售费用预算以销售预算为基础,它可以分为变动销售费用预算和固定销售费用预算两部分。

管理费用预算是指企业日常生产经营中为搞好一般管理业务所必需的费用预算。

例 5 - 14 编制××公司 2018 年度的销售与管理费用预算。

具体操作步骤如下。

(1) 计算预计变动销售及管理费用。在本例中设定预计变动销售及管理费用为预计销售收入的1%。打开"5.3 财务预算中数据分析与处理.xlsx"工作簿中的"5.3.7 销售、管理费用预算",在 B3 单元格中输入"='5.3.1 销售预算'!B5 * 1%",按"Enter"键后,B3 单元格返回第一季度的预计变动销售及管理费用数据"360.00"。从 B3 单元格向右复制公式至 E3 单元格,即可得出各季度的变动销售及管理费用,如图 1 - 5 - 86 所示。

(2) 输入预计固定销售及管理费用。在本例中直接输入相应的预算数据,如图 1 - 5 - 87 所示。相应的合计数用 SUM 函数进行计算。在 B10 单元格中输入公式"= SUM(B5:B9)",按"Enter"键后,B10 单元格返回第一季度预计固定销售及管理费用合计。从 B10 单元格向右复制公式至 E10 单元格,可得出各季度的预计固定销售及管理费用合计数,如图 1 - 5 - 88 所示。

(3) 计算销售及管理费用合计。在 B11 单元格中输入"= B3 + B10",按"Enter"键后,B11 单元格返回第一季度的销售与管理费用合计数为"4810.00",从 B11 单元格向右复制公式至 E11 单元格,可得到各季度的销售与管理费用合计数据,如图 1 - 5 - 89 所示。

(4) 计算销售及管理费用中应扣除的折旧费。管理费中的固定资产折旧费属于不需要现金支出的项目,在预计销售与管理费用现金支出时应予以扣除。在 B12 单元格中输入"= B8",按"Enter"键后,从 B12 单元格向右复制公式至 E12 单元格,得到要扣除的折旧

图 1-5-86 计算预计变动销售及管理费用

图 1-5-87 输入预计固定销售及管理费用

图 1-5-88 计算输入预计固定销售及管理费用合计

费,如图 1-5-90 所示。

在 B13 单元格中输入公式"=B11-B12",按"Enter"键后,B13 单元格返回第一季度的销售及管理费用现金支付数为"4510.00"。从 B13 单元格向右复制公式至 E13 单元格,可得到各季度的销售及管理费用现金支付数,如图 1-5-91 所示。

(5) 计算全年合计数。在 F3 单元格中输入公式"=SUM(B3:E3)",按"Enter"键后,F3 单元格返回预计变动销售及管理费用的全年合计数。从 F3 单元格向下复制公式至 F13 单元格,可得到各项目的全年合计数,如图 1-5-92 所示。

图 1-5-89 各季度销售及管理费用合计

图 1-5-90 计算要扣除的折旧费

图 1-5-91 计算销售及管理费用现金支付数

5.4 营运资金数据的处理与分析

5.4.1 最佳现金持有量决策模型

1. 成本分析模式

成本分析模式是一种传统的分析方法,通过分析持有现金的成本,将持有现金的总成本

	A	B	C	D	E	F
1	XX公司产品销售与管理费用预算（2018年度）					
2	项目	第一季度	第二季度	第三季度	第四季度	全年
3	1.预计变动销售及管理费用	360.00	450.00	600.00	540.00	1950.00
4	2.预计固定销售及管理费用					
5	管理人员工资	1800.00	1800.00	1800.00	1800.00	7200.00
6	广告费	2000.00	2000.00	2000.00	2000.00	8000.00
7	保险费	150.00	150.00	150.00	150.00	600.00
8	折旧费	300.00	300.00	300.00	300.00	1200.00
9	其他	200.00	200.00	200.00	200.00	800.00
10	预计固定销售及管理费用合计	4450.00	4450.00	4450.00	4450.00	17800.00
11	3.销售及管理费用合计	4810.00	4900.00	5050.00	4990.00	19750.00
12	减：折旧费	300.00		300.00	300.00	1200.00
13	4.销售及管理费用现金支付额	4510.00	4600.00	4750.00	4690.00	18550.00

图1-5-92 计算全年合计数

最低时的现金持有量作为最佳现金持有量。

决策的原则是：通过计算，将各个现金持有量方案的总成本（包括机会成本、管理成本和短缺成本）进行比较，选取总成本最低的方案作为最佳方案。

例5-15 分析某企业的三种现金持有方案，确定最佳现金持有方案。

具体操作步骤如下。

（1）打开"5.4营运资金数据处理与分析.xlsx"工作簿，选择"成本分析模式"，该表中已有数据如图1-5-93所示。

（2）计算现金持有总成本。在B8单元格中输入公式"=SUM(B5:B7)"，按"Enter"键后，B8单元格返回方案一的现金持有总成本数为"20300"。从B8单元格向右复制公式至D8单元格，即可得到三种方案的现金持有总成本，如图1-5-94所示。可见方案三的现金持有总成本最低，因此方案三为最佳现金持有方案。

	A	B	C	D
1	最佳现金持有量决策（成本分析模式）			
2		方案一	方案二	方案三
3	现金持有量	200000	300000	500000
4	成本构成			
5	机会成本	2000	2500	3500
6	管理成本	3300	3300	3300
7	短缺成本	15000	7500	3500
8	现金持有总成本			

图1-5-93 成本分析模式数据

	A	B	C	D
1	最佳现金持有量决策（成本分析模式）			
2		方案一	方案二	方案三
3	现金持有量	200000	300000	500000
4	成本构成			
5	机会成本	2000	2500	3500
6	管理成本	3300	3300	3300
7	短缺成本	15000	7500	3500
8	现金持有总成本	20300	13300	10300

图1-5-94 计算现金持有总成本

2. 存货模式

存货模式是一种比较简单、直观的确定最佳现金持有量的方法，又称鲍曼模型。用这种方法确定最佳现金持有量时，通常作以下假设。

（1）企业在预算期内对现金的需求量是可以预测的。

（2）现金的支出比较稳定，当现金余额趋于零时，企业可以出售有价证券来补充现金。

（3）证券的利率或报酬率以及每次固定性交易费用可以获悉。

因此，最佳现金持有量的计算公式如下。

$$C = \sqrt{(2T \times F)/K}$$

公式中：C——最佳现金持有量，T——一定时期内的现金需求量，F——现金交易性成本，K——持有现金的机会成本率。

例 5 – 16 已知某公司现金收支比较稳定，预计全年现金需求量为 300 000 元，现金交易性成本为每次 400 元，有价证券年利率为 12%，计算该公司的最佳现金持有量。

具体操作步骤如下。

（1）打开"5.4 营运资金数据处理与分析.xlsx"工作簿，新建一个工作表并命名为"存货模式"。输入初始数据并调整表格格式，如图 1 – 5 – 95 所示。

（2）计算最佳现金持有量。在 B5 单元格中输入公式" = SQRT(2 * B2 * B3/B4)"，按"Enter"键后，B5 单元格返回最佳现金持有量为"44 721"。SQRT 函数的作用是计算一个非负实数的平方根，计算结果如图 1 – 5 – 96 所示。

	A	B
1	最佳现金持有量（存货模式）	
2	全年现金需求量T（元）	300000
3	现金交易性成本F（元/次）	400
4	有价证券利率（%）	12%
5	最佳现金持有量(元)	

图 1 – 5 – 95 输入存货模式初始数据

	A	B
1	最佳现金持有量（存货模式）	
2	全年现金需求量T（元）	300000
3	现金交易性成本F（元/次）	400
4	有价证券利率（%）	12%
5	最佳现金持有量(元)	44721

图 1 – 5 – 96 计算最佳现金持有量

5.4.2 应收账款信用政策决策模型

应收账款是指企业因销售商品、提供劳务等经营活动，应向购货单位或接受劳务单位收取的款项。应收账款信用政策又称应收账款政策，是指企业为对应收账款进行规划与控制而确立的基本原则性行为规范，是企业财务政策的一个重要组成部分。信用政策主要包括信用标准、信用条件、收账政策三部分内容。企业应根据具体情况制定合理的信用政策，来保证企业的利益。

1. 信用标准决策模型

信用标准是企业同意向客户提供商业信用而提出的基本要求，如果客户达不到该项信用标准，就不能享受企业按商业信用赋予的各种优惠，通常以预期的坏账损失率作为判断标准。信用标准决策的方法是判断信用标准的变化是否能为企业带来正的增量利润，选取增量利润为正并且最大的方案为最佳方案。

例 5 – 17 某企业目前的经营状况和信用标准如图 1 – 5 – 97 所示，企业现提出三个新的信用标准方案如图 1 – 5 – 98 所示，请分析企业应采用哪个方案？

具体操作步骤如下。

（1）计算方案 A 各项目的数据。在计算时需要用到以下公式。

信用标准变化对利润的影响 = 由于标准变化增加或减少的销售额 * 销售利润率

信用标准变化对机会成本的影响 = 增加或减少的销售额的平均收款期/360 * 由于标准变化增加或减少的销售额 * 变动成本率 * 机会成本率

信用标准变化对坏账损失的影响 = 由于标准变化增加或减少的销售额 * 增加或减少的销售额的平均坏账损失率

目前经营状况及信用标准	
项目	数据
销售收入（元）	300000
变动成本率	60%
利润（元）	70000
销售利润率	25%
信用标准	10%
平均坏账损失率	5%
信用条件	30天付清
平均收款期（天）	45
机会成本率	15%

图 1-5-97 经营状况和信用标准

新的信用标准方案有关数据			
项目	方案A	方案B	方案C
信用标准	5%	8%	15%
由于标准变化增加或减少的销售额（元）	-5000	6000	10000
增加或减少的销售额的平均收款期（天）	60	70	80
增加或减少的销售额的平均坏账损失率	8%	9%	12%

图 1-5-98 信用标准方案

信用标准变化带来的增量利润 = 信用标准变化对利润的影响 -
信用标准变化对机会成本的影响 - 信用标准变化对坏账损失的影响

在 B23 单元格中输入公式 "= B17*$B$7"，在 B24 单元格中输入公式 "= B18/360 * B17 * $B$5 * $B$12"，在 B25 单元格中输入公式 "= B17 * B19"，在 B26 单元格中输入公式 "= B23 - B24 - B25"，计算结果如图 1-5-99 所示。

（2）计算方案 B、方案 C 各项目的数据。选择 B23:B26 单元格区域，向右复制公式至 C23:C26 单元格区域，即可得到方案 B 和方案 C 的数据，如图 1-5-100 所示。

图 1-5-99 方案 A 的计算数据

图 1-5-100 方案 B 和方案 C 的计算数据

（3）输出结论。在 B27 单元格中输入公式 "= IF(MAX(B26:D26) <= 0,"采用目前的信用标准","采用"&INDEX(B22:D22,,MATCH(MAX(B26:D26),B26:D26)))"，按 "Enter" 键后，即可得出 "采用方案 C" 的结论，如图 1-5-101 所示。

公式的含义为：如果方案 A、B、C 的增量利润都小于或等于 0，就仍然采用目前的信用标准，否则，就选取方案 A、B、C 中增量利润最大的那个方案作为采用方案。公式中使用到的 IF 函数、MAX 函数、INDEX 函数和 MATCH 函数的用法，请参看第 4 章的相关内容。

B27 | : × ✓ fx =IF(MAX(B26:D26)<=0,"采用目前的信用标准","采用"&INDEX(B22:D22,MATCH(MAX(B26:D26),B26:D26)))

	A	B	C	D
1	信用标准决策模型			
2	目前经营状况及信用标准			
3	项目	数据		
4	销售收入（元）	300000		
5	变动成本率	60%		
6	利润（元）	70000		
7	销售利润率	25%		
8	信用标准	10%		
9	平均坏账损失率	5%		
10	信用条件	30天付清		
11	平均收款期（天）	45		
12	机会成本率	15%		
13				
14	新的信用标准方案有关数据			
15	项目	方案A	方案B	方案C
16	信用标准	5%	8%	15%
17	由于标准变化增加或减少的销售额（元）	-5000	6000	10000
18	增加或减少的销售额的平均收款期（天）	60	70	80
19	增加或减少的销售额的平均坏账损失率	8%	9%	12%
20				
21	分析			
22	项目	方案A	方案B	方案C
23	信用标准变化对利润的影响（元）	-1250	1500	2500
24	信用标准变化对机会成本的影响（元）	-75	105	200
25	信用标准变化对坏账损失的影响（元）	-400	558	1200
26	信用标准变化带来的增量利润（元）	-775	837	1100
27	结论	采用方案C		

图 1-5-101　输出结论

2. 信用条件决策模型

信用条件是企业要求赊购客户支付货款的条件，包括信用期限、折扣期限和现金折扣。信用期限是企业为客户规定的最长的付款时间界限，折扣期限为顾客规定的可享受现金折扣的付款时间，现金折扣是企业对客户在折扣期限内付款时给予的一种优惠。信用条件决策的方法是判断信用条件的变化是否能为企业带来正的增量利润，选取增量利润为正并且最大的方案为最佳方案。

例 5-18　某企业拟改变信用条件，有 3 个可供选择的信用条件方案，相关数据如图 1-5-102 所示。请分析企业应采用哪个方案。

具体操作步骤如下。

（1）计算方案 A 各项目的数据。在计算时需要用到以下公式。

信用条件变化对利润的影响 = 由于信用条件变化增加或减少的销售额 * 销售利润率

信用条件变化对应收账款机会成本的影响 = ［（新方案的平均收款期 - 目前的平均收款期）/360 * 目前销售额 + 新方案的平均收款期/360 * 由于信用条件变化增加或减少的销售额］* 变动成本率 * 机会成本率

信用条件变化对现金折扣成本的影响 =（目前销售额 + 由于信用条件变化增加或减少的销售额）* 需付现金折扣的销售额占总销售额的百分比 * 现金折扣率

信用条件变化对坏账损失的影响 = 由于信用条件变化增加或减少的销售额 * 增加销售额的平均坏账损失率

信用条件变化带来的增量利润 = 信用条件变化对利润的影响 - 信用条件变化对应收账款机会成本的影响 - 信用条件变化对现金折扣成本的影响 - 信用条件变化对坏账损失的影响

信用条件决策模型

目前经营状况

项目	数据
销售收入（元）	300000
变动成本率	60%
利润（元）	70000
销售利润率	25%
信用标准	10%
平均坏账损失率	5%
信用条件	30天付清
平均收款期（天）	45
机会成本率	15%

新的信用条件方案有关数据

项目	方案A	方案B
信用条件	45天内付清，无现金折扣	3/10, n/30
由于信用条件变化增加或减少的销售额（元）	30000	35000
增加销售额的平均坏账损失率	10%	8%
需付现金折扣的销售额占总销售额的百分比	0%	60%
现金折扣率	0%	3%
平均收款期（天）	60	25

图 1 - 5 - 102 信用条件方案

在 B25 单元格中输入公式"= B17*$B$7"，在 B26 单元格中输入公式"=((B21 -$B$11)/360*$B$4 + B21/360 * B17)*$B$5*$B$12"，在 B27 单元格中输入公式"=($B$4 + B17) * B19 * B20"，在 B28 单元格中输入公式"= B17 * B18"，在 B29 单元格中输入公式"= B25 - B26 - B27 - B28"，计算结果如图 1 - 5 - 103 所示。

信用条件决策模型

目前经营状况

	A	B	C
1		信用条件决策模型	
2		目前经营状况	
3	项目	数据	
4	销售收入（元）	300000	
5	变动成本率	60%	
6	利润（元）	70000	
7	销售利润率	25%	
8	信用标准	10%	
9	平均坏账损失率	5%	
10	信用条件	30天付清	
11	平均收款期（天）	45	
12	机会成本率	15%	
13			
14	新的信用条件方案有关数据		
15	项目	方案A	方案B
16	信用条件	45天内付清，无现金折扣	2/10, n/30
17	由于信用条件变化增加或减少的销售额（元）	30000	35000
18	增加销售额的平均坏账损失率	10%	8%
19	需付现金折扣的销售额占总销售额的百分比	0%	60%
20	现金折扣率	0%	2%
21	平均收款期（天）	60	25
22			
23	分析		
24	项目	方案A	方案B
25	信用条件变化对利润的影响（元）	7500	
26	信用条件变化对应收账款机会成本的影响（元）	1575	
27	信用条件变化对现金折扣成本的影响（元）	0	
28	信用条件变化对坏账损失的影响（元）	3000	
29	信用条件变化带来的增量利润（元）	2925	
30	结论		

图 1 - 5 - 103 方案 A 各项目的数据

（2）计算方案 B 各项目的数据。选择 B25：B29 单元格区域，向右复制公式至 C25：C29

单元格区域,即可得到方案 B 的数据,如图 1-5-104 所示。

	A	B	C
1	信用条件决策模型		
2	目前经营状况		
3	项目	数据	
4	销售收入(元)	300000	
5	变动成本率	60%	
6	利润(元)	70000	
7	销售利润率	25%	
8	信用标准	10%	
9	平均坏账损失率	5%	
10	信用条件	30天付清	
11	平均收款期(天)	45	
12	机会成本率	15%	
13			
14	新的信用条件方案有关数据		
15	项目	方案A	方案B
16	信用条件	45天内付清,无现金折扣	2/10,n/30
17	由于信用条件变化增加或减少的销售额(元)	30000	35000
18	增加销售额的平均坏账损失率	10%	8%
19	需付现金折扣的销售额占总销售额的百分比	0%	60%
20	现金折扣率	0%	2%
21	平均收款期(天)	60	25
22			
23	分析		
24	项目	方案A	方案B
25	信用条件变化对利润的影响(元)	7500	8750
26	信用条件变化对应收账款机会成本的影响(元)	1575	-1281.25
27	信用条件变化对现金折扣成本的影响(元)	0	4020
28	信用条件变化对坏账损失的影响(元)	3000	2800
29	信用条件变化带来的增量利润(元)	2925	3211.25
30	结论		

图 1-5-104 方案 B 各项目的数据

(3)输出结论。在 B30 单元格中输入公式 " = IF(AND(B29 > 0,C29 > 0) ,IF(B29 > C29," 采用方案 A"," 采用方案 B") ,IF(B29 > 0," 采用方案 A" ,IF(C29 > 0," 采用方案 B" ," 采用目前的信用条件")))",按"Enter"键后,即可得到"采用方案 B",如图 1-5-105 所示。

公式的含义为:如果两个方案的增量利润都为正值,就采用增量利润最大的方案;如果两个方案的增量利润是一正一负,就采用增量利润为正的方案;如果两个方案的增量利润都是负值,就采用目前的信用条件。公式中使用到的 IF 函数和 AND 函数的用法,请参看第 4 章的相关内容。

3. 收账政策决策模型

收账政策是指信用条件被违反时,企业采取的收账策略。企业要根据具体情况,采取合理的方法最大限度收回被拖欠的账款。收账政策决策的方法是判断收账政策是否为企业带来正的增量利润。

例 5-19 某企业目前的收账政策采用方案一,现有方案二的收账政策,如图 1-5-106 所示。分析企业是否采用方案二的收账政策。

具体操作步骤如下。

(1)计算方案一的数据。在计算时需要用到以下公式。

应收账款的平均占用额 = 销售收入/360 * 应收账款平均收款期

建议收账政策所节约的机会成本 = 应收账款的平均占用额 * 变动成本率 * 机会成本率

坏账损失 = 销售收入 * 坏账损失率

建议计划减少的坏账损失 = 目前收账政策的坏账损失 - 建议收账政策的坏账损失

	A	B	C	D	E	F	G	H	I
	B30		fx	=IF(AND(B29>0,C29>0),IF(B29>C29,"采用方案A","采用方案B"),IF(B29>0,"采用方案A",IF(C29>0,"采用方案B","采用目前的信用条件")))					
1		信用条件决策模型							
2		目前经营状况							
3	项目	数据							
4	销售收入（元）	300000							
5	变动成本率	60%							
6	利润（元）	70000							
7	销售利润率	25%							
8	信用标准	10%							
9	平均坏账损失率	5%							
10	信用条件	30天付清							
11	平均收款期（天）	45							
12	机会成本率	15%							
13									
14		新的信用条件方案有关数据							
15	项目	方案A	方案B						
16	信用条件	45天内付清，无现金折扣	2/10, n/30						
17	由于信用条件变化增加或减少的销售额（元）	30000	35000						
18	增加销售额的平均坏账损失率	10%	8%						
19	需付现金折扣的销售额占总销售额的百分比	0%	60%						
20	现金折扣率	0%	2%						
21	平均收款期（天）	60	25						
22									
23		分析							
24	项目	方案A	方案B						
25	信用条件变化对利润的影响（元）	7500	8750						
26	信用条件变化对应收账款机会成本的影响（元）	1575	-1281.25						
27	信用条件变化对现金折扣成本的影响（元）	0	4020						
28	信用条件变化对坏账损失的影响（元）	3000	2800						
29	信用条件变化带来的增量利润（元）	2925	3211.25						
30	结论	采用方案B							

图 1-5-105　输出结论

按建议收账政策所增加的收账费用 = 建议收账政策的年收账费用 - 目前收账政策的年收账费用

建议收账政策可获得的净收益 = 建议收账政策所节约的机会成本 + 建议计划减少的坏账损失 - 建议收账政策所增加的收账费用

在 B16 单元格中输入公式"=\$B\$4/360 * B11"，在 B18 单元格中输入公式"=\$B\$4 * B12"，计算结果如图 1-5-107 所示。

图 1-5-106　两种收账政策方案　　　　图 1-5-107　收账政策方案一的数据

(2) 计算方案二各项目的数据。

在 C16 单元格中输入公式"=\$B\$4/360 * C11"，在 C17 单元格中输入公式"=（B16 -

C16）*B5*B6"，在 C18 单元格中输入公式" =＄B＄4*C12"，在 C19 单元格中输入公式
" = B18 - C18"，在 C20 单元格中输入公式" = C10 - B10"，在 C21 单元格中输入公式" =
C17 + C19 - C20"，计算结果如图 1 - 5 - 108 所示。

（3）输出结论。

在 B22 单元格中输入" = IF（C21 > 0,"采用方案二","采用方案一"）"，按"Enter"
键后，得到结论为"采用方案二"，如图 1 - 5 - 109 所示。

图 1 - 5 - 108 收账政策方案二的数据

图 1 - 5 - 109 输出结论

5.4.3 折旧函数

企业常用的折旧方法包括直线折旧法（SLN 函数）、年数总和法（SYD 函数）、固定余额递减法（DB 函数）、双倍余额递减法（DDB 函数）、变数余额递减法（VDB 函数）。在进行固定资产投资分析时，选择适当的折旧方法是决策考虑的重要因素之一。财务部门通常需要制作几种固定资产折旧函数对比表，以便作出准确的决策。

1. 直线折旧法（SLN 函数）

（1）用途：计算某项资产在一个期间内的直线折旧值。

（2）语法：SLN（Cost,Salvage,Life）。

参数含义：参数 Cost 表示资产原值；参数 Salvage 表示资产折旧期末时的值，也称资产残值；参数 Life 表示资产的折旧期限，也称资产的使用寿命。

2. 年数总和法（SYD 函数）

（1）用途：使用年限总和折旧法，计算某项资产在指定期间内的折旧值。

（2）语法：SYD（Cost,Salvage,Life,Per）。

参数含义：参数 Cost 表示资产原值；参数 Salvage 表示资产折旧期末时的值，也称资产残值；参数 Life 表示资产的折旧期限，参数 Per 表示要计算的折旧时期，单位和参数 Life 的相同。

3. 固定余额递减法（DB 函数）

（1）用途：使用固定余额递减法，计算某项资产在指定期间内的折旧值。

（2）语法：DB（Cost,Salvage,Life,Period,Month）。

参数含义：参数 Cost 表示资产原值；参数 Salvage 表示资产折旧期末时的值，也称资产残值；参数 Life 表示资产的折旧期限，参数 Period 表示要计算的折旧时期，单位和参数 Life 的相同；参数 Month 是可选的，表示第一年的月份数，如果省略，则默认值为 12。

4. 双倍余额递减法（DDB 函数）

（1）用途：用双倍余额递减法或其他指定方法，计算某项资产在指定期间内的折旧值。

（2）语法：DDB（Cost,Salvage,Life,Period,Factor）。

参数含义：参数 Cost 表示资产原值；参数 Salvage 表示资产折旧期末时的值，也称资产残值；参数 Life 表示资产的折旧期限，参数 Period 表示要计算的折旧时期，单位和参数 Life 的相同；参数 Factor 是可选的，表示余额递减速率，如果省略，则默认值为 2。

说明：双倍余额递减法是在不考虑固定资产残值的情况下，将固定资产使用年限最后两年的前面各年，用年限平均法（直线折旧法）折旧率的两倍作为固定的折旧率乘以逐年递减的固定资产期初净值，得出各年应提折旧额的方法；在固定资产使用年限的最后两年改用年限平均法，将倒数第 2 年初的固定资产账面净值扣除预计净残值后的余额在这两年平均分摊。

5. 变数余额递减法（VDB 函数）

（1）用途：使用双倍余额递减法或其他指定方法，计算某项资产在指定期间（包括部分期间）内的折旧值。VDB 函数代表可变余额递减法。

（2）语法：VDB（Cost,Salvage,Life,Start_period,End_period,Factor,No_switch）。

参数含义：参数 Cost 表示资产原值；参数 Salvage 表示资产折旧期末时的值，也称资产残值；参数 Life 表示资产的折旧期限，参数 Period 表示要计算的折旧时期，单位和参数 Life 的相同；参数 Start_period 表示要计算折旧的起始时期，单位和参数 Life 的相同；参数 End_period 表示要计算折旧的终止时期，单位和参数 Life 的相同；参数 Factor 表示余额递减速率，如果省略，则默认值为 2；参数 No_switch 表示逻辑值，指定当折旧值大于余额递减计算值时，是否转用直线折旧法。如果参数 No_switch 为 TRUE，即使折旧值大于余额递减计算值，Excel 也不转用直线折旧法；如果参数 No_switch 为 FALSE 或省略，且折旧值大于余额递减计算值时，Excel 将转用直线折旧法。

例 5 - 20 某公司的固定资产原值为 80 万元，预计使用年限为 10 年，资产残值为 5 万元，请用直线折旧法、年数总和法、固定余额递减法、双倍余额递减法、变数余额递减法分别计算每年的折旧额。

具体操作步骤如下。

（1）在工作簿"5.4 营运资金数据处理与分析.xlsx"中新建一个表格，命名为"折旧函数"。把原始数据输入表格中并设置表格的格式，如图 1 - 5 - 110 所示。

（2）用直线折旧法计算折旧金额和剩余价值。在 B6 单元格中输入"0"，在 B7 单元格中输入公式"=SLN($A$2,$C$2,$B$2)"，按"Enter"键后，从 B7 单元格向下复制公式至 B16 单元格，得到折旧金额；在 C6 单元格中输入公式"=$A$2 - SUM($B$6:B6)"，按"Enter"键后，从 C6 单元格向下复制公式至 C16 单元格，得到剩余价值，如图 1 - 5 - 111 所示。

（3）用年数总和法计算折旧金额和剩余价值。在 D6 单元格中输入"0"，在 D7 单元格中输入公式"=SYD($A$2,$C$2,$B$2,A7)"，按"Enter"键后，从 D7 单元格向下复制公式至

固定资产原值	使用年限	资产残值								
800000	10	50000								
折旧法 年数	直线折旧法（SLN）		年数总和法（SYD）		固定余额递减法（DB）		双倍余额递减法（DDB）		变数余额递减法（VDB）	
	折旧金额	剩余价值	折旧金额	剩余价值	折旧金额	剩余价值	折旧金额	剩余价值	折旧金额	剩余价值
0										
1										
2										
3										
4										
5										
6										
7										
8										
9										
10										

图 1-5-110　设置折旧计算表格

E7 =SLN($A$2,$C$2,$B$2)

固定资产原值	使用年限	资产残值								
800000	10	50000								
折旧法 年数	直线折旧法（SLN）		年数总和法（SYD）		固定余额递减法（DB）		双倍余额递减法（DDB）		变数余额递减法（VDB）	
	折旧金额	剩余价值	折旧金额	剩余价值	折旧金额	剩余价值	折旧金额	剩余价值	折旧金额	剩余价值
0		800000								
1	75000	725000								
2	75000	650000								
3	75000	575000								
4	75000	500000								
5	75000	425000								
6	75000	350000								
7	75000	275000								
8	75000	200000								
9	75000	125000								
10	75000	50000								

图 1-5-111　用 SLN 函数计算折旧金额

D16 单元格，得到折旧金额；在 E6 单元格中输入公式"=$A$2-SUM($D$6:D6)"，按"Enter"键后，从 E6 单元格向下复制公式至 E16 单元格，得到剩余价值，如图 1-5-112 所示。

D7 =SYD($A$2,$B$2,$B$2,A7)

固定资产原值	使用年限	资产残值								
800000	10	50000								
折旧法 年数	直线折旧法（SLN）		年数总和法（SYD）		固定余额递减法（DB）		双倍余额递减法（DDB）		变数余额递减法（VDB）	
	折旧金额	剩余价值	折旧金额	剩余价值	折旧金额	剩余价值	折旧金额	剩余价值	折旧金额	剩余价值
0		800000	0	800000						
1	75000	725000	136364	663636						
2	75000	650000	122727	540909						
3	75000	575000	109091	431818						
4	75000	500000	95455	336364						
5	75000	425000	81818	254545						
6	75000	350000	68182	186364						
7	75000	275000	54545	131818						
8	75000	200000	40909	90909						
9	75000	125000	27273	63636						
10	75000	50000	13636	50000						

图 1-5-112　用 SYD 函数计算折旧金额

（4）用固定余额递减法计算折旧金额和剩余价值。在 F6 单元格中输入"0"，在 F7 单元格中输入公式"=DB($A$2,$C$2,$B$2,A7)"，按"Enter"键后，从 F7 单元格向下复制公式至 F16 单元格，得到折旧金额；在 G6 单元格中输入公式"=$A$2-SUM($F$6:F6)"，按"Enter"键后，从 G6 单元格向下复制公式至 G16 单元格，得到剩余价值，如图 1-5-113 所示。

	A	B	C	D	E	F	G	H	I	J	K
1	固定资产原值	使用年限	资产残值								
2	800000	10	50000								
3											
4	折旧法 年数	直线折旧法（SLN）		年数总和法（SYD）		固定余额递减法（DB）		双倍余额递减法（DDB）		变数余额递减法（VDB）	
5		折旧金额	剩余价值	折旧金额	剩余价值	折旧金额	剩余价值	折旧金额	剩余价值	折旧金额	剩余价值
6	0	0	800000	0	800000	0	800000				
7	1	75000	725000	136364	663636	193600	606400				
8	2	75000	650000	122727	540909	146749	459651				
9	3	75000	575000	109091	431818	111236	348416				
10	4	75000	500000	95455	336364	84317	264099				
11	5	75000	425000	81818	254545	63912	200187				
12	6	75000	350000	68182	186364	48445	151742				
13	7	75000	275000	54545	131818	36722	115020				
14	8	75000	200000	40909	90909	27835	87185				
15	9	75000	125000	27273	63636	21099	66087				
16	10	75000	50000	13636	50000	15993	50094				

图 1-5-113　用 DB 函数计算折旧金额

（5）用双倍余额递减法计算折旧金额和剩余价值。在 H6 单元格中输入"0"，在 H7 单元格 H7 中输入公式"=DDB($A$2,$C$2,$B$2,A7)"，按"Enter"键后，从 H7 单元格向下复制公式至 H14 单元格，得到前 8 年的折旧金额，如图 1-5-114 所示；在 H15 单元格中输入公式"=($A$2-SUM($H$7:$H$14)-$C$2)/2"，按"Enter"键后，从 H15 单元格向下复制公式至 H16 单元格，得到最后两年的折旧金额，如图 1-5-115 所示；在 I6 单元格中输入公式"=$A$2-SUM($H$6:H6)"，按"Enter"键后，从 I6 单元格向下复制公式至 I16 单元格，得到剩余价值，如图 1-5-116 所示。

	A	B	C	D	E	F	G	H	I	J	K
1	固定资产原值	使用年限	资产残值								
2	800000	10	50000								
3											
4	折旧法 年数	直线折旧法（SLN）		年数总和法（SYD）		固定余额递减法（DB）		双倍余额递减法（DDB）		变数余额递减法（VDB）	
5		折旧金额	剩余价值	折旧金额	剩余价值	折旧金额	剩余价值	折旧金额	剩余价值	折旧金额	剩余价值
6	0	0	800000	0	800000	0	800000	0			
7	1	75000	725000	136364	663636	193600	606400	160000			
8	2	75000	650000	122727	540909	146749	459651	128000			
9	3	75000	575000	109091	431818	111236	348416	102400			
10	4	75000	500000	95455	336364	84317	264099	81920			
11	5	75000	425000	81818	254545	63912	200187	65536			
12	6	75000	350000	68182	186364	48445	151742	52429			
13	7	75000	275000	54545	131818	36722	115020	41943			
14	8	75000	200000	40909	90909	27835	87185	33554			
15	9	75000	125000	27273	63636	21099	66087				
16	10	75000	50000	13636	50000	15993	50094				

图 1-5-114　用 DDB 函数计算前 8 年折旧金额

（6）用变数余额递减法计算折旧金额和剩余价值。在 J6 单元格中输入"0"，在 J7 单元格中输入公式"=VDB($A$2,$C$2,$B$2,A6,A7)"，按"Enter"键后，从 J7 单元格向下复制公式至 J16 单元格，得到折旧金额；在 K6 单元格中输入公式"=$A$2-SUM($J$6:J6)"，按"Enter"键后，从 K6 单元格向下复制公式至 K16 单元格，得到剩余价值，如图 1-5-117 所示。

第5章 Excel在财务管理分析中的应用

H15 : fx =($A$2-SUM($H$7:$H$14)-$C$2)/2

	A	B	C	D	E	F	G	H	I	J	K
1	固定资产原值	使用年限	资产残值								
2	800000	10	50000								
3											
4	折旧法	直线折旧法（SLN）		年数总和法（SYD）		固定余额递减法（DB）		双倍余额递减法（DDB）		变数余额递减法（VDB）	
5	年数	折旧金额	剩余价值	折旧金额	剩余价值	折旧金额	剩余价值	折旧金额	剩余价值	折旧金额	剩余价值
6	0	0	800000	0	800000	0	800000	0			
7	1	75000	725000	136364	663636	193600	606400	160000			
8	2	75000	650000	122727	540909	146749	459651	128000			
9	3	75000	575000	109091	431818	111236	348416	102400			
10	4	75000	500000	95455	336364	84317	264099	81920			
11	5	75000	425000	81818	254545	63912	200187	65536			
12	6	75000	350000	68182	186364	48445	151742	52429			
13	7	75000	275000	54545	131818	36722	115020	41943			
14	8	75000	200000	40909	90909	27835	87185	33554			
15	9	75000	125000	27273	63636	21099	66087	42109			
16	10	75000	50000	13636	50000	15993	50094	42109			

图1-5-115　计算最后两年折旧金额

I6 : fx =$A$2-SUM($H$6:H6)

	A	B	C	D	E	F	G	H	I	J	K
1	固定资产原值	使用年限	资产残值								
2	800000	10	50000								
3											
4	折旧法	直线折旧法（SLN）		年数总和法（SYD）		固定余额递减法（DB）		双倍余额递减法（DDB）		变数余额递减法（VDB）	
5	年数	折旧金额	剩余价值	折旧金额	剩余价值	折旧金额	剩余价值	折旧金额	剩余价值	折旧金额	剩余价值
6	0	0	800000	0	800000	0	800000	0	800000		
7	1	75000	725000	136364	663636	193600	606400	160000	640000		
8	2	75000	650000	122727	540909	146749	459651	128000	512000		
9	3	75000	575000	109091	431818	111236	348416	102400	409600		
10	4	75000	500000	95455	336364	84317	264099	81920	327680		
11	5	75000	425000	81818	254545	63912	200187	65536	262144		
12	6	75000	350000	68182	186364	48445	151742	52429	209715		
13	7	75000	275000	54545	131818	36722	115020	41943	167772		
14	8	75000	200000	40909	90909	27835	87185	33554	134218		
15	9	75000	125000	27273	63636	21099	66087	42109	92109		
16	10	75000	50000	13636	50000	15993	50094	42109	50000		

图1-5-116　计算剩余价值

J7 : fx =VDB($A$2,$C$2,$B$2,A6,A7)

	A	B	C	D	E	F	G	H	I	J	K
1	固定资产原值	使用年限	资产残值								
2	800000	10	50000								
3											
4	折旧法	直线折旧法（SLN）		年数总和法（SYD）		固定余额递减法（DB）		双倍余额递减法（DDB）		变数余额递减法（VDB）	
5	年数	折旧金额	剩余价值	折旧金额	剩余价值	折旧金额	剩余价值	折旧金额	剩余价值	折旧金额	剩余价值
6	0	0	800000	0	800000	0	800000	0	800000	0	800000
7	1	75000	725000	136364	663636	193600	606400	160000	640000	160000	640000
8	2	75000	650000	122727	540909	146749	459651	128000	512000	128000	512000
9	3	75000	575000	109091	431818	111236	348416	102400	409600	102400	409600
10	4	75000	500000	95455	336364	84317	264099	81920	327680	81920	327680
11	5	75000	425000	81818	254545	63912	200187	65536	262144	65536	262144
12	6	75000	350000	68182	186364	48445	151742	52429	209715	52429	209715
13	7	75000	275000	54545	131818	36722	115020	41943	167772	41943	167772
14	8	75000	200000	40909	90909	27835	87185	33554	134218	39257	128515
15	9	75000	125000	27273	63636	21099	66087	42109	92109	39257	89257
16	10	75000	50000	13636	50000	15993	50094	42109	50000	39257	50000

图1-5-117　用VDB函数计算折旧金额和剩余价值

第 6 章

Excel 在市场调查分析中的应用

本章主要介绍 Excel 在市场调查分析方面的应用，包括数据整理和图示、数据静态分析、数据动态分析、随机抽样、参数估计、假设检验、方差分析、相关分析和回归分析等。
本章重点：参数估计、假设检验、方差分析、相关分析和回归分析。
本章难点：参数估计、假设检验、方差分析、相关分析和回归分析。

6.1 市场调查数据整理和图示制作

市场调查数据整理是根据市场分析研究的需要，对市场调查获得的大量原始资料进行审核、分组、汇总、列表的过程。市场调查数据整理的最终结果往往以一定的形式表现出来，如表格以及柱形图、条形图、直方图、散点图等各种统计图。下面介绍数据整理工作中常用的数据分组、频数统计和统计图制作的方法。

6.1.1 数据分组和频数统计

数据分组是根据统计研究的任务，按照一定的标志，将统计总体区分为多个性质相同的组。简单地说，数据分组就是把总体中性质相同的数据归并在一起，把性质不同的数据区分开来。数据分组的方法有按照属性标志分组和按照变量标志分组。按照属性标志分组根据属性取值的不同分为若干个分组；按照变量标志分组根据变量的值划分为多个区间组。

在数组分组的基础上，统计出各个分组的数据个数为该组的频数，各分组的频数之和等于数据的总个数。通过对每组频数的统计，可以看出数据的大体分布情况。例如，已知一批学生参加某门课程考试的成绩，要了解该课程的考试质量，可以将成绩级别划分为 90 分以上、80~89 分、70~79 分、60~69 分以及 60 分以下共 5 个分数段，统计每个分数段的学生人数，从而大致看出学生成绩的分布情况。

1. 利用 COUNTIF 函数进行频数统计

在 Excel 2013 中，利用条件计数函数 COUNTIF 函数来计算满足一定条件的数据个数，通过构造一个包含 COUNTIF 函数的公式，可以计算出各个区间的频数。有关 COUNTIF 函数的详述，参见第 4 章的相关内容。

例 6－1　调查某商场的商品销售数据，抽取出各月份的空调销售量，如图 1－6－1 所示。现对销售数据进行分组。并统计各组的月份个数。

分析：本例中，空调销售量最低的是 45，最高的是 310，不同月份的销售量相差较大，可见其变化幅度之大。所以应将性质相似的数据分为同一组，考虑将销售量划分为四个区间：0～100，100～200，200～300，300～400，每个区间包含区间的上限值，不包含下限值，对销售量按照这四个区间进行分组。以下操作将各个区间的频数统计结果分别存放在 F2：F5 单元格区域。

	A	B
1	月份	空调销售量
2	2017年1月	89
3	2017年2月	68
4	2017年3月	45
5	2017年4月	124
6	2017年5月	187
7	2017年6月	235
8	2017年7月	267
9	2017年8月	310
10	2017年9月	178
11	2017年10月	120
12	2017年11月	98
13	2017年12月	65
14		

员工销售额表

图 1－6－1　空调销售量

具体操作步骤如下。

（1）计算销售量在 0～100 区间的频数（即月份个数）。在 F2 单元格输入公式“=COUNTIF(B2:B13,"<=100")”，按“Enter”键。

（2）计算销售量在 100～200 区间的频数。在 F3 单元格输入公式“=COUNTIF(B2:B13,"<=200")－COUNTIF(B2:B13,"<=100")”，按“Enter”键。

（3）计算销售量在 200～300 区间的频数。在 F4 单元格输入公式“=COUNTIF(B2:B13,"<=300")－COUNTIF(B2:B13,"<=200")”，按“Enter”键。

（4）计算销售量在 300～400 区间的频数。在 F5 单元格输入公式“=COUNTIF(B2:B13,"<=400")－COUNTIF(B2:B13,"<=300")”，按“Enter”键。

完成以上操作后，得到各个区间段的频数统计结果，如图 1－6－2 所示。

2. 利用 FREQUENCY 函数进行频数统计

另一种频数统计方法是组距式分组的频数统计。组距式分组是将变量按照一定的数量或质量关系划分为多个区间段，并把一个区间段的所有变量值归为一组，形成组距式变量数列。区间段的距离就是组距。根据分组时所有组距的大小关系，组距式分组通常分为等距分组和不等距分组。等距分组就是分组标志在各组中都有相同的组距；不等距分组是分组标志在各组中的组距不完全相同。

E	F
范围	频数
≤100	5
100-200	4
200-300	2
300-400	1

图 1－6－2　频数统计结果

在 Excel 2013 中，利用 FREQUENCY 函数可以统计组距式分组的频数。FREQUENCY 函数的语法为“FREQUENCY(Data_array,Bins_array)”。其中，参数 Data_array 指定要分组的原始数据所在的区域引用，参数 Bins_array 指定区间数组或对区间的引用。

例 6－2　随机抽取 2017 级 50 个学生期末考试的高等数学成绩，如图 1－6－3 所示，对该课程成绩的总体水平进行频数统计。

具体操作步骤如下。

（1）确定组数和组上限值。根据大学中常见的分数等级划分规则，将高等数学成绩分为五个等级：90 分以上、80～89 分、70～79 分、60～69 分和 60 分以下，分别表示优秀、良好、中等、及格和不及格共五个评分等级。因此，确定组数为 5，组上限分别为 100、89、79、69、59。在 Sheet1 工作表的 A14:D20 单元格区域输入图 1－6－4 所示的分组区的内容。

(2) 计算各分数段的人数,存放到 C16:C20 单元格区域。选中 C16:C20 单元格区域,在编辑栏输入公式"= FREQUENCY(A2:E11,A16:A20)",然后按"Ctrl + Shift + Enter"组合键,即可得到各组的频数,即各分数段的人数,参见图 1 - 6 - 5 所示的 C 列结果。

	A	B	C	D	E
1	50个学生的高等数学成绩				
2	63	95	49	98	79
3	73	82	91	89	80
4	45	75	76	49	81
5	82	71	76	80	82
6	80	70	72	90	73
7	70	80	89	80	83
8	88	78	77	80	87
9	80	80	64	73	52
10	92	69	94	73	90
11	84	81	74	72	85
12					

图 1 - 6 - 3 高等数学成绩

(3) 计算各组的频率。频率 = 频数/总人数。在 D16 单元格输入公式"= C16/50",按"Enter"键后,从 D16 单元格向下复制公式至 D20 单元格,参见如图 1 - 6 - 5 所示的 D 列结果。

	A	B	C	D
13				
14	成绩分析区			
15	组上限	分数段	频数(人数)	频率
16	59	<60		
17	69	60-69		
18	79	70-79		
19	89	80-89		
20	100	90-100		

图 1 - 6 - 4 分组区的初始数据

	A	B	C	D
13				
14	成绩分析区			
15	组上限	分数段	频数(人数)	频率
16	59	<60	4	0.08
17	69	60-69	3	0.06
18	79	70-79	16	0.32
19	89	80-89	20	0.4
20	100	90-100	7	0.14

图 1 - 6 - 5 频数和频率统计结果

6.1.2 频数统计直方图的制作

利用函数统计各种频数的操作比较复杂,而且统计结果缺乏直观的表示。利用"数据分析"工具的"直方图"功能,可以快速计算各组的频数,并以直方图形式展示,还可以输出更多的结果。

例 6 - 3 以例 6 - 2 中的高等教学成绩和分组数据,制作频数统计直方图。具体操作步骤如下。

(1) 加载"数据分析"工具库。在默认情况下,Excel 不显示"数据分析"工具库的,要显示该工具库,需单击"文件"选项卡,选择"选项",打开"Excel 选项"对话框,在左侧选择"加载项",在列表中选择"分析工具库",单击"转到"按钮,打开"加载宏"对话框,单击选中"分析工具库"复选按钮,如图 1 - 6 - 6 所示,再单击"确定"按钮。

(2) 单击 Sheet1 工作表的任一个空白的单元格,如 A22 单元格,单击"数据"选项卡下"分析"组中的"数据分析"按钮,打开"数据分析"对话框,在"分析工具"列表框中选择"直方图",再单击"确定"按钮,打开"直方图"对话框,如图1-6-7所示。在该对话框中,设置各参数的值:

①输入区域:选择A2:E11单元格区域为原始数据所在的区域;

②接收区域:选择A16:A20单元格区域为各分组的上限值所在区域;

③输出区域:选择A22单元格,表示从该单元格开始输出直方图结果;

④单击选中"图表输出"复选按钮,表示输出直方图。还可以单击选中"柏拉图""累积百分比"复选按钮。

设置好各个参数后,单击"确定"按钮,输出直方图结果,如图1-6-8所示。其中,"接收"列的值是各分组的上限值,"频率"列的值就是频数。

图1-6-6 "加载宏"对话框

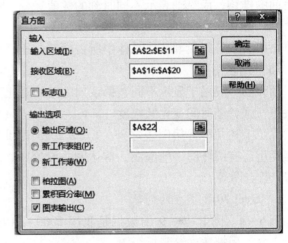

图1-6-7 "直方图"对话框

从图1-6-8中的直方图中可以直观地看出,70～79分、80～89分范围的学生人数较多,其他分数段的学生人数相对较少。

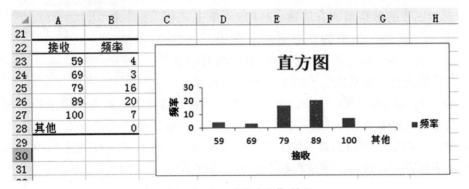

图1-6-8 "直方图"结果

6.1.3 市场调查数据的图示制作

Excel 2013 提供了丰富的图表功能，可以将工作表的数据以图形形式表示。在统计分析中，使用较多的有柱形图、条形图、折线图、饼图和散点图等图表类型。各种图表类型应用于不同表现形式的数据关系。下面介绍主要的图表类型和创建图表的基本方法。

1. 图表类型简介

（1）柱形图。

柱形图即直方图，用于显示某一段时间内数据的变化，或者比较各数据项之间的差别。横轴表示分类或时间，纵轴表示数值。

（2）条形图。

条形图用于显示各个项目之间的比较情况，纵轴表示分类，横轴表示数值。

（3）折线图。

折线图用于显示数据的变化趋势，常用来分析数据随时间的变化趋势。折线图的横轴表示时间的推移，而纵轴表示不同时刻的数值。

（4）饼图。

饼图表示各组成部分在总体中所占的百分比，用来强调部分和总体之间的比例关系。

（5）面积图。

面积图一般用于显示不同数据系列之间的对比关系，同时也显示各数据系列与整体的比例关系，强调随时间变化的幅度。

除了上述几种常用图表之外，Excel 2013 提供的标准图表类型还有圆环图、气泡图、雷达图、股价图、曲面图和 XY 散点图等。

2. Excel 2013 图表的创建

例 6 – 4 图 1 – 6 – 9 的数据是我国 2000 – 2016 年的就业人数，根据数据绘制折线图。

在 Excel 2013 中创建图表的常用方法是使用"图表向导"，根据操作提示，逐步完成图表的创建过程。

具体操作步骤如下。

（1）选择图表的数据源所在区域 A2:B19，单击"插入"选项卡下"图表"组中的"查看所有图表"按钮，打开"插入图表"对话框，在对话框中单击"所有图表"选项卡，在左侧选择"折线图"，如图 1 – 6 – 10 所示。

	A	B
1	2000-2016年我国就业人数	
2	年份	就业人数（万人）
3	2000	72085
4	2001	72797
5	2002	73280
6	2003	73736
7	2004	74264
8	2005	74647
9	2006	74978
10	2007	75321
11	2008	75564
12	2009	75828
13	2010	76105
14	2011	76420
15	2012	76704
16	2013	76977
17	2014	77253
18	2015	77451
19	2016	77603

图 1 – 6 – 9 就业人口数

（2）在"插入图表"对话框中，单击"所有图表"选项卡，在左侧栏选择"折线图"，选择图表类型为"带数据标记的折线图"，选择下方的第 2 个折线图样式，参见图 1 – 6 – 10，然后单击"确定"按钮，就创建了相应的折线图，如图 1 – 6 – 11 所示。

其他图表的创建方法与上述过程基本相同，在此不再一一详述。

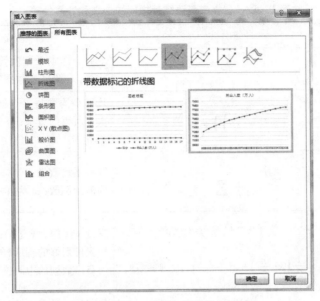

图 1-6-10 "插入图表"对话框

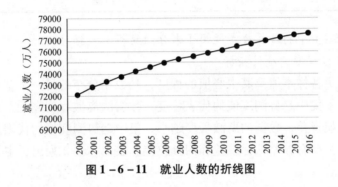

图 1-6-11 就业人数的折线图

6.2 市场调查数据分析

在统计分析中,对于市场调查获得的大量数据,要全面了解数据分布的特征,首先要对数据的基本特征进行分析,其次对数据随时间变化的趋势进行分析,找出其变化规律,才能作出有效的决策。

6.2.1 市场调查数据静态分析

数据静态分析可以从数据分布的集中趋势、数据分布的离散程度、数据分布的形状三个方面的指标进行描述和分析。

1. 描述数据集中趋势的统计指标

集中趋势是指一组数据向其中心值靠拢的倾向和程度,它反映了一组数据中心点的位置所在。描述集中趋势的统计指标有算术平均数、几何平均数、调和平均数、众数、中位数等。这些统计指标的含义和计算公式如表 1-6-1 所示。

表 1-6-1 集中趋势统计指标的含义和计算公式

指标名	计算公式	含义和说明
算术平均数	$\bar{x} = \dfrac{\sum x_i}{n}$	求 n 个样本数据的算术平均值；n 为样本数量，x_i 为样本数据
几何平均数	$G = \sqrt[n]{\prod x_i}$	几何平均数是 n 个样本数据相乘之积开 n 次方所得的方根；n 为样本数量，x_i 为样本数据
调和平均数	$H = \dfrac{1}{\dfrac{1}{n}\sum \dfrac{1}{x_i}}$	调和平均数是 n 个样本数据倒数的算术平均值的倒数；n 为样本数量，x_i 为样本数据
中位数	$M_e = \begin{cases} x\left(\dfrac{n+1}{2}\right), & n\text{ 为奇数时} \\ \dfrac{1}{2}\left[x\left(\dfrac{n}{2}\right) + x\left(\dfrac{n+1}{2}\right)\right], & n\text{ 为偶数时} \end{cases}$	假设 $x(1), x(2), \cdots, x(n)$ 是从小到大排列好的有序样本数据；中位数是位于有序数列的中间位置的值
众数		众数是一组数据中出现次数最多的那个数据

注意：表 1-6-1 中的计算公式适用于未分组的样本数据序列。

2. 描述数据离散程度的统计指标

离散程度反映了各样本值离其中心值的程度，是数据分布的另一个基本特征。离散程度从另一个角度说明了集中趋势测度值的代表程度。数据的离散程度越大，集中趋势测度值对该组数据的代表性就越差；数据的离散程度越小，集中趋势测度值的代表性就越好。度量离散程度的统计指标主要有方差、标准差和四分位差。表 1-6-2 列出了主要的离散程度指标的含义和计算公式。

表 1-6-2 离散程度指标的含义和计算公式

指标名	计算公式	含义和说明
标准差	$\sigma = \sqrt{\dfrac{\sum_{i=1}^{n}(x_i - \bar{x})^2}{n}}$	标准差是各样本值与其算术平均值之差平方的算术平均值的平方根，表示样本值对算术平均值的平均距离。标准差是对数据离散程度的最常用测度值；n 为样本数量，x_i 为第 i 个样本数据，$\bar{x}$ 是平均数
方差	$\sigma^2 = \dfrac{\sum_{i=1}^{n}(x_i - \bar{x})^2}{n}$	方差是各样本值与其算术平均值之差平方的算术平均值，方差较好地反映出数据的离散程度；n 为样本数量，x_i 为第 i 个样本数据，$\bar{x}$ 是平均数
四分位差	$Q_d = Q_3 - Q_1$	四分位差是第 3 四分位值与第 1 四分位值之差；Q_1 代表第 1 四分位的值，其位置是 $(n+1)/4$；Q_3 是第 3 四分位的值，其位置是 $3(n+1)/4$

注意：表 1-6-2 中的计算公式适用于未分组的样本数据序列。

3. 描述数据分布形状的统计指标

分布形状的统计指标用于描述数据分布的形状是否对称、偏斜的程度,以及分布的扁平程度。分布形状的统计指标主要有偏度和峰度。

(1) 偏度。

偏度是数据分布对称性的度量。如果一组数据的分布是对称的,则偏度为 0;如果偏度大于 0,表明数据分布为右偏分布;如果偏度小于 0,表明数据分布为左偏分布。偏度越大,表明偏斜的程度越大。偏度的计算公式为:

$$S_k = \frac{n\sum_{i=1}^{n}(x_i - \bar{x})^3}{(n-1)(n-2)\sigma^3}$$

(2) 峰度。

峰度是数据分布平峰或尖峰程度的测度。若一组数据服从标准正态分布,则峰度值为 0;若峰度值明显不等于 0,则表明分布比正态分布更平坦或更尖。峰度的计算公式为:

$$K = \frac{n(n+1)\sum_{i=1}^{n}(x_i - \bar{x})^4 - 3(n-1)\left[\sum_{i=1}^{n}(x_i - \bar{x})^2\right]^2}{(n-1)(n-2)(n-3)\sigma^4}$$

4. Excel 2013 的统计指标计算函数

Excel 2013 提供了上述统计指标的计算函数,利用这些函数可以快速计算出相应的统计指标的值,如表 1-6-3 所示。

表 1-6-3 Excel 2013 的统计指标计算函数

函数功能	函数格式	说明
算术平均数	AVERAGE(number1,[number2],…)	返回区域内一组数据的平均值
几何平均数	GEOMEAN(number1,[number2],…)	返回一组正数数据区域的几何平均值
调和平均数	HARMEAN(number1,[number2],…)	返回一组数据的调和平均值
中位数	MEDIAN(number1,[number2],…)	返回一组数据的中值
众数	MODE(number1,[number2],…)	返回数据区域中出现频率最高的值
标准差	STDEV(number1,[number2],…)	计算一组数据的标准差
方差	VAR(number1,[number2],…)	计算一组数据的方差
四分位差	QUARTILE(array,quart)	根据 0 到 1 之间的百分点值(包含 0 和 1)返回一组数据的四分位数;quart 指定返回哪个分位的值,其值为 0、1、2、3、4,分别表示取最小值、第一个四分位数、中分位数、第三个四分位数、最大值
偏度	SKEW(number1,[number2],…)	返回一组数据分布的偏度
峰度	KURT (number1,[number2],…)	返回一组数据的峰度

5. 用 Excel 的数据分析工具进行描述统计分析

利用 Excel 2013 的"数据分析"工具的"描述统计"功能,可以快速计算出上述各种静态描述统计指标的值。

例 6－5　以例 6－2 的 50 位学生的高等数学成绩为例，计算静态描述统计指标的值。具体操作步骤如下。

（1）将 50 个学生的成绩输入到工作表的 A2:A51 单元格区域，参见图 1－6－12 中的 A 列。

	A	B	C	D	E	F	G
1	成绩					成绩	
2	63		算术平均数	77.52			
3	73		几何平均数	76.55120859		平均	77.52
4	45		调和平均数	75.42725138		标准误差	1.635134645
5	82		中位数	80		中位数	80
6	80		众数	80		众数	80
7	70		标准差	11.56214795		标准差	11.56214795
8	88		方差	133.6832653		方差	133.6832653
9	80		四分位差	10.75		峰度	1.314392432
10	92		偏度	-0.98085035		偏度	-0.98085035
11	84		峰度	1.314392432		区域	53
12	95					最小值	45
13	82					最大值	98
14	75					求和	3876
15	71					观测数	50
16	70					最大(1)	98
17	80					最小(1)	45
18	78					置信度(95.0%)	3.285926091

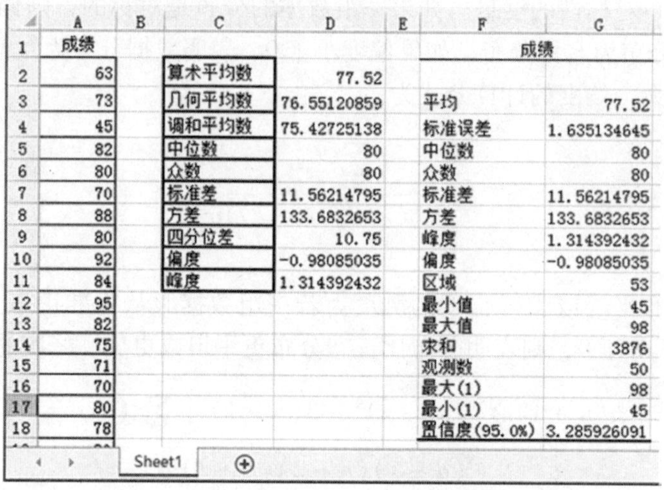

图 1－6－12　不分组数据静态描述分析的结果

（2）单击“数据”选项卡下“分析”组中的“数据分析”按钮，打开“数据分析”对话框，如图 1－6－13 所示；选择“描述统计”，然后单击“确定”按钮，打开“描述统计”对话框，如图 1－6－14 所示。

注意：如果没有显示“数据分析”工具，参考前面 6.1.2 小节的方法加载“数据分析”工具。

（3）在“描述统计”对话框中，设置输入区域、输出区域的值，并单击选中有关的复选按钮，参见图 1－6－14。设置完参数后，单击“确定”按钮，即可得到各个描述统计指标的值，参见图 1－6－12 的 F 列和 G 列的值。

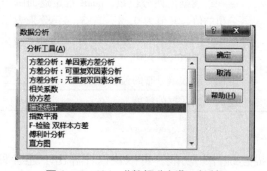

图 1－6－13　“数据分析”对话框

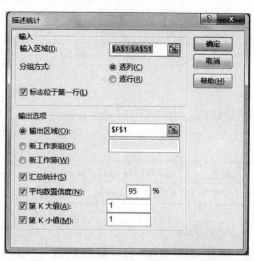

图 1－6－14　“描述统计”对话框

对于图1-6-12中各个统计指标,也可以用表1-6-3所列的函数进行计算。各指标的计算公式如下。

算术平均数: = AVERAGE(A2:A51);
几何平均数: = GEOMEAN(A2:A51);
调和平均数: = HARMEAN(A2:A51);
中位数: = MEDIAN(A2:A51);
众数: = MODE(A2:A51);
标准差: = STDEV(A2:A51);
方差: = VAR(A2:A51);
偏度: = SKEW(A2:A51);
峰度: = KURT(A2:A51);
四分位差: = QUARTILE.INC(A2:A51,3) - QUARTILE.INC(A2:A51,1)。

计算结果参见图1-6-12的D列内容。

6.2.2 市场调查数据动态分析

在市场调查中,按照时间顺序对现象进行观测并记录下来的一组数值称为时间序列。时间序列中的数据随时间变化而动态变化,例如,每天的股票价格、每年的国民生产总值等。本小节介绍时间序列的动态分析指标的计算,这些动态分析指标有平均发展水平、增长量、发展速度、增长速度、平均发展速度、平均增长速度等。

1. 发展水平和平均发展水平

发展水平就是时间序列中记录下来的各个观测值。设时间长度为 n,时间 t_1, t_2, $\cdots$, t_n 对应的观测值表示为 Y_1, Y_2, $\cdots$, Y_n,其中 Y_1 称为最初发展水平,Y_n 称为最末发展水平。各时间的观测值 Y_1, Y_2, $\cdots$, Y_n 与某个特定时间 t_0 的观测值 Y_0 作比较时,其中 Y_0 称为基期水平,Y_1, Y_2, $\cdots$, Y_n 称为报告期水平。平均发展水平是现象在时间 t_i ($i = 1$, 2, $\cdots$, n) 上各期观察值 Y_i 的平均数。

2. 增长量和平均增长量

增长量是时间序列中的报告期水平与基期水平之差,用于描述现象在一定时期内增长的绝对量。若增长量为正数,表示增长;若增长量为负数,则表示为下降或减少。

由于采用的基期不同,增长量有逐期增长量和累积增长量之分。设时间序列的观测值为 Y_1, Y_2, $\cdots$, Y_n,增长量为 ΔY_i,增长量和累积增长量的计算公式为:

逐期增长量:$\Delta Y_i = Y_i - Y_{i-1}, (i = 1, 2, \cdots, n)$
累积增长量:$\Delta Y_i = Y_i - Y_0, (i = 1, 2, \cdots, n)$

平均增长量是观察期内各个逐期增长量的平均数,用于描述在观察期内平均增长的数量,其计算公式如下。

$$平均增长量 = \frac{逐期增长量之和}{逐期增长量个数} = \frac{最末期累积增长量}{观察值个数 - 1}$$

例6-6 根据图1-6-15的A列、B列所给出的我国国内生产总值资料,计算各年逐期增长量、以2005年为基期的累积增长量、年平均增长量。

	A	B	C	D
1	年度	国内生产总值	逐期增长量	累积增长量（以2005年为基期）
2	2005	187,318.90	--	--
3	2006	219,438.50	32,119.60	32,119.60
4	2007	270,232.30	50,793.80	82,913.40
5	2008	319,515.50	49,283.20	132,196.60
6	2009	349,081.40	29,565.90	161,762.50
7	2010	413,030.30	63,948.90	225,711.40
8	2011	489,300.60	76,270.30	301,981.70
9	2012	540,367.40	51,066.80	353,048.50
10	2013	595,244.40	54,877.00	407,925.50
11	2014	643,974.00	48,729.60	456,655.10
12	2015	689,052.10	45,078.10	501,733.20
13	2016	743,585.50	54,533.40	556,266.60
14				
15			年平均增长量	50569.69

图1-6-15 国内生产总值增长量的计算

具体操作步骤如下。

(1) 计算各年逐期增长量。在C3单元格输入公式"=B3-B2"，按"Enter"键。然后将C3单元格的公式向下复制至C13单元格。

(2) 计算各期累积增长量。在D3单元格输入公式"=B3-$B$2"，按"Enter"键。然后将D3单元格的公式向下复制至D13单元格。

(3) 计算年平均增长量。在D15单元格输入公式"=D13/(COONT(B12:B13)-1)"，按"Enter"键。计算结果参见图1-6-15中C列、D列的值。

3. 发展速度和增长速度

(1) 发展速度。

发展速度是报告期水平与基期水平之比，用于描述现象在观察期内的相对发展变化程度。发展速度大于1，表明现象发展水平上升；发展速度小于1，表明现象发展水平下降。

发展速度可以分为环比发展速度和定基发展速度。环比发展速度是报告期水平与前一期水平之比，说明现象逐期发展变化的程度；定基发展速度是报告期水平与某一固定时期水平之比，说明现象在整个观察期内总的发展变化程度。环比发展速度与定基发展速度的计算公式如下。

$$环比发展速度 = 报告期水平/前一期水平$$

$$定基发展速度 = 报告期水平/固定期水平$$

(2) 增长速度。

增长速度是增长量与基期水平之比，用于描述现象的相对增长速度，其计算公式如下。

$$增长速度 = \frac{增长量}{基期水平} = \frac{报告期水平 - 基期水平}{基期水平} = 发展速度 - 1$$

增长速度可分为环比增长速度和定基增长速度。环比增长速度是逐期增长量与前一期水平之比，用于描述现象逐期增长的程度；定基增长速度是累积增长量与某一固定时期水平之比，用于描述现象在观察期内总的增长程度。环比增长速度与定基增长速度的计算公式如下。

环比增长速度 = 环比发展速度 − 1

定基增长速度 = 定基发展速度 − 1

（3）平均发展速度。

平均发展速度是各个时期环比发展速度的平均数，一般用几何平均数计算方法来计算其值。

（4）平均增长速度。

平均增长速度是各个时期环比增长速度的平均数，可用平均发展速度计算其值，其计算公式如下。

平均增长速度 = 平均发展速度 − 1

例 6 − 7 根据图 1 − 6 − 16 的我国各年出口总额数据，计算环比发展速度、环比增长速度、平均发展速度、平均增长速度。说明：A、B 列为原始数据；C、D 列的公式用于说明对应报告期的计算公式。

具体操作步骤如下。

（1）计算环比发展速度。在 C3 单元格输入公式"= B3/B2"，按"Enter"键。然后将 C3 单元格公式向下复制至 C11 单元格。

（2）计算环比增长速度。在 D3 单元格输入公式"= C3 − 1"，按"Enter"键。然后将 D3 单元格公式向下复制至 D11 单元格。

（3）计算平均发展速度。在 C13 单元格输入公式"= GEOMEAN(C3:C11)"，按"Enter"键。

（4）计算平均增长速度。在 C14 单元格输入公式"= C13 − 1"，按"Enter"键。

（5）将 C3:D14 单元格区域设置为百分比样式，并设置小数位为 2 位小数。最终计算结果如图 1 − 6 − 17 所示。

	A	B	C	D
1	年度	出口总额(亿元)	环比发展速度(%)	环比增长速度(%)
2	2007	93627.1	--	--
3	2008	100394.9	=B3/B2	=C3-1
4	2009	82029.7	=B4/B3	=C4-1
5	2010	107022.8	=B5/B4	=C5-1
6	2011	123240.6	=B6/B5	=C6-1
7	2012	129359.3	=B7/B6	=C7-1
8	2013	137131.4	=B8/B7	=C8-1
9	2014	143883.8	=B9/B8	=C9-1
10	2015	141166.8	=B10/B9	=C10-1
11	2016	138419.3	=B11/B10	=C11-1
12				
13		平均发展速度	=GEOMEAN(C3:C11)	
14		平均增长速度	=C13-1	

图 1 − 6 − 16　出口总额的速度指标计算

	A	B	C	D
1	年度	出口总额(亿元)	环比发展速度(%)	环比增长速度(%)
2	2007	93627.1	--	--
3	2008	100394.9	107.23%	7.23%
4	2009	82029.7	81.71%	-18.29%
5	2010	107022.8	130.47%	30.47%
6	2011	123240.6	115.15%	15.15%
7	2012	129359.3	104.96%	4.96%
8	2013	137131.4	106.01%	6.01%
9	2014	143883.8	104.92%	4.92%
10	2015	141166.8	98.11%	-1.89%
11	2016	138419.3	98.05%	-1.95%
12				
13		平均发展速度	104.44%	
14		平均增长速度	4.44%	

图 1 − 6 − 17　出口总额的速度指标计算结果

6.3　随机抽样

随机抽样是按照随机原则从一个容量为 N 的总体中抽取一定容量为 n 的随机样本。随机抽样是后续的参数估计和假设检验等统计推断的前提。在 Excel 中随机抽样的方法主要有两种：数据分析工具和应用随机函数。

6.3.1 用 Excel 2013 的数据分析工具进行随机抽样

例6-8 图 1-6-18 是 2014 年全国 284 个地级市的生产总值增长率，现要求从中随机抽取 20 个样本数据。

具体操作步骤如下。

（1）单击"数据"选项卡下"分析"组中的"数据分析"按钮，打开"数据分析"对话框，在"分析工具"列表框中选择"抽样"，单击"确定"按钮，打开"抽样"对话框，如图 1-6-19 所示。

（2）在"抽样"对话框中，设置各个参数。"输入区域"框设置为 B2:B285 单元格区域；"抽样方法"设置为"随机"，"样本数"设置为"20"，表示随机抽取 20 个样本；"输出选项"设置为"新工作表组"。设置完后，单击"确定"按钮，则生成一个新的工作表 Sheet2，该工作表的 A 列即为 20 个随机抽样的结果，如图 1-6-20 所示。

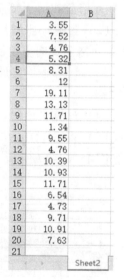

图 1-6-18　地区 GDP 增长率　　　　图 1-6-19　"抽样"对话框　　　　图 1-6-20　随机抽样结果

6.3.2 应用 RANDBETWEEN 函数进行随机抽样

应用随机函数进行随机抽样的基本思路是：首先用 RANDBETWEEN 函数生成的整数作为被抽取样本所在的行序号，然后应用 INDEX 函数获得所在行的样本数据。

RANDBETWEEN 函数的格式为"RANDBETWEEN(bottom,top)"，其功能是返回位于两个指定数［bottom, top］区间的任一个随机整数。例如，RANDBETWEEN(2,284) 的值是［2,284］内的任何一个随机整数。

INDEX 函数的格式为"INDEX(array,row_num,column_num)"，其功能是返回表格或数组中由行号和列号所指向的元素值。INDEX 函数的用法参见第 4 章内容。

例 6-9 对例 6-8 的原始数据采用随机函数实现随机抽样,抽取 20 个地区 GDP 增长率样本数据。

具体操作步骤如下。

(1) 生成 20 个随机整数,存放到 D2:D21 单元格区域。在 Sheet1 工作表,选中 D2 单元格,在编辑栏输入公式" = RANDBETWEEN(2,284)",按"Enter"键,产生 2~284 内的随机整数。然后将该单元格公式向下填充至 D21 单元格。这里,2 和 284 分别是原始数据区域的起始行号和结束行号。

(2) 用 D 列的整数作为待抽取样本的行号进行随机抽样。选中 E2:E21 单元格区域,在编辑栏输入公式" = INDEX(B2:B285,D2:D21)",然后按"Ctrl + Shift + Enter"组合键,即可得到抽样结果,如图 1-6-21 所示,E 列的数据为抽样结果。

	A	B	C	D	E
1	城市	地区GDP增长率(%)		随机整数	抽样结果
2	石家庄市	8.08		231	9.35
3	唐山市	4.43		116	8.28
4	秦皇岛市	2.58		279	8.9
5	邯郸市	1.23		123	11.18
6	邢台市	4.73		221	12.85
7	保定市	6.74		83	8.34
8	张家口市	6.76		106	10.91
9	承德市	7.63		191	6.37
10	沧州市	7.13		43	5.74
11	廊坊市	8.29		159	12.27
12	衡水市	5.86		29	7.09
13	太原市	4.39		91	12.06
14	大同市	3.87		2	4.43
15	阳泉市	1.64		180	10.08
16	长治市	0.38		24	2.74
17	晋城市	1.89		229	7.94
18	朔州市	1.91		177	10.71
19	晋中市	3.62		165	12.59
20	运城市	6.69		130	8.32
21	忻州市	5.44		120	14.79
22	临汾市	0.23			

图 1-6-21 随机抽样的结果

6.4 总体参数估计

6.4.1 参数估计概述

参数估计是在已知总体分布的情况下,根据样本统计量来估计总体的未知参数的方法。参数估计可以分为点估计和区间估计两类。

1. 点估计

点估计是以用样本估计量的值直接作为总体未知参数的估计值。通常这些未知参数是总体的某个特征值。例如,用样本均值 $\bar{x}$ 直接作为总体均值 μ 的估计值;用样本方差 s^2 直接作为总体方差 σ^2 的估计值,等等。

2. 区间估计

区间估计是依据抽取的样本，根据给定的概率值，构造出适当的区间，作为总体的未知参数的真值所在范围的估计。在区间估计中，由样本统计量构造的总体未知参数的估计区间称为置信区间。总体参数真值落在置信区间内的概率称为置信水平，也称置信系数。置信系数越大，置信区间越可靠；区间越小，说明估计越准确。下面分多种情况来介绍区间估计的计算方法。

6.4.2 总体均值的区间估计

对总体均值进行区间估计时，分为以下三种情况。

1. 总体方差已知情况下总体均值的区间估计

总体服从正态分布，且方差已知，或者非正态分布总体、大样本、方差已知的情况下，总体均值的置信区间的计算公式为"$\bar{x} \pm Z_{\alpha/2} \frac{\sigma}{\sqrt{n}}$"。

其中，$\bar{x}$ 为样本均值，n 为样本容量，σ 为已知的总体标准差，α 是事先确定的总体均值不包含在置信区间的概率，$1-\alpha$ 称为置信水平，$Z_{\alpha/2}$ 为正态分布临界值。

2. 总体方差未知且为大样本（样本数 $\geqslant 30$）情况下总体均值的区间估计

这种情况下，不管总体是否为正态分布，总体均值的置信区间的公式为"$\bar{x} \pm Z_{\alpha/2} \frac{S}{\sqrt{n}}$"。

其中，S 为样本标准差，其他参数含义同上述第 1 种情况。

在 Excel 中，标准差用 STDEV 函数计算，$Z_{\alpha/2}$ 用正态分布的累积分布的反函数 NORMSINV 计算。

3. 总体方差未知且为小样本情况下总体均值的区间估计

总体为正态分布、方差未知时，均值的置信区间公式为"$\bar{x} \pm t_{\alpha/2} \frac{s}{\sqrt{n}}$"。其中，$t_{\alpha/2}$ 是自由度为 $n-1$ 时 t 分布中右侧面积为 $\alpha/2$ 的 t 值，该值用 Excel 的 TINV 函数计算，其语法为 TINV（α,df），其中，参数 α 表示双尾 t 分布的概率，参数 df 表示样本的自由度。

说明：有关正态分布、t 分布的知识，可参考概率论与数理统计、统计学等相关书籍的内容。

例 6-10 假设 GDP 增长率服从正态分布，利用例 6-8 抽取的 20 个地区 GDP 增长率数据，分两种情况，估计全国 GDP 平均增长率的置信区间：①设已知 GDP 增长率方差为 24，估计在置信水平 95% 下全国 GDP 平均增长率的置信区间；②设总体方差未知，估计在置信水平 95% 下全国 GDP 平均增长率的置信区间。

（1）已知方差为 24，计算全国 GDP 平均增长率的置信区间。具体操作步骤如下。

①建立如图 1-6-22 所示的区间估计计算表（不含 D 列、F 列的数据）。

②在 D4 单元格输入方差值 "24"；在 D6 单元格输入置信水平值 "95%"。

③在 D2 单元格输入公式 "=COUNT(A2:A21)"，计算样本个数；在 D3 单元格输入公式 "=AVERAGE(A2:A21)"，计算样本均值；在 D5 单元格输入公式 "=SQRT(D4)"，计算总体标准差；在 D7 单元格输入公式 "=ABS(NORMSINV((1-D6)/2))"，计算 Z 值；

第 6 章　Excel 在市场调查分析中的应用

	A	B	C	D	E	F
1	地区GDP增长率（%）		（1）的计算		（2）的计算	
2	9.4		样本个数	20	样本个数	20
3	8.23		样本均值	10.498	样本均值	10.498
4	13.79		总体方差	24	样本标准差	6.357067844
5	4.81		总体标准差	4.898979486	置信水平	95%
6	11.92		置信水平	95%	t值	2.093024054
7	17.23		Z值	1.959963985	置信区间下限	7.522800666
8	7.13		置信区间下限	8.350967028	置信区间上限	13.47319933
9	14.94		置信区间上限	12.64503297		
10	12.32					
11	-10.67					
12	9.92					
13	9.57					
14	11.86					
15	9.15					
16	6.94					
17	18.53					
18	9.35					
19	18.22					
20	17.23					
21	10.09					

图 1-6-22　GDP 增长率数据和置信区间的计算结果

在 D8 单元格输入公式 "= D3 - D7 * D5/SQRT(D2)"，计算置信区间下限；在 D9 单元格输入公式 "= D3 + D7 * D5/SQRT(D2)"，计算置信区间上限。计算结果如图 1-6-22 的 D 列数据。

经过以上步骤后，得到方差为 24 时，在置信水平 95% 下全国 GDP 平均增长率的置信区间为 [8.35, 12.65]。

（2）方差未知且为小样本时，计算全国 GDP 平均增长率的置信区间。具体操作步骤如下。

① 在 F5 单元格输入置信水平值 "95%"。

② 在 F2 单元格输入公式 "= COUNT(A2:A21)"，计算样本个数；在 F3 单元格输入公式 "= AVERAGE(A2:A21)"，计算样本均值；在 F4 单元格输入公式 "= STDEV(A2:A21)"，计算样本标准差；在 F6 单元格输入公式 "= TINV(1 - F5, F2 - 1)"，计算 t 值；在 F7 单元格输入公式 "= F3 - F6 * F4/SQRT(F2)"，计算置信区间下限；在 F8 单元格输入公式 "= F3 + F6 * F4/SQRT(F2)"，计算置信区间上限。计算结果如图 1-6-22 的 F 列数据。

经过以上步骤后，方差未知且为小样本时，在置信水平 95% 下全国 GDP 平均增长率的置信区间为 [7.52, 13.47]。

对于第②个问题，还可以用 Excel 的 "数据分析" 工具的描述统计模块进行 GDP 平均增长率的区间估计。具体操作方法为：在 "描述统计" 对话框中单击选中 "平均数置信度" 复选按钮，并输入置信度 "95"，如图 1-6-23 所示。单击 "确定" 按钮后，输出结果包含如图 1-6-24 所示的信息。

根据图 1-6-24 的 "平均" "置信度（95.0%）" 两项指标值，得到 GDP 平均增长率在置信水平 95% 下的置信区间为 10.498 ± 2.975 2，即 [7.522 8, 13.473 2]。

图 1-6-23 "描述统计"对话框设置　　图 1-6-24 描述统计的输出结果

6.4.3 总体方差的区间估计

设样本总体服从正态分布,样本方差分布服从自由度为 $n-1$ 的 X^2 分布(也称卡方分布),因此,总体方差在 $1-\alpha$ 置信水平下的置信区间为:

$$\frac{(n-1)S^2}{X^2_{\alpha/2}(n-1)} \leqslant \sigma^2 \leqslant \frac{(n-1)S^2}{X^2_{1-\alpha/2}(n-1)}$$

其中,S^2 为样本方差,$X^2_{\alpha/2}(n-1)$、$X^2_{1-\alpha/2}(n-1)$ 为卡方值,可用 Excel 的 CHIINV 函数计算出来。

说明:有关卡方分布的知识,可参考概率论与数理统计、统计学书籍的相关内容。

例 6-11 已知某商场一位销售员的月销售额数据如图 1-6-25 的 A 列所示。根据表中数据,在置信水平 90% 下进行销售额总体方差的区间估计。

具体操作步骤如下。

(1) 建立如图 1-6-25 所示的计算表数据(不含 D 列数据);在 D5 单元格输入置信水平值"90%"。

(2) 在 D2 单元格输入公式"=COUNT(A2:A12)",计算样本个数;在 D3 单元格输入公式"=AVERAGE(A2:A12)",计算样本均值;在 D4 单元格输入公式"=VAR(A2:A12)",计算样本方差;在 D6 单元格输入公式"=CHIINV((1-D5)/2,D2-1)",计算卡方左侧临界值;在 D7 单元格输入公式"=CHIINV((1-(1-D5)/2),D2-1)",计算卡方右侧临界值;在 D8 单元格输入公式"=(D2-1)*D4/D6",计算方差置信区间下限;在 D9 单元格输入公式"=(D2-1)*D4/D7",计算方差置信区间上限。计算结果如图 1-6-25 的 D 列数据。

经过计算,在置信水平 90% 下销售额总体方差的置信区间为 [199.754 3,928.079 1]。

	A	B	C	D
1	月销售额			方差置信区间计算
2	16		样本个数 n	11
3	58		样本均值 $\bar{x}$	34.9091
4	13		样本方差 S^2	365.6909
5	27		置信水平 1-α	90%
6	25		卡方左侧临界值 $\chi^2_{\alpha/2}(n-1)$	18.3070
7	57		卡方右侧临界值 $\chi^2_{1-\alpha/2}(n-1)$	3.9403
8	22		方差置信区间下限 $\frac{(n-1)S^2}{\chi^2_{\alpha/2}(n-1)}$	199.7543
9	35		方差置信区间上限 $\frac{(n-1)S^2}{\chi^2_{1-\alpha/2}(n-1)}$	928.0791
10	15			
11	60			
12	56			

图1-6-25 月销售额及其总体方差的区间估计计算结果

6.5 总体参数假设检验

6.5.1 假设检验概述

1. 假设检验

假设检验是对总体的参数或分布形式提出某种假设，然后利用样本资料来检验其假设是否成立的过程。假设检验分为参数假设检验和非参数假设检验两种。对总体参数所作的假设进行检验称为参数假设检验，对总体分布形式的假设进行检验称为非参数假设检验。

2. 原假设和备择假设

原假设是研究者想收集证据予以反对的假设，用符号表示为 H_0。备择假设是研究者想收集证据予以支持的假设，用符号表示为 H_1。原假设和备择假设是一个完备事件组，两者相互对立。在一项假设检验中，原假设和备择假设必有一个成立，而且只有一个成立。在提出假设时，先确定备择假设，再确定原假设。

例如，一种零件的标准直径为10厘米，为了加强生产过程的质量监控，质量监测人员定期检查加工机床，确定该机床生产的零件是否符合标准要求。如果零件的平均直径大于或小于10厘米，则表明生产过程不正常。如果要检验生产过程是否正常，其原假设和备择假设分别是什么？

对于这个问题，研究者想收集证据予以证明的假设是"生产过程不正常"。所以建立的原假设和备择假设为：

$$H_0: \mu = 10; \quad H_1: \mu \neq 10$$

3. 双侧检验与单侧检验

如果备择假设没有特定的方向性，并含有符号"≠"，这样的假设检验称为双侧检验或双尾检验。如果备择假设具有特定的方向性，并含有符号">"或"<"的假设检验，称

为单侧检验或单尾检验。备择假设的方向为"<",称为左侧检验;备择假设的方向为">",称为右侧检验。

4. 显著性水平 α

显著性水平是一个概率值。原假设为真时,拒绝原假设的概率,被称为抽样分布的拒绝域,表示为 α,常用的 α 值有 0.01、0.05、0.1,由研究者事先确定。

5. 检验统计量与拒绝域

检验统计量是根据样本观测结果计算得到的,并据以对原假设和备择假设作出决策的某个样本统计量。标准化检验统计量是对样本估计量的标准化结果,即原假设 H_0 为真时点估计量的抽样分布。

$$标准化检验统计量 = \frac{点估计量 - 假设值}{点估计量的抽样标准差}$$

双侧检验的拒绝域如图 1-6-26 所示,左侧检验的拒绝域如图 1-6-27 所示,右侧检验的拒绝域如图 1-6-28 所示。

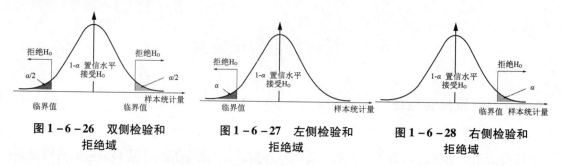

图 1-6-26 双侧检验和拒绝域　　图 1-6-27 左侧检验和拒绝域　　图 1-6-28 右侧检验和拒绝域

6. 假设检验的步骤

(1) 根据问题提出原假设和备择假设。

(2) 从所研究的总体中抽出一个随机样本。

(3) 确定一个适当的检验统计量,利用样本数据算出其具体数值。

(4) 确定一个适当的显著性水平,计算出其临界值,指定拒绝域。

(5) 将统计量的值与临界值进行比较,作出决策。若统计量的值落在拒绝域,则拒绝 H_0,否则不拒绝 H_0。具体来说,决策规则为:对于给定的显著性水平 α,查表或者用 Excel 有关函数计算得出相应的临界值 Z_α 或 $Z_{\alpha/2}$,t_α 或 $t_{\alpha/2}$,然后对检验统计量的值与 α 水平对应的临界值进行比较,作出决策。

对于双侧检验,若统计量的绝对值 > 临界值,拒绝 H_0,否则不拒绝 H_0。

对于左侧检验,若统计量 < 临界值,拒绝 H_0,否则不拒绝 H_0。

对于右侧检验,若统计量 > 临界值,拒绝 H_0,否则不拒绝 H_0。

6.5.2　一个总体的参数假设检验

根据假设检验的不同内容和不同条件,需要采用不同的检验统计量。在单个总体参数的检验中,使用的检验统计量有 3 个:Z 统计量、t 统计量和 x^2 统计量。其中,Z 统计量和 t 统计量常用于均值的检验,x^2 统计量常用于方差的检验。

1. 一个总体均值的假设检验

一个总体均值的检验，要考虑其方差或均值是否已知、样本量大小而选择不同的检验方法。一个总体均值的检验方法如表1-6-4所示。

表1-6-4　一个总体均值的假设检验方法

项目		双侧检验	左侧检验	右侧检验
假设形式		$H_0: \mu = \mu_0$ $H_1: \mu \neq \mu_0$	$H_0: \mu \geq \mu_0$ $H_1: \mu < \mu_0$	$H_0: \mu \leq \mu_0$ $H_1: \mu > \mu_0$
检验统计量计算	大样本 ($n \geq 30$)	σ^2 未知, $Z = \dfrac{\bar{x} - \mu_0}{S/\sqrt{n}}$; σ^2 已知, $Z = \dfrac{\bar{x} - \mu_0}{\sigma/\sqrt{n}}$		
	小样本 ($n < 30$)	σ^2 未知, $t = \dfrac{\bar{x} - \mu_0}{S/\sqrt{n}}$; σ^2 已知, $Z = \dfrac{\bar{x} - \mu_0}{\sigma/\sqrt{n}}$		
统计量与临界值决策准则	Z统计量	$\|Z\| > Z_{\alpha/2}$, 拒绝 H_0	$Z < Z_\alpha$, 拒绝 H_0	$Z > Z_\alpha$, 拒绝 H_0
	t统计量	$\|t\| > t_{\alpha/2}(n-1)$, 拒绝 H_0	$t < -t_\alpha(n-1)$, 拒绝 H_0	$t > t_\alpha(n-1)$, 拒绝 H_0

说明： 在 Excel 中，上表中的临界值 Z_α 用统计函数 NORMSINV（$1-\alpha$）来计算；$t_\alpha(n-1)$ 用统计函数 TINV（$\alpha, n-1$）来计算。

例6-12 某饮料厂采用自动装瓶机来灌装饮料，每瓶质量规定为500克，标准差不超过10克，每天定时检查。某天抽取16瓶，测得平均值498克，样本标准差为16.2克。假设瓶装饮料质量服从正态分布，问：取显著性水平 $\alpha = 0.05$ 时，检验该天生产的饮料质量是否符合标准？

分析： 根据题目，得到 $\mu_0 = 500, \sigma = 10, n = 16, \bar{x} = 498, \alpha = 0.05$。本题的检验是要证明假设"饮料质量不符合标准"，因此，应采用双侧检验。本例的实质是已知方差，用 Z 统计量进行计算。

具体操作步骤如下。

（1）提出原假设和备择假设，$H_0: \mu = 500$；$H_1: \mu \neq 500$。

（2）输入样本数、样本均值、总体均值、总体标准差、显著水平的值，参见图1-6-29中B4:B8单元格区域的数据。

图1-6-29　例6-11的计算结果

（3）计算 Z 检验的临界值。在 B9 单元格输入公式"= NORMSINV(1 - B8/2)"，按"Enter"键，得到临界值"1.959 963 985"。

（4）构造 Z 检验统计量，计算 Z 统计量值。在 B10 单元格输入公式"= (B5 - B6)/(B7 * SQRT(B4))"，按"Enter"键。本步骤中的公式相当于计算 $Z = \dfrac{\bar{x} - \mu_0}{\sigma/\sqrt{n}}$。

（5）根据决策准则作出决策。在 B11 单元格输入公式"= IF(ABS(B10) > B9,"饮料质量不符合标准","饮料质量符合标准")"，按"Enter"，得到决策结果"饮料质量符合标准"。

本步骤中的公式相当于判断 $|Z| > Z_{\alpha/2}$，$|Z| = 0.05$，$Z_{\alpha/2} = 1.959\,963\,985$，所以 $|Z| > Z_{\alpha/2}$ 不成立，从而不拒绝原假设 H_0。检验结果表明：该天生产的饮料质量是符合标准的。

例 6-13 某一手机厂家声称其某种型号的手机电池在充满电的情况下待机时间可达 200 小时以上。为了对此进行检验，经销商随机选择了 20 部手机进行测试，发现平均待机时间为 197 小时，样本标准差为 3 小时。如果检验的显著性水平为 5%，厂家的说法可靠吗？

分析：对于该问题，检验的原假设和备择假设为"$H_0:\mu \geq 200$；$H_1:\mu < 200$"。假设检验为左侧检验，方差未知，应用 t 检验方法进行检验。根据题目，得到 $\mu_0 = 200, n = 20, \bar{x} = 197, S = 3, \alpha = 0.05$。

具体操作步骤如下。

（1）提出原假设和备择假设，$H_0:\mu \geq 200$；$H_1:\mu < 200$。

	A	B
1	手机电池待机时间均值的假设检验：左侧检验	
2	原假设	μ≥200
3	备择假设	μ<200
4	样本个数n	20
5	样本均值$\bar{x}$	197
6	样本标准差S	3
7	总体均值μ_0	200
8	显著水平α	0.05
9	t临界值	2.093
10	统计量t	-4.472
11	决策	拒绝原假设

图 1-6-30 例 6-12 的计算结果

（2）输入样本数、样本均值、样本标准差、总体均值、显著水平的值，参见图 1-6-30 中 B4:B8 单元格区域的数据。

（3）计算 t 检验的临界值。在 B9 单元格输入公式"= TINV(B8,B4 - 1)"，按"Enter"，得到临界值"2.093"。

（4）构造 t 检验统计量，计算 t 统计量值。在 B10 单元格输入公式"=(B5 - B7)/(B6/SQRT(B4))"，按"Enter"，得到统计量"-4.472"。本步骤中的公式相当于计算 $t = \dfrac{\bar{x} - \mu_0}{S/\sqrt{n}}$。

（5）根据决策准则作出决策。在 B11 单元格输入公式"= IF(B10 < - B9,"拒绝原假设","不能拒绝原假设")"，按"Enter"，得到决策结果"拒绝原假设"。公式相当于判断 $t < -t_\alpha(n-1)$，由计算结果，$t = -4.472$，$t_\alpha(n-1) = 2.093$，因此，$t < -t_\alpha(n-1)$ 成立，从而拒绝原假设 H_0。检验结果表明：手机的待机时间小于 200 小时。

2. 一个总体方差的假设检验

总体方差的检验使用卡方（χ^2）分布。总体方差的检验，不论样本容量斜值的大小，都要求总体服从正态分布。用 σ_0^2 表示假定的总体方差的某一取值，一个总体方差的假设检验分为三种形式，各种形式的检验方法如表 1-6-5 所示。

表 1-6-5 一个总体方差的假设检验方法

项目	双侧检验	左侧检验	右侧检验
假设形式	$H_0:\sigma^2 = \sigma_0^2$ $H_1:\sigma^2 \neq \sigma_0^2$	$H_0:\sigma^2 \geq \sigma_0^2$ $H_1:\sigma^2 < \sigma_0^2$	$H_0:\sigma^2 \leq \sigma_0^2$ $H_1:\sigma^2 > \sigma_0^2$
检验统计量	\multicolumn{3}{c}{$\chi^2 = \dfrac{(n-1)S^2}{\sigma_0^2}$}		
统计量与临界值决策准则	$\chi^2 > \chi^2_{\alpha/2}(n-1)$ 或 $\chi^2 < \chi^2_{1-\alpha/2}(n-1)$，拒绝 H_0	$\chi^2 < \chi^2_{1-\alpha}(n-1)$，拒绝 H_0	$\chi^2 > \chi^2_\alpha(n-1)$，拒绝 H_0

说明：卡方检验临界值 $\chi^2_\alpha(n-1)$ 可用 Excel 统计函数 CHIINV（α，n-1）计算。

例 6-14 某饮料厂采用自动装瓶机来灌装饮料，每瓶质量规定为 500 克，标准差不超过 10 克，每天定时检查。某天抽取 16 瓶，测得平均质量为 498 克，样本标准差为 16.2 克。假设瓶装饮料质量服从正态分布，问：取显著性水平 α = 0.05 时，检验该天生产的饮料质量标准差是否符合标准？

具体操作步骤如下。

（1）提出原假设和备择假设，$H_0:\sigma^2 \leq 10^2$；$H_1:\sigma^2 > 10^2$。

	A	B
1	饮料质量方差的假设检验：右侧检验	
2	原假设	$\sigma^2 \leq 10^2$
3	备择假设	$\sigma^2 > 10^2$
4	样本个数n	16
5	样本均值 $\bar{x}$	498
6	样本标准差S	16.2
7	总体标准差 σ_0	10
8	显著水平α	0.05
9	临界值 $\chi^2_{\alpha/2}(n-1)$	27.488
10	卡方统计量 χ^2	39.366
11	决策	拒绝原假设H0,方差不符合要求

图 1-6-31 下列 6-13 的计算结果

（2）输入样本个数、样本均值、样本标准差、总体标准差、显著水平的值，参见图 1-6-31 中 B4:B8 单元格区域的数据。

（3）计算卡方（χ^2）检验的临界值。在 B9 单元格输入公式 "=CHIINV(B8/2,B4-1)"，按 "Enter"，得到临界值 "27.448"。

（4）构造 χ^2 检验统计量，计算 χ^2 值。在 B10 单元格输入公式 "=(B4-1)*B6^2/B7^2"，按 "Enter"，得到结果 "39.366"。本步骤中的公式相当于计算 $\chi^2 = \dfrac{(n-1)S^2}{\sigma_0^2}$。

（5）根据决策准则作出决策。在 B11 单元格输入公式 "=IF(B10>B9,"拒绝原假设 H_0,方差不符合要求","接受原假设 H_0,方差符合要求")"，按 "Enter"，得到决策结果 "拒绝原假设 H_0，方差不符合要求"。据此检验结果表明：该天生产的饮料质量标准差不符合标准。

综合例 6-11 和例 6-13 的结果，得出结论：该饮料厂生产瓶装饮料质量符合规定，但不稳定。

6.5.3 两个总体参数的假设检验

上一小节介绍了一个总体的均值、方差的检验，本小节将介绍两个总体参数的检验，看它们是否有显著的差异。两个总体参数的检验主要有两个总体均值之差的检验、方差的检验。

1. 两个总体均值之差的检验

设两个总体的均值分别为 μ_1, μ_2，两个总体均值之差表示为 $\mu_1 - \mu_2$，其原假设和备择假设形式如下：

双侧检验中，原假设 $H_0:\mu_1 - \mu_2 = 0$，备择假设 $H_1:\mu_1 - \mu_2 \neq 0$。

左侧检验中，原假设 $H_0:\mu_1 - \mu_2 \geq 0$，备择假设 $H_1:\mu_1 - \mu_2 < 0$。

右侧检验中，原假设 $H_0:\mu_1 - \mu_2 \leq 0$，备择假设 $H_1:\mu_1 - \mu_2 > 0$。

在 Excel 2013 中，其数据分析功能提供了多种检验方法，用来检验两个总体均值之差，包括以下四种。

（1）z-检验：双样本平均差检验。它在已知两个总体方差的情况下，对两个总体进行双样本 z 检验。

(2) t-检验:双样本等方差假设。它在两个总体方差未知但相等的情况下,对两个总体平均值进行 t-检验。

(3) t-检验:双样本异方差假设。它在两个总体方差未知且不相等的情况下,对两个总体平均值进行 t-检验。

(4) t-检验:平均值的成对二样本分析。它可以对成对数据进行平均值之差的检验。

对于以上各双样本参数检验,决策准则可以用 P 值决策准则,即若检验方法计算出来的 P 值小于显著水平 α 的值,则拒绝原假设 H_0。

例 6-15 为了比较新旧两种肥料对产量的影响,某研究机构选择了面积相同、土壤等条件相同的 20 块田地,分别施用新旧两种肥料,得到的产量数据如表 1-6-6 所示,且两个总体方差未知但相等。比较新肥料获得的平均产量是否与旧肥料获得的平均产量相等(显著水平 $\alpha = 5\%$)。

表 1-6-6 新旧肥料的产量数据

肥料	产量数据																			
旧肥料	99	102	97	109	101	94	88	101	97	98	108	102	98	99	102	104	99	104	106	101
新肥料	112	106	106	110	109	111	118	111	110	112	99	102	118	100	107	110	109	113	118	120

两个总体方差未知但相等情况下,双样本均值差检验的步骤如下。

(1) 提出原假设 $H_0: \mu_1 - \mu_2 = 0$,备择假设 $H_2: \mu_1 - \mu_2 \neq 0$。

(2) 在表中输入数据,参见图 1-6-33 的 A 列、B 列数据。

(3) 单击"数据"选项卡下"分析"组中的"数据分析"按钮,打开"数据分析"对话框;在"分析工具"列表框中选择"t-检验:双样本等方差假设",单击"确定"按钮后打开"t-检验:双样本等方差假设"对话框,如图 1-6-32 所示。

(4) 在"t-检验:双样本等方差假设"对话框中,设置各个参数的值。"变量 1 的区域(1)"设置为 A2:A21 单元格区域;"变量 2 的区域(2)"设置为 B2:B21 区域;"假设平均差"设置为"0";"α(A)"设置为"0.05";单击选中"输出区域(O)"单选按钮,并选择 D2 单元格作为输出结果的位置,如图 1-6-32 所示。单击"确定"按钮,输出计算结果,如图 1-6-33 所示。

(5) 分析检验结果。从图 1-6-33 的检验结果看出,计算的 t 值为"-5.715917",而 $P(T \leq t)$ 单尾和 $P(T \leq t)$ 双尾的值都远小于显著水平 α 值 5%,说明应拒绝原假设 H_0。因此得出结论:施用新肥料获得的平均产量与旧肥料获得的平均产量不相等。

2. 两个总体方差的检验

在总体方差未知的独立双样本的 t 检验中,需要事先知道两个总体的方差是否相等。这个问题可以用 Excel 2013 的数据分析工具的"F 检验:双样本方差"来进行检验。

例 6-16 使用例 6-15 的数据,检验实施新、旧肥料获得的两个产量总体方差是否相等(显著水平 $\alpha = 5\%$)。

双样本方差检验的操作步骤如下。

(1) 提出原假设 $H_0: \sigma_1^2 = \sigma_2^2$,备择假设 $H_1: \sigma_1^2 \neq \sigma_2^2$。

(2) 单元"数据"选项卡下"分析"组中的"数据分析"按钮,打开"数据分析"对

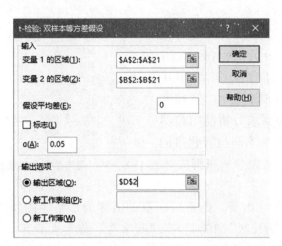

图1-6-32 "t-检验：双样本等方差假设"对话框　　图1-6-33 例6-15的输出结果

话框；在"分析工具"列表框中选择"F检验：双样本方差"，单击"确定"按钮后打开"F检验：双样本方差"对话框，如图1-6-34所示。

（3）在"F检验：双样本方差"对话框中，设置如图1-6-34所示的各个参数，单击"确定"按钮后，得到计算结果，如图1-6-35所示。

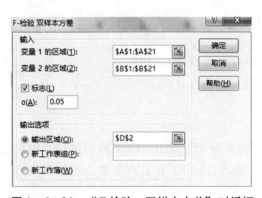

图1-6-34 "F检验：双样本方差"对话框　　图1-6-35 例6-16的输出结果

（4）分析检验结果。本例为双侧检验，其 P 值是"P（F≤f）单尾"对应概率的2倍，所以 P 值为 $2*0.201\,976\,276=0.403\,952\,552$，$P$ 值明显远大于显著水平5%，说明不能拒绝原假设 H_0。因此得出结论：施用新肥料和旧肥料所获得的产量方差是相等的。

6.6 方差分析

6.6.1 方差分析有关概念

1. 方差分析

方差分析是检验多个总体均值是否相等的统计方法。它研究的是分类自变量对数值型因变量的影响,其目的是通过数据分析找出对事物有显著影响的因素,各因素之间的交互作用等。为了理解有关概念,先看一个例子。

例 6-17 一家连锁超市进行一项研究,想确定超市所在的位置对销售额是否有显著影响。将超市位置分为居民区、商业区、写字楼 3 类,并在不同位置分别随机抽取若干家超市,其中居民区抽取 8 家,商业区抽取 7 家,写字楼抽取 7 家,获得每家超市的年销售额数据如图 1-6-36 所示。现要求分析超市位置对销售额是否有显著影响。这问题归结为对 3 个不同位置超市的销售额平均值是否相等的判断,这就需要使用方差分析来解决。

	A	B	C
1		超市位置	
2	居民区	商业区	写字楼
3	265	410	180
4	310	305	290
5	220	450	330
6	290	380	220
7	350	320	170
8	300	390	256
9	445	485	290
10	460		

图 1-6-36 超市位置和销售额

2. 因素和水平

在方差分析中,所要检验的对象称为因素或因子。因素可能取的值称为水平。例如图 1-6-36 中,"超市位置"是因素,它的值"居民区""商业区""写字楼"称为水平。

3. 观测值

每个因子水平下得到的样本数据称为观测值。例如,图 1-6-36 中,单元格的销售额数就是观测值。

4. 方差分析中的基本假定

方差分析中有三个基本假定:每个总体服从正态分布、各个总体的方差必须相等、观测值独立。

5. 方差分析的一般假设

设因素有 k 个水平,每个水平的均值分别用 $\mu_1, \mu_2, \cdots, \mu_k$ 表示,要检验 k 个水平(总体)的均值是否相等,需要提出如下假设。

$H_0: \mu_1 = \mu_2 = \cdots = \mu_k$,即自变量对因变量没有显著差异和影响。

$H_1: \mu_1, \mu_2, \cdots, \mu_k$ 不全相等,即自变量对因变量有显著差异和影响。

6.6.2 单因素方差分析

当方差分析中只涉及一个因素时,称为单因素方差分析。例 6-16 要检验的是不同位置超市的销售额平均值是否相等,只涉及一个因素"超市位置",它是自变量,销售额是因变量。因此,该问题属于单因素方差分析。

单因素方差分析可以用 Excel 2013 中数据分析功能的"方差分析:单因素方差分析"模块来完成计算,然后根据计算结果进行分析,作为决策。若 $F > F_\alpha$,则拒绝原假设 H_0,表明自变量对因变量有显著影响;否则不能拒绝原假设 H_0。

所以在例 6-16 中,置信水平为 5%,进行方差分析的具体操作步骤如下。

(1) 提出假设。

$H_0: \mu_1 = \mu_2 = \mu_3$,即三种不同位置超市的平均销售额相等。

$H_1: \mu_1, \mu_2, \mu_3$ 不全相等,即超市位置对销售额有显著差异和影响。

(2) 单击"数据"选项卡下"分析"组中的"数据分析"按钮,打开"数据分析"对话框,在"分析工具"列表框中选择"方差分析:单因素方差分析",单击"确定"按钮后打开"方差分析:单因素方差分析"对话框,如图 1-6-37 所示。在对话框中按图 1-6-37 设置各个参数,完成后单击"确定"按钮,得到计算结果,如图 1-6-38 所示。

(3) 分析结果,作出决策。计算结果中,21~26 行是方差分析表的结果,各列含义为:"SS"表示误差平方和,"df"表示自由度,"MS"表示均方差,"F"表示 F 检验统计量,"P-value"表示概率,是用于检验的 P 值,"F crit"表示给定显著水平 α 下的临界值 F_α。

从方差分析结果可以看到,$F = 7.119\,548\,4$,$F_\alpha = 3.521\,893\,3$,有 $F > F_\alpha$,所以拒绝原假设 H_0,即 $\mu_1 = \mu_2 = \mu_3$ 不成立。也就是说超市位置对销售额的均值影响是显著的。

在决策时,也可以用 P 值进行决策。若 $P < \alpha$,则拒绝原假设 H_0,否则不拒绝原假设。对于本例,$P = 0.004\,926$,$\alpha = 0.05$,有 $P < \alpha$,所以拒绝原假设 H_0。得出相同的决策:超市位置对销售额的均值影响是显著的。

图 1-6-37 "方差分析:单因素方差分析"对话框

图 1-6-38 单因素方差分析计算结果

6.6.3 双因素方差分析

在对实际问题的研究中,有时需要考虑多个因素对因变量的影响。当方差分析中涉及两个因素时,称为双因素方差分析。双因素方差分析分为两种:无交互作用的双因素方差分析和有交互作用的双因素方差分析。

1. 无交互作用的双因素方差分析

无交互作用的双因素方差分析(亦称无重复双因素方差分析)中,涉及的两个因素之间相互独立。

例 6-18 图 1-6-39 是某公司 4 种产品 1-6 月的销售数据,分析该公司产品分类和月份对销售量是否有显著影响(设显著水平 α 为 5%)。

	A	B	C	D	E	F	G	H
1			月份					
2			1月	2月	3月	4月	5月	6月
3	产品分类	产品1	18	23	26	27	30	31
4		产品2	19	22	24	26	28	30
5		产品3	17	20	22	24	26	28
6		产品4	18	19	20	22	24	26

图 1-6-39 不同产品在不同月份的销售量数据

本例中，有两个因素“产品分类”和“月份”，假设它们对销售量的影响是相互独立的，而且两个因素之间只进行一次试验，没有新的试验数据。因此，本例的方差分析为无交互作用的双因素方差分析。

具体操作步骤如下。

（1）单击“数据”选项卡下“分析”组中的“数据分析”按钮，打开“数据分析”对话框，在“分析工具”列表框中选择“方差分析：无重复双因素分析”，单击“确定”按钮后打开“方差分析：无重复双因素分析”对话框，如图 1－6－40 所示。

按照图 1－6－40 所示设置各个参数，单击“确定”按钮。得到计算结果，如图 1－6－41 所示。

（3）分析计算结果。在图 1－6－41 中，27 行的结果为行因素检验的结果，“行”表示行因素，即产品分类因素，该行中，检验统计量 $F=26.346$，F 临界值 $F_{\alpha}=3.2874$，有 $F>F_{\alpha}$，则拒绝原假设 H_0，说明产品分类因素对销售量有显著影响。

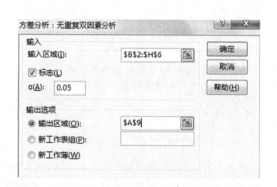

图 1－6－40 “方差分析：无重复双因素分析”对话框

	A	B	C	D	E	F	G
8							
9	方差分析：无重复双因素分析						
10							
11	SUMMARY	观测数	求和	平均	方差		
12	产品1	6	155	25.833	22.967		
13	产品2	6	149	24.833	16.167		
14	产品3	6	137	22.833	16.167		
15	产品4	6	129	21.5	9.5		
16							
17	1月	4	72	18	0.6667		
18	2月	4	84	21	3.3333		
19	3月	4	92	23	6.6667		
20	4月	4	99	24.75	4.9167		
21	5月	4	108	27	6.6667		
22	6月	4	115	28.75	4.9167		
23							
24							
25	方差分析						
26	差异源	SS	df	MS	F	P-value	F crit
27	行	68.5	3	22.833	26.346	3E-06	3.2874
28	列	311	5	62.2	71.769	6E-10	2.9013
29	误差	13	15	0.8667			
30							
31	总计	392.5	23				

图 1－6－41 无重复双因素方差分析的计算结果

28 行的结果为列因素检验的结果，“列”表示列因素，即月份因素，该行中，检验统计量 $F=71.769$，F 临界值 $F_{\alpha}=2.9013$，有 $F>F_{\alpha}$，说明月份因素对销售量有显著影响。因此，产品分类和月份都对销售量有显著影响。

2. *有交互作用的双因素方差分析*

如果两个因素对因变量的影响是独立的，但两个因素搭配在一起还会对因变量产生一种新的效应，这样的双因素方差分析称为有交互作用的双因素方差分析（亦称可重复双因素方差分析）。

例 6－19 某公司的产品某月在 3 个不同地区中用 3 种不同包装进行销售，所获得的销售量原始数据如图 1－6－42所示。分析不同地区和不同包装对产品销售量

	A	B	C	D	E
1				包装	
2			包装1	包装2	包装3
3	销售地区	地区1	45	75	30
4			50	50	40
5		地区2	35	65	50
6			38	52	46
7		地区3	47	47	54
8			55	38	53

图 1－6－42 销售量原始数据

是否有显著影响（设显著水平 α 为5%）。

从图1-6-42的数据表中看到，每个地区使用同一个包装的销售量数据有2个，即针对每个地区，同一个包装进行了2次抽样，得到2次抽样的销售量数据，说明了地区和包装的搭配对销售量产生一个新的影响。因此本例的方差分析为可重复双因素方差分析。

具体操作步骤如下。

（1）单击"数据"选项卡下"分析"组中的"数据分析"按钮，打开"数据分析"对话框，在"分析工具"列表框中选择"方差分析：可重复双因素分析"，单击"确定"按钮后打开"方差分析：可重复双因素分析"对话框，如图1-6-43所示。

按照图1-6-43所示设置各个参数，单击"确定"按钮后得到计算结果，如图1-6-44所示。

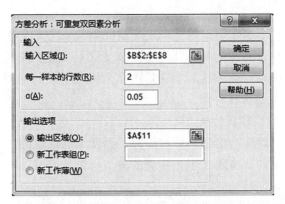

图1-6-43 "方差分析：可重复双因素分析"对话框　　图1-6-44 可重复双因素分析的计算结果

（3）分析计算结果。在图1-6-44的方差分析结果中，41行的结果为行因素检验的结果，"样本"表示行因素，即地区因素，该行中，检验统计量 $F = 0.044\,037$，F临界值 $F_\alpha = 4.256\,494\,7$，有 $F < F_\alpha$，则不能拒绝原假设 H_0，说明地区因素对销售量没有显著影响。

42行的结果为列因素检验的结果，"列"表示列因素，即包装因素，该行中，检验统计量 $F = 2.832\,11$，F临界值 $F_\alpha = 4.256\,494\,7$，有 $F < F_\alpha$，说明包装因素对销售量没有显著影响。

43行中，"交互"表示地区因素和包装因素交互作用，该行中，检验统计量 $F = 4.263\,303$，F临界值 $F_\alpha = 3.633\,088\,5$，有 $F > F_\alpha$，说明地区因素和包装因素的交互作用对销售量有显著影响。

6.7 相关分析和回归分析

现实生活中，许多现象之间存在着各种各样的联系，表现为数量上的相互依存关系，例如，商品的销售量与商品的价格、商品质量以及消费者的收入水平等因素相关。这些因素中，其中有一个因素称为因变量，其他因素会影响着因变量，称为自变量。通过相关分析，可以判断因变量与自变量之间是否存在相关关系、相关方向和相关程度。如果因变量与自变量之间存在相关关系，再利用回归分析，建立一个反映变量变化规律的回归数学模型，对其有效性进行检验，还可以根据自变量来预测因变量的值。本节介绍相关分析和一元线性回归分析的内容。

6.7.1 相关分析

相关分析是研究变量之间的相关关系。相关关系是指变量之间保持着某种不确定的依存关系，但这种关系不是一一对应的。在相关关系中，一个变量的取值不能由另一个变量唯一确定。给定一个变量的值，而另一个变量的取值在一定范围内变动，且这种变化是受随机因素影响的。例如，一个人的收入水平（y）与受教育程度（x）的关系，收入水平与受教育程度有关，但受教育程度不是决定收入的唯一因素，收入还受职业、工作年限等多种因素的影响。因此，相关关系是一种非确定性的关系。

1. 相关关系的分类

（1）按相关程度划分，相关关系分为完全相关、不相关和不完全相关。

当一个变量的变化完全由另一个变量的变化所决定时，称这两个变量间的关系为完全相关；当两个变量彼此互相不影响，其发生的变化各自独立时，就称这两个变量不相关；而当两个变量之间的关系介于完全相关和不相关之间时，就称这两个变量不完全相关。完全相关可以用函数来表示；不完全相关是相关分析的主要研究对象。

（2）按相关的方向划分，相关关系分为正相关和负相关。

正相关是指相关变量之间的变化趋势相同，即当自变量的值增加时，因变量的值也随之发生相应的增加；当自变量的值减少时，因变量的值也随之发生相应的减少。例如，商品的批发价与销售价之间的关系是正相关的。

负相关是指相关变量之间的变化趋势相反，即当自变量的值增加时，因变量的值随之发生相应的减少；而当自变量的值减少时，因变量的值则随之发生相应的增加。例如，汽车的行驶速度与所用时间之间的关系是负相关的。

（3）按相关形式划分，相关关系分为线性相关和非线性相关。

当两种相关变量的数量之间大致呈现出线性关系时，称为线性相关。当两种变量之间近似表现为一条曲线时，则称为非线性相关。

（4）按影响因素的多少来看，相关关系可分为单相关、复相关和偏相关。

单相关是指两个变量之间的相关关系，即一个因变量对一个自变量的相关关系，也叫简单相关。

复相关是指三个或三个以上变量之间的相关关系，即一个因变量对两个或两个以上的多个自变量的相关关系,又称多元相关。

偏相关是指某一变量与多个变量相关时,假定其他变量不变,其中两个变量的相关关系。

2. 简单相关分析的方法

简单相关分析是指对两个变量之间的相关关系进行分析,即通过计算两个变量之间的相关系数,对两个变量之间是否显著相关作出判断。简单相关分析的方法主要有散点图和相关系数。

(1) 散点图。散点图用 X 轴和 Y 轴分别表示不同的变量,两个变量之间对应的变量值用坐标点描绘。根据散点图的形状可以直观地判断出两个变量之间存在何种相关关系。

例 6-20 某公司为了研究销售收入与广告费用支出之间的关系,随机抽取 15 家分公司的数据,得到销售收入和广告费用支出的数据表(单位:万元),如图 1-6-45 所示。用散点图描绘销售收入和广告费用支出之间的关系。

具体操作步骤为:选择 A1:B16 单元格区域,然后单击"插入"选项卡下"图表"组中的"插入散点图(X、Y)或气泡图"下拉按钮选择列表中的第一个散点图样式,生成散点图;再根据需要,添加横坐标、纵坐标标题,如图 1-6-46 所示。

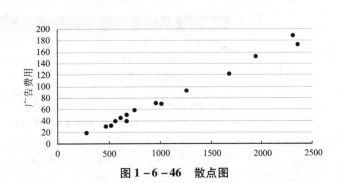

	A	B
1	销售收入	广告费用
2	618	44
3	2305	189
4	1675	120
5	753	58
6	1942	152
7	1018	68
8	960	70
9	678	50
10	2358	172
11	1258	92
12	531	32
13	569	40
14	678	39
15	286	18
16	475	29

图 1-6-45 销售收入和广告费用　　　　图 1-6-46 散点图

(2) 相关系数。散点图只能大体上反映变量之间的相关关系,但对变量之间相关关系的密切程度描述得不够精确。为了精确地反映相关关系的密切程度,还需要计算相关系数。

计算相关系数的方法有多种,最简单的一种称为积差法。用积差法计算相关系数的公式如下。

$$r = \frac{n\sum xy - \sum x \sum y}{\sqrt{n\sum x^2 - (\sum x)^2}\sqrt{n\sum y^2 - (\sum y)^2}}$$

$$= \frac{\sum_{i=1}^{n}(x_i - \bar{x})(y_i - \bar{y})}{\sqrt{\sum_{i=1}^{n}(x_i - \bar{x})^2}\sqrt{\sum_{i=1}^{n}(y_i - \bar{y})^2}}$$

相关系数 r 有下列性质。

① $-1 \leq r \leq 1$，r 的绝对值越大，表明两个变量之间的相关程度越强。

② 当 $0 < r \leq 1$ 时，表明两个变量之间存在正相关关系。当 $r = 1$ 时，表明两个变量之间存在完全正相关的关系。

③ 当 $-1 \leq r < 0$ 时，表明两个变量之间存在负相关关系。当 $r = -1$ 时，表明两个变量之间存在完全负相关的关系。

④ 当 $r = 0$ 时，表明两个变量之间没有线性相关关系。

在 Excel 2013 中，如果计算两个变量之间的相关系数，可以使用 CORREL 函数；如果计算多个变量之间的相关系数，可以用数据分析工具的"相关系数"功能来计算。

CORREL 函数返回两个变量之间的相关系数，其语法为"CORREL(Array1, Array2)"，用于返回单元格区域 Array1 和 Array2 之间的相关系数。参数 Array1 为第一组数值单元格区域，参数 Array2 为第二组数值单元格区域。

例 6-21 利用例 6-20 的销售收入和广告费用数据，计算两者之间的相关系数。

（1）第一种方法：用 CORREL 函数计算相关系数。

具体操作步骤如下。

① 单击 B18 单元格，单击"插入函数"按钮 f_x，打开"插入函数"对话框，在"搜索函数"输入框中输入"CORREL"，按"Enter"键，"选择函数"列表框中显示"CORREL"，选中该函数，单击"确定"按钮，打开"函数参数"对话框，如图 1-6-47 所示。

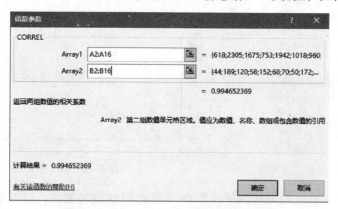

图 1-6-47 CORREL 函数参数对话框

② 在"函数参数"对话框中，设置"Array1"框中的区域为 A2:A16 单元格区域，"Array2"框中的区域为 B2:B16 单元格区域，单击"确定"按钮。这样在 B18 单元格添加了公式"=CORREL(A2:A16,B2:B16)"，计算结果为"0.994 652 4"，该数就是相关系数，如图 1-6-48 所示。

（2）第二种方法：用数据分析工具的"相关系数"功能来计算相关系数。

具体操作步骤如下。

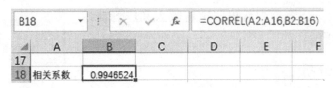

图 1-6-48　相关系数计算结果

①单击"数据"选项下"分析"组中的"数据分析"按钮,打开"数据分析"对话框,在"分析工具"列表框中选择"相关系数",单击"确定"按钮,打开"相关系数"对话框,如图 1-6-48 所示。

②在"相关系数"对话框中,如图 1-6-49 所示,设置"输入区域"为 A1:B16 单元格区域,单击选中"标志位于第一行"复选按钮,单击选中"输出区域(O)"单选按钮,并设置 A20 单元格作为输出区域,然后单击"确定"按钮,得到相关系数的计算结果,如图 1-6-50 所示。

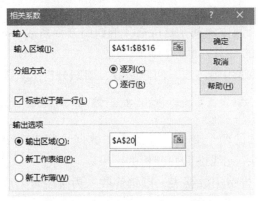

图 1-6-49　"相关系数"对话框　　　　图 1-6-50　相关系数计算结果

3. 相关系数的检验

相关系数是根据样本数据计算出来的两个不相关的变量,其样本相关系数也可能较高。所以,要从样本相关系数判断总体是否具有相同的相关关系,就需要对相关系数进行统计检验,其检验过程如下。

第 1 步,提出原假设 $H_0: r = 0$;备择假设 $H_1: r \neq 0$。

第 2 步,构造相关系数统计量为 t:$t = \dfrac{r\sqrt{n-2}}{\sqrt{1-r^2}}$,该统计量的自由度为 $n-2$。

第 3 步,给定一个小概率(显著水平)α,计算临界值 $t_\alpha(n-2)$。

第 4 步,作出决策。若 $|t| \geq t_\alpha(n-2)$,则拒绝原假设 H_0,表明两个变量之间线性相关关系显著;若 $|t| < t_\alpha(n-2)$,则接受原假设 H_0,表明两个变量之间线性相关关系不显著。

例 6-22　对例 6-21 中计算的相关系数进行检验(设 $\alpha = 0.05$)。

具体操作步骤为:在 B25 单元格输入显著水平值"0.05";在 B26 单元格输入公式"= B18 * SQRT(COUNT(A2:A16) - 2)/SQRT(1 - B18^2)",计算 t 统计量;在 B27 单元格输入公式"= TINV(B25,COUNT(A2:A16) - 2)",计算 t 临界值;在 B28 单元格输入公式"= IF (B26 > B27,"线性相关关系显著","无显著的线性相关关系")",得到相关系数的检验结果,如图 1-6-51 所示。从结果中看出，销售收入和广告费用之间相关关系是显著的。

	A	B
24	相关系数检验	
25	显著水平	0.05
26	t统计量	34.72391337
27	t临界值	2.160368656
28	决策	线性相关关系显著

图 1-6-51　相关系数检验结果

6.7.2　回归分析

回归分析是指对具有相关关系的多个变量，构造一个适当的数学模型（称为回归方程），将变量之间的关系表达出来，进而通过一个或多个自变量的取值来预测因变量的值。

进行回归分析时，首先，确定出因变量和自变量。被预测或被解释的变量作为因变量，用 y 表示；用来预测或解释因变量的一个或多个变量作为自变量，用 x 表示。其次，设法找出合适的数学方程（即回归方程）来描述变量之间的关系。再次，对回归方程进行统计检验。最后，统计检验通过后，可以利用回归方程，根据自变量估计、预测因变量。

当回归中只有一个自变量时称为一元回归，若 y 和 x 之间为线性关系时称为一元线性回归；当回归中有多个自变量时称为多元回归。

一元线性回归方程的形式为：$y = a + bx$，其中 a 和 b 是待估计的回归方程系数，a 是估计的回归直线在 y 轴上的截距；b 是回归直线的斜率，也称为回归系数。

在 Excel 2013 中，进行回归分析时，可以使用趋势线、回归函数、回归分析工具 3 种回归分析方法进行回归分析。

1. 使用趋势线进行回归分析

使用趋势线进行回归分析时，首先对所选的两个变量对应的样本数据绘制出一个散点图，然后在散点图的基础上添加趋势线，得到一元线性回归分析的结果。

例 6-23　根据例 6-20 的销售收入与广告费用数据表，以销售收入为自变量，广告费用为因变量，进行一元线性回归分析。

具体操作步骤如下。

(1) 绘制散点图。按照例 6-20 中的操作步骤，绘制出散点图，参见图 1-6-46。

(2) 添加趋势线。将光标定位到散点图中的点，单击鼠标右键，在弹出的快捷菜单中，选择"添加趋势线"，打开"设置趋势线格式"窗格，设置"趋势线选项"为"线性"，并单击选中"显示公式（E）""显示 R 平方值（R）"复选按钮；还可以根据需要设置趋势线的其他格式。设置好格式后得到一元线性回归直线和一元线性回归方程，如图 1-6-52 所示。

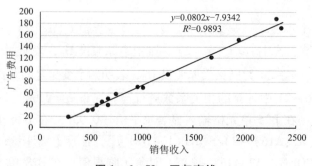

图 1-6-52　回归直线

图 1-6-52 中,"$y = 0.080\,2x - 7.934\,2$"为一元线性回归方程;"$R^2 = 0.989\,3$"为相关系数 R 的平方,其值越大,回归方程解释数据的能力越强,说明回归方程能够解释 98.93% 左右的数据,表明整体的拟合效果很好。

2. 利用回归函数进行回归分析

设一元线性回归方程为 $y = ax + b$,利用回归函数进行一元线性回归分析时,需要使用 SLOPE 函数、INTERCEPT 函数计算 a、b 的值。

INTERCEPT 函数的语法为"INTERCEPT(know_y's,know_x's)",其功能是求线性回归拟合线方程的截距 b 的值。其中,参数 know_x's 是自变量的数值区域,参数 know_y's 是因变量的数值区域。

SLOPE 函数的语法为"SLOPE(know_y's,know_x's)",其功能是求线性回归拟合线方程的斜率 a 的值。其中,参数 know_x's 是自变量的数值区域,参数 know_y's 是因变量的数值区域。

例 6-24 对例 6-20 的销售收入与广告费用数据表,以销售收入为自变量,广告费用为因变量,使用回归函数进行一元线性回归分析。

使用回归函数进行一元线性回归分析,首先利用 INTERCEPT 函数和 SLOPE 函数分别计算出截距 b、斜率 a。具体操作步骤如下。

(1) 计算截距 b。在 E2 单元格输入公式"=INTERCEPT(B2:B16,A2:A16)",按 Enter 键,得到结果"-7.934 215"。

(2) 计算斜率 a。在 E3 单元格输入公式"=SLOPE(B2:B16,A2:A16)",按 Enter 键,得到结果"0.080 229",如图 1-6-53 所示。

	A	B	C	D	E
1	销售收入	广告费用		回归函数法:	
2	618	44		截距b	-7.934215
3	2305	189		斜率a	0.080229
4	1675	120			
5	753	58			
6	1942	152			
7	1018	68			
8	960	70			
9	678	50			
10	2358	172			
11	1258	92			
12	531	32			
13	569	40			
14	678	39			
15	286	18			
16	475	29			

图 1-6-53 利用回归函数计算的结果

根据以上计算结果,得到销售收入与广告费用之间的一元线性回归拟合线方程为"广告费用 = 0.080 229 × 销售收入 - 7.934 215"。

3. 使用回归分析工具进行回归分析

例 6-25 根据例 6-20 中的销售收入与广告费用数据表,以销售收入为自变量,广告费用为因变量,使用回归分析工具进行一元线性回归分析。

具体操作步骤如下。

（1）建立回归方程：广告费用 = $a + b \times$ 销售收入。

（2）单击"数据"选项卡下"分析"组中的"数据分析"按钮，打开"数据分析"对话框，在"分析工具"列表框中选择"回归"，单击"确定"按钮，打开"回归"对话框，如图1-6-53所示。

（3）在"回归"对话框中，按照图1-6-54设置各项参数，然后单击"确定"按钮，得到回归分析结果，如图1-6-55所示。

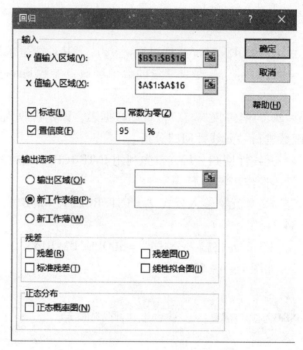

图1-6-54 "回归"对话框

（4）分析回归分析结果。如图1-6-55所示，回归分析结果分为三个部分。"回归统计"部分，"Multiple R"为"0.994 652 4"，表示相关系数；"R Square"为"0.989 333 3"，表示相关系数的平方，写为R^2；"Adjusted R Square"为"0.988 512 8"，表示调整后的判定系数，其值接近1，说明回归结果的拟合程度很好。

"方差分析"部分是回归方程整体的显著性检验结果，该方差分析的原假设是自变量对因变量没有显著影响（即所有回归系数为0）。F为检验统计量；"Significance F"通常称为P值，是一个概率，使用者通常根据P值作出决策。决策依据是：若Significance F < α，则拒绝原假设；若Significance F ≥ α，则接受原假设。本例中，Significance F < α，应拒绝原假设，表明回归方程中自变量"销售收入"对因变量"广告费用"有显著影响。

第三部分列出了回归的系数以及置信区间。可知，Intercept 是截距a，值为"-7.934 215"；"销售收入"是斜率b，值为"0.080 229 3"，因此一元线性回归方程可写为：广告费用 = -7.934 215 + 0.080 229 3 × 销售收入。"t Stat"列是回归系数检验统计量，"P-value"列是P值，"Lower 95%"和"Upper 95%"列是置信区间的下限和上限。

由上述三种方法的计算结果可知，三种方法计算出的一元线性回归拟合线方程都是相同

	A	B	C	D	E	F	G	H	I
1	SUMMARY OUTPUT								
2									
3	回归统计								
4	Multiple R	0.9946524							
5	R Square	0.9893333							
6	Adjusted R Square	0.9885128							
7	标准误差	5.8828491							
8	观测值	15							
9									
10	方差分析								
11		df	SS	MS	F	Significance F			
12	回归分析	1	41728.497	41728.497	1205.7502	3.31763E-14			
13	残差	13	449.90287	34.607913					
14	总计	14	42178.4						
15									
16		Coefficients	标准误差	t Stat	P-value	Lower 95%	Upper 95%	下限 95.0%	上限 95.0%
17	Intercept	-7.934215	2.9086587	-2.727792	0.0172544	-14.2179903	-1.65044	-14.21799	-1.65044
18	销售收入	0.0802293	0.0023105	34.723913	3.318E-14	0.075237821	0.0852209	0.0752378	0.0852209

图 1-6-55 回归分析结果

的。其中，使用趋势线进行回归分析最简单、直观；使用回归函数，关键是理解好 SLOPE 函数和 INTERCEPT 函数的含义，以及其参数的含义；使用回归分析工具进行回归分析得到的结果包含更多的信息量。

6.7.3 利用回归方程进行预测

当建立了回归方程后，若通过了各种统计显著性检验，便可以用来预测因变量了。预测形式有点预测和区间预测。这里以个别值点预测为例来说明，对于 x 的一个特定值 x_0，推算出 y 的一个个别值的估计值 y_0，则属于个别值的点预测。

例如，例 6-23 通过回归分析得到了回归方程：广告费用 = -7.934 215 + 0.080 229 3 × 销售收入。当销售收入达到 2 400 万元时，预测广告费用支出将是多少？对这个问题，广告费用预测值为：广告费用 = -7.934 215 + 0.080 229 3 × 2 400 = 184.616 1（万元）。

第 7 章

Excel 在人力资源管理分析中的应用

本章主要介绍 Excel 在人力资源管理中的具体应用，包括在人员招聘管理、人事资料管理、员工考勤管理、员工绩效与福利管理等方面的应用。

本章重点：在 Excel 中绘制自选形状的方法；数组公式的使用方法。

本章难点：数组公式的使用方法。

7.1 人员招聘与录用管理

员工是企业的重要组成部分，规范化的招聘流程管理是保证招聘到合适、优秀人员的前提。在员工招聘中，可以使用 Excel 来进行一些辅助的性工作，如制作招聘流程图、制作招聘费用预算表、制作聘用通知书等。

7.1.1 招聘流程图制作

企业每次招聘新员工都有一套固定的流程，招聘时必须严格按照流程进行，以便最大限度地发现和录用优秀的人才。制作直观的员工招聘流程图，可以帮助企业人力资源管理者更方便、快捷地猎获到所需人才，并为各个部门的紧密协作提供有力保障。

例 7 – 1　新建一个工作簿，在 Sheet1 工作表中，制作一个如图 1 – 7 – 1 所示的员工招聘流程图，并以"科博公司员工招聘流程图. xlsx"为文件名保存。制作流程图的具体操作步骤如下。

（1）新建一个工作簿，并以"科博公司员工招聘流程图. xlsx"为文件名保存。

（2）在 Sheet1 工作表中，把 A1:C1 单元格区域合并为一个单元格，输入文字"员工招聘流程："，并设置文本左对齐，字体设置为"微软雅黑，加粗，12 磅"。

（3）分别选中 A2、B2、C2 单元格，并在其中分别输入文字"人力资源部""用人部门""总经理"，然后将这 3 个单元格中的文本设置为"水平居中"对齐，字体设置为"微软雅黑，12 磅"。

第7章 Excel 在人力资源管理分析中的应用

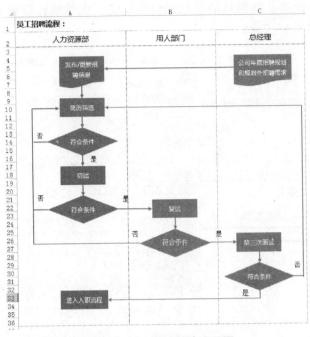

图 1-7-1 员工招聘流程图

（4）把 A2、B2、C2 单元格添加蓝色虚线边框，A3:A36 单元格区域、B3:B36 单元格区域和 C3:C36 单元格区域添加蓝色虚线外边框。

（5）把 A 列的宽度设为 30，B、C 两列的宽度设为 24，第 1、2 行的行高设为 25。

（6）单击"视图"选项卡，在"显示"组中单击取消选中"网格线"复选按钮，如图 1-7-2 所示。

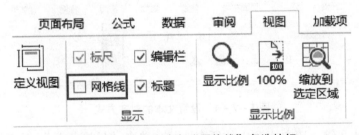

图 1-7-2 取消选中"网格线"复选按钮

（7）单击"插入"选项卡下"插图"组中的"形状"下拉按钮，选择"流程图"组中的"流程图:文档"图标，如图 1-7-3 所示。此时，光标变成十字形状，在工作表的 A3 单元格位置上单击并拖动鼠标左键，添加一个蓝色"流程图:文档"形状。

（8）将光标移至创建的流程图上，单击鼠标右键，在弹出的快捷菜单中选择"编辑文字"，使"流程图:文档"形状处于文字编辑状态，在该形状中输入"发布/更新招聘信息"，设置字体为"微软雅黑，10 磅"，形状的轮廓设为"无"。

（9）单击"开始"选项卡下"对齐方式"组中的"居中"和"垂直居中"按钮，设置文字的对齐方式为水平和垂直都居中，如图 1-7-4 所示。

（10）采用类似的方法依次继续添加"流程图:过程"形状、"流程图:决策"形状等，并添加相应的文字,设置 B 列形状的形状颜色为绿色、无轮廓,设置 C 列形状的形状颜色为橙色、无轮廓,如图 1-7-5 所示。

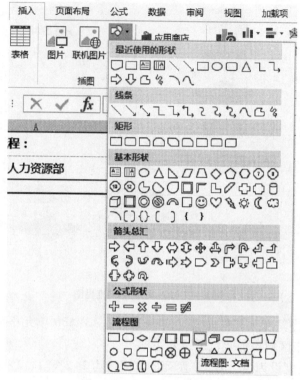

图 1-7-3　插入流程图

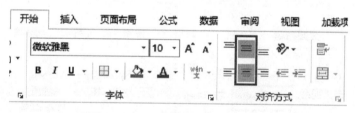

图 1-7-4　设置文本的对齐方式

（11）按住 Shift 键,选中 A 列中的所有形状,单击"绘图工具"下"格式"选项卡下的"排列"组中的"对齐"下拉按钮,选择"水平居中",设置 A 列形状的对齐方式,如图 1-7-6 所示。采用同样的方法设置 B 列、C 列形状的对齐方式为"水平居中"。选中 A 列上方的 5 个形状,单击"绘图工具"下"格式"选项卡下的"排列"组中的"对齐"下拉按钮,选择"纵向分布",设置形状的对齐方为"纵向分布"。采用同样的方法设置其他形状的对齐方式。

（12）单击"插入"选项卡下"插图"组中的"形状"下拉按钮,选择"线条"组中的"箭头"工具;当光标变成十字形状时,按住 Shift 键不放,单击并拖动鼠标左键,在第一个"流程图:文档"形状的下面,绘制一条垂直向下的蓝色箭头,设置线条的粗细为 1.5 磅。采用同样的方法绘制流程图中的其他箭头。

第 7 章　Excel 在人力资源管理分析中的应用

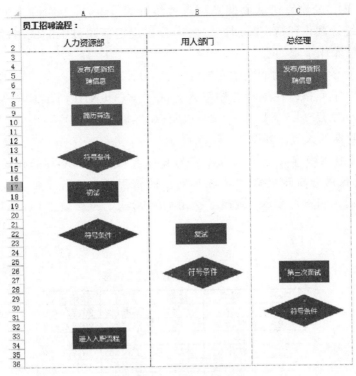

图 1-7-5　添加各种形状

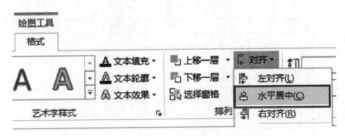

图 1-7-6　设置形状的对齐方式

（13）单击"插入"选项卡下"文本"组中的"文本框"下拉按钮，选择"横排文本框"，如图 1-7-7 所示。此时鼠标指针变成"I"字形状，将鼠标指针定位到第一个"流程图:决策"形状的下方，并单击鼠标左键绘制文本框，然后在文本框中输入文字"是"；采用同样的方法在该形状的左边插入文本框，并输入文字"否"。

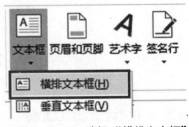

图 1-7-7　选择"横排文本框"

（14）将"是"与"否"文本框复制到流程图中的其他相应位置，得到最终的流程图如图 1-7-1 所示。

7.1.2　统计试用期到期人数

新员工受聘进入公司后，都有一个试用的过程，使用 Excel 可以准确地记录和统计员工试用期到期的人数，以便公司的人力资源部门进行决策。

· 209 ·

例7-2 打开"豪汐公司试用期到期人数统计表.xlsx"工作簿,在"试用期到期人数"工作表中,统计截止到指定日期试用期(公司规定新聘员工的试用期为90天,)已到的员工人数。具体操作步骤如下。

(1)打开"豪汐公司试用期到期人数统计表.xlsx"工作簿,在"试用期到期人数"工作表中,单击E20单元格,在编辑栏中输入公式"=COUNTIF(E3:E17,"<"&E19-90)"(或者输入"=COUNTIF(E3:E17,"<"&DATE(2017,8,14)-90)"),按Enter键确认,即可计算出试用期到期的人数,如图1-7-8所示。

公式解析: 先在E19单元格中输入指定的日期(或者用DATE函数返回指定的日期序列号),然后减去试用期的天数90,再与E列中的聘用日期进行比较。如果比聘用日期大(即日期更晚),则说明该员工已经超过了试用期的90天,最后使用COUNTIF函数来统计符号条件的个数。

	A	B	C	D	E
1			2017年上半年新聘员工信息		
2	序号	姓名	性别	部门	聘用日期
3	1	叶静	女	客服部	2017/4/20
4	2	魏清堂	男	销售部	2017/5/17
5	3	韩芬丽	女	财务部	2017/6/23
6	4	沈刚班	男	工程部	2017/4/19
7	5	田洪磊	男	客服部	2017/7/5
8	6	肖秋芳	女	销售部	2017/5/11
9	7	陈婕	女	销售部	2017/6/14
10	8	李自强	男	工程部	2017/7/23
11	9	何凯	男	销售部	2017/3/19
12	10	于苗苗	女	销售部	2017/6/13
13	11	班天娇	女	财务部	2017/5/16
14	12	刘华安	男	客服部	2017/4/2
15	13	潘彬彬	男	销售部	2017/5/28
16	14	秦玲玲	女	销售部	2017/4/26
17	15	白晓迪	男	工程部	2017/5/20
18					
19			截止日期		2017/8/14
20			试用期到期人数:		6

图1-7-8 计算豪汐公司试用期到期人数

7.2 人事资料管理

7.2.1 计算员工工龄

在管理员工资料时,经常需要根据员工的工作时间来统计员工的工龄,为员工的其他福利提供依据。下面举例讲解使用Excel函数来计算工龄的方法。

例7-3 打开"伟全科技公司员工工龄表.xlsx"工作簿,在Sheet1工作表中,根据员工的工作时间计算他们的工龄。具体操作步骤如下。

(1)打开"伟全科技公司员工工龄表.xlsx"工作簿,在Sheet1工作表中,单击E2单元格,在编辑栏中输入公式"=DATEDIF(D2,TODAY(),"Y")",按"Enter"键确认,得到结果"12"。

(2) 将 E2 单元格的公式向下复制至 E21 单元格,算出其他员工的工龄,如图 1-7-9 所示。

公式解析:在公式"= DATEDIF(D2,TODAY( ),"Y")"中,D2 单元格里存放了某位员工的工作时间,该时间作为起始日期,利用 TODAY 函数计算当前系统日期作为结束日期;因为是计算工龄,只需要得到以"年"为单位的结果即可,所以时间单位参数设为"Y"。

	A	B	C	D	E
1	员工号	姓名	性别	工作时间	工龄
2	18001	曾凯	男	2005/6/10	13
3	18002	吕小冰	女	1991/7/15	27
4	18003	陈飞吉	男	2013/11/7	5
5	18004	韩飞龙	男	1999/11/22	19
6	18005	蒋伟华	男	2006/3/24	12
7	18006	李庆静	女	2008/8/16	10
8	18007	魏红云	女	1994/7/22	24
9	18008	肖伟峰	男	2003/8/19	15
10	18009	何韵	女	2001/1/30	17
11	18010	雷芳菲	女	2007/6/19	11
12	18011	萧劲光	男	1992/5/17	26
13	18012	王晓蕾	女	2008/12/16	10
14	18013	于苗苗	女	1995/7/8	23
15	18014	黄长兴	男	2000/6/14	18
16	18015	严伟林	男	2007/4/8	11
17	18016	叶景峰	男	2008/11/5	10
18	18017	苏晓娜	女	1996/6/27	22
19	18018	韦璐瑶	女	2007/10/26	11
20	18019	丁青龙	男	2005/11/8	13
21	18020	何倩倩	女	2014/10/2	4

图 1-7-9 计算出所有员工的工龄

7.2.2 统计各工龄段的员工人数

算出了员工的工龄后,有时还需统计出各个工龄段的员工人数,以便公司进行相应的决策。下面通过实例来讲解统计各工龄段的员工人数的方法

例 7-4 打开"伟全科技公司员工各工龄段人数统计表.xlsx"工作簿,在 Sheet1 工作表中,统计各工龄段的员工人数。

统计各工龄段的人数可以通过使用 COUNTIF 函数和使用 FREQUENCY 数组公式两种方法。

(1) 使用 COUNTIF 函数统计。使用 COUNTIF 函数来统计各工龄段的员工人数的具体操作步骤如下。

①打开"伟全科技公司员工各工龄段人数统计表.xlsx"工作簿,在 Sheet1 工作表的 G1:H8 单元格区域中输入如图 1-7-10 所示的信息。

②单击 H3 单元格,在编辑栏中输入公式"= COUNTIF($E$2:$E$21,">20")",按 Enter 键确认。此时,在 H3 单元格中显示工龄结果。

提示: 引用单元格时,按 F4 键可以让单元格地址在相对引用、绝对引用之间进行切换。按第 1 次是行和列绝对引用;按第 2 次是行绝对引用,列相对引用;按第 3 次是列绝对引

用,行相对引用;按第 4 次是行和列相对引用,周而复始。

③依次在 H4、H5、H6、H7 单元格中,分别输入公式" = COUNTIFS($E$2:$E$21," > 15",$E$2:$E$21," < = 20")"" = COUNTIFS($E$2:$E$21," > 10",$E$2:$E$21," < = 15")"" = COUNTIFS($E$2:$E$21," > 5",$E$2:$E$21," < = 10")"和" = COUNTIF($E$2:$E$21," < = 5")",按"Enter"键确认后,得到各个工龄段的员工人数。最终结果如图 1 − 7 − 11 所示。

④在单元格 H8 中,输入公式" = SUM(H3:H7)"并按"Enter"键确认,核对一下各工龄段的总人数是否正确。

图 1 − 7 − 10　输入相关的信息　　　　图 1 − 7 − 11　统计的各工龄段的员工人数

(2) 使用 FREQUENCY 数组公式统计。使用 FREQUENCY 数组公式统计各工龄段的员工人数的具体操作步骤如下。

①在 Sheet1 工作表的 J1:L8 单元格区域中输入如图 1 − 7 − 12 所示的工龄和每组上限。

②选中 L3:L7 单元格区域,单击"公式"选项卡下的"插入函数"按钮,打开"插入函数"对话框,在"选择函数"列表框中选择频数统计函数"FREQUENCY",单击"确定"按钮,打开"函数参数"对话框,设置"Data_array"为 E2:E21 单元格区域,设置"Bins_array"为 K3:K7 单元格区域,如图 1 − 7 − 13 所示。

图 1 − 7 − 12　输入工龄和每组上限

③按"Ctrl + Shift + Enter"组合键确定输入数组公式,最后得到如图 1 − 7 − 14 所示结果。

图 1 − 7 − 13　设置 FREQUENCY 函数的参数　　图 1 − 7 − 14　使用 FREQUENCY 数组公式得到的结果

7.2.3　提取员工的生日、年龄和性别

在对公司的员工信息进行管理时，通过员工提供的身份证号码，可以提取员工的出生日期、年龄和性别等信息。我国的居民身份证号码是一组特征组合码，原为 15 位，现升级为 18 位。身份证号为 15 位的，前面的 6 位数字是常住户口所在县市的行政区划代码，接着的 6 位数字为出生日期代码，后面的 3 位数字为顺序码。身份证号为 18 位的，前面的 6 位数字是常住户口所在县市的行政区划代码，接着的 8 位数字为出生日期代码，然后是 3 位数字顺序码和 1 位检验码；其中，3 位数字顺序码是为同一地址码的同年同月同日出生人员编制的顺序号，偶数的为女性，奇数的为男性。下面举例说明在 Excel 中使用有关的函数从身份证号码中提取出生日期、年龄和性别等信息的方法。

例 7－5　打开“力宏公司员工身份证信息 . xlsx”工作簿，在 Sheet1 工作表中，B 列为公司员工的身份证号码，使用公式从身份证号码中提取员工的性别和出生日期，然后再根据出生日期计算员工的年龄。具体操作步骤如下。

（1）在 C2 单元格输入公式“＝IF(LEN(B2)＝18,IF(MOD((MID(B2,17,1)),2)＝1,"男","女"),IF(MOD((MID(B2,15,1)),2)＝1,"男","女"))”，按“Enter”键确认，判断出第一个员工的性别。

公式解析：在公式中，先用 LEN（B2）＝18 判断身份证号码是否是 18 位，如果是 18 位，那么用 MID 函数从身份证号码中提取第 17 位，接着用 MOD 函数判断该数字是否为奇数，如果是则判断为男性，否则为女性。如果不是 18 位的身份证号，那么就是 15 位的，按照类似的方法提取第 15 位数字并判断是否是奇数，如果是则为男性，否则为女性。

提示：在公式中，判断数字是否为奇数，也可以用 ISODD 函数来实现。此时，公式应为“＝IF(LEN(B2)＝18,IF(ISODD(MID(B2,17,1)),"男","女"),IF(ISODD(MID(B2,15,1)),"男","女"))”。

（2）将 C2 单元格的公式向下复制至 C8 单元格，判断出其他员工的性别，如图 1－7－15 所示。

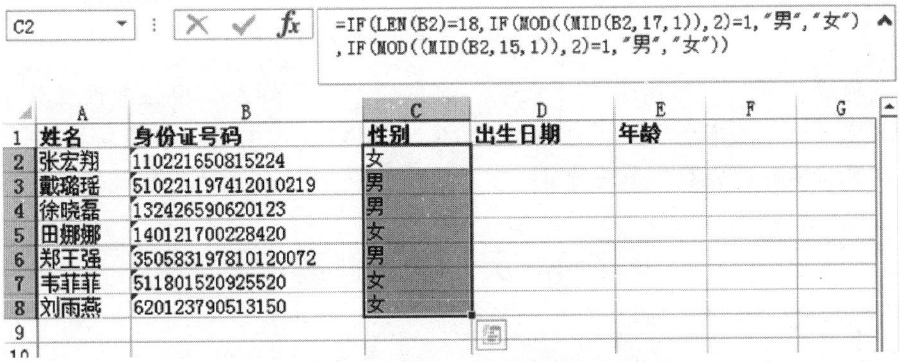
C2　=IF(LEN(B2)=18,IF(MOD((MID(B2,17,1)),2)=1,"男","女"),IF(MOD((MID(B2,15,1)),2)=1,"男","女"))

	A	B	C	D	E	F	G
1	姓名	身份证号码	性别	出生日期	年龄		
2	张宏翔	110221650815224	女				
3	戴璐瑶	510221197412010219	男				
4	徐晓磊	132426590620123	男				
5	田娜娜	140121700228420	女				
6	郑王强	350583197810120072	男				
7	韦菲菲	511801520925520	女				
8	刘雨燕	620123790513150	女				
9							

图 1－7－15　通过身份证号码判断性别

（3）在 D2 单元格输入公式“＝TEXT(IF(LEN(B2)＝18,MID(B2,7,8),"19"&MID(B2,7,6)),"0000 年 00 月 00 日")”，按“Enter”键确认，提取出第一个员工的出生日期。

（4）将 D2 单元格的公式向下复制至 D8 单元格，提取出其他员工的出生日期，如图

1－7－16所示。

公式解析：与判断性别函数类似，在公式中先用 LEN（B2）＝18 判断身份证号码是否是 18 位，如果是 18 位，那么用 MID 函数从身份证号码中的第 7 位开始连续提取 8 个数字；如果是 15 位，那么用 MID 函数从身份证号码中的第 7 位开始连续提取 6 个数字，并在前面添加数字“19”。最后使用 TEXT 函数把提取的数字格式化为“年”“月”“日”的形式。

D2　=TEXT(IF(LEN(B2)=18,MID(B2,7,8),"19"&MID(B2,7,6)),"0000年00月00日")

	A	B	C	D	E	F	G
1	姓名	身份证号码	性别	出生日期	年龄		
2	张宏翔	110221650815224	女	1965年08月15日			
3	戴璐瑶	510221197412010219	男	1974年12月01日			
4	徐晓磊	132426590620123	男	1959年06月20日			
5	田娜娜	140121700228420	女	1970年02月28日			
6	郑王强	350583197810120072	男	1978年10月12日			
7	韦菲菲	511801520925520	女	1952年09月25日			
8	刘雨燕	620123790513150	女	1979年05月13日			

图 1－7－16　从身份证号码中提取出生日期

（5）在 E2 单元格输入公式“＝DATEDIF(D2,TODAY(),"Y")”，按“Enter”键确认，计算出第一个员工的年龄。将 E2 单元格的公式复制至 E8 单元格，计算出其他员工的年龄，如图 1－7－17 所示。

E2　=DATEDIF(D2,TODAY(),"Y")

	A	B	C	D	E
1	姓名	身份证号码	性别	出生日期	年龄
2	张宏翔	110221650815224	女	1965年08月15日	52
3	戴璐瑶	510221197412010219	男	1974年12月01日	43
4	徐晓磊	132426590620123	男	1959年06月20日	58
5	田娜娜	140121700228420	女	1970年02月28日	48
6	郑王强	350583197810120072	男	1978年10月12日	39
7	韦菲菲	511801520925520	女	1952年09月25日	65
8	刘雨燕	620123790513150	女	1979年05月13日	38

图 1－7－17　通过身份证号码计算年龄

提示：通过“开始”选项卡下“数字”组中的“数字格式”按钮来设置数字的格式，只会更改数字的格式而不会影响其中的数值。使用 TEXT 函数可以将数值转换为带格式的文本，而其结果将不再作为数字参与计算。

7.3　员工考勤管理

7.3.1　统计员工迟到和早退情况

在对员工进行日常考勤管理的过程中，需要准确地记录每一天员工的迟到和早退情况。比如，在一个单独的列中根据员工的上、下班打卡时间自动统计出缺勤的次数，用颜色直接对迟到或早退的时间进行标记，让所有缺勤的打卡时间一目了然。下面举例讲解使用条件格式对数据标记格式以及统计缺勤次数的方法。

例7-6 打开"伟全科技公司员工考勤情况表.xlsx"工作簿，在Sheet1工作表中，D列和E列分别是每个员工的早上上班打卡时间和下午下班打卡时间。公司规定：上班打卡时间不能晚于8:00，下午打卡时间不能早于17:30；如果员工迟到或早退一次，都记缺勤1次。利用条件把D、E两列中不符合规定的打卡时间用红色的填充色进行标记，并统计出每个员工的缺勤次数。具体操作步骤如下。

（1）选择D2:D11单元格区域，单击"开始"选项卡下"样式"组中的"条件格式"下拉按钮三角形，选择"突出显示单元格规则"下的"大于"，如图1-7-18所示，打开"大于"对话框。

图1-7-18 选择"突出显示单元格规则"下的"大于"

（2）在对话框左侧的文本框中输入时间"8:00:00"，在右侧"设置为"下拉列表中选择"自定义格式…"，如图1-7-19所示。

图1-7-19 设置上班打卡时间的条件格式

（3）打开"设置单元格格式"对话框中，单击"填充"选项卡，选择红色为背景色，单击"确定"按钮，返回"大于"对话框；再单击"确定"按钮，Excel将对选中单元格中时间超过8:00:00的单元格设置为红色填充色，如图1-7-20所示。

	A	B	C	D	E	F
1	姓名	性别	部门	上班打卡	下班打卡	缺勤次数
2	曾凯	男	财务部	8:05:13	17:45:20	
3	吕小冰	女	销售部	8:30:26	17:14:36	
4	陈飞吉	男	技术部	7:55:06	18:01:30	
5	韩飞龙	男	客服部	8:03:45	17:42:46	
6	蒋伟华	男	销售部	7:45:52	17:28:50	
7	李庆静	女	技术部	8:01:19	17:51:02	
8	魏红云	女	财务部	7:58:36	17:20:35	
9	肖伟峰	男	销售部	7:52:12	18:15:20	
10	何韵	女	市场部	7:48:37	17:49:30	
11	雷芳菲	女	技术部	8:06:46	17:26:39	

图1-7-20 对迟到的时间进行标记

（4）对E列的时间也进行类似的条件格式设置，只不过在"突出显示单元格规则"中选择"小于",在"小于"对话框左侧的文本框中输入时间"17:30:00",如图1-7-21所示,最终的结果如图1-7-22所示。

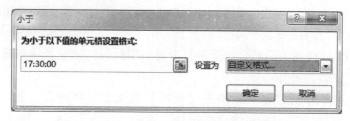

图1-7-21 设置下班打卡时间的条件格式

	A	B	C	D	E	F
1	姓名	性别	部门	上班打卡	下班打卡	缺勤次数
2	曾凯	男	财务部	8:05:13	17:45:20	
3	吕小冰	女	销售部	8:30:26	17:14:36	
4	陈飞吉	男	技术部	7:55:06	18:01:30	
5	韩飞龙	男	客服部	8:03:45	17:42:46	
6	蒋伟华	男	销售部	7:45:52	17:28:50	
7	李庆静	女	技术部	8:01:19	17:51:02	
8	魏红云	女	财务部	7:58:36	17:20:35	
9	肖伟峰	男	销售部	7:52:12	18:15:20	
10	何韵	女	市场部	7:48:37	17:49:30	
11	雷芳菲	女	技术部	8:06:46	17:26:39	

图1-7-22 对早退的时间进行标记

(5)在F2单元格输入公式" =SUM(D2 > TIMEVALUE("7:59:59") ,E2 < TIMEVALUE ("17:30:00"))",按"Enter"键确认,统计出第一个员工上、下班迟到和早退的次数总和。

(6)将F2单元格的公式向下复制至F11单元格,统计出其他员工的缺勤情况,如图1-7-23所示。

	A	B	C	D	E	F
1	姓名	性别	部门	上班打卡	下班打卡	缺勤次数
2	曾凯	男	财务部	8:05:13	17:45:20	1
3	吕小冰	女	销售部	8:30:26	17:14:36	2
4	陈飞吉	男	技术部	7:55:06	18:01:30	0
5	韩飞龙	男	客服部	8:03:45	17:42:46	1
6	蒋伟华	男	销售部	7:45:52	17:28:50	1
7	李庆静	女	技术部	8:01:19	17:51:02	1
8	魏红云	女	财务部	7:58:36	17:20:35	1
9	肖伟峰	男	销售部	7:52:12	18:15:20	0
10	何韵	女	市场部	7:48:37	17:49:30	0
11	雷芳菲	女	技术部	8:06:46	17:26:39	2

图1-7-23 统计员工的缺勤次数

7.3.2 制作考勤统计表

在公司的人力资源管理中,有时还要详细地统计员工迟到或早退的情况。比如,有些公司规定:员工迟到或早退的时间超过了30分钟就要扣除一定的出勤奖金,此时,就要统计

第7章 Excel在人力资源管理分析中的应用

员工迟到或早退了多少小时、多少分钟,以便进行相应的处罚。下面通过实际的案例来讲解使用函数计算时间差以及从时间中提取小时和分钟的方法。

例7-7 打开"伟全科技公司员工考勤统计表.xlsx"工作簿,在Sheet1工作表中,B2单元格与E1单元格中的时间为公司规定的上班时间和下班时间,C、D两列中的时间分别为每位员工上、下班的打卡时间。要求根据员工实际的打卡时间,计算每个员工迟到或早退的具体时间。具体操作步骤如下。

(1) 在E4单元格输入公式"=IF(C4>$B$1,IF(MINUTE(C4)>=MINUTE($B$1),HOUR(C4)-HOUR($B$1),HOUR(C4)-HOUR($B$1)-1),0)",按"Enter"键确认,算出第一个员工上班打卡迟到的小时数。

公式解析:在公式中,先判断C4单元格中的打卡时间是否大于B1单元格中公式规定的上班打卡时间,如果大于,那么该员工就迟到了。然后比较员工打卡时间中的分钟是否大于或等于规定时间的分钟,如果是的话,那么可以直接用员工打卡的小时数减去规定打卡的小时数,得到迟到的小时数;否则需要将打卡小时数减去规定打卡的小时数后再减1。如果C4单元格中的打卡时间小于规定的打卡时间,那么就返回0,因为员工提前来上班了。

(2) 将E4单元格的公式向下复制至E13单元格,算出其他员工迟到的小时数。

(3) 在F4单元格输入公式"=IF(C4>$B$1,IF(MINUTE(C4)>=MINUTE($B$1),MINUTE(C4)-MINUTE($B$1),MINUTE(C4)+60-MINUTE($B$1)),0)",按"Enter"键确认,计算出第一个员工上班打卡迟到的分钟数。

(4) 将F4单元格的公式向下复制至F13单元格,算出其他员工迟到的分钟数。

(5) 在G4单元格输入公式"=IF(D4<$E$1,IF(MINUTE(D4)>=MINUTE($E$1),HOUR($E$1)-HOUR(D4)-1,HOUR($E$1)-HOUR(D4)),0)",按"Enter"键确认,算出第一个员工下班打卡早退的小时数。

(6) 将G4单元格的公式向下复制至Q13单元格,算出其他员工早退的小时数。

(7) 在H4单元格输入公式"=IF(D4<$E$1,IF(MINUTE(D4)<=MINUTE($E$1),MINUTE($E$1)-MINUTE(D4),MINUTE($E$1)+60-MINUTE(D4)),0)",按"Enter"键确认,算出第一个员工下班打卡早退的分钟数。

(8) 将H4单元格的公式向下复制至H13单元格,算出其他员工早退的分钟数。最终的结果如图1-7-24所示。

图1-7-24 统计员工的考勤情况

7.3.3 批量制作考勤表

在使用 Excel 管理表格的过程中，经常需要制作大量结构和格式相同的表格，如每个月的员工考勤表，表中有每一个员工的姓名和每个月中每一天的日期，区别只是每个月中每个员工的考勤情况不同。如果要制作一年的考勤表，就要制作 12 张表格，这样做既费力、效率又低。此时，可以先制作好第一个月的考勤表，然后将其创建为模板，这样在制作后面每个月的考勤表时，只需使用模板来创建考勤表，即可在新建的表格中自动保留模板中的姓名和日期。

例 7-8 制作如图 1-7-25 所示的员工考勤表模板，表格中的姓名和日期所在的单元格都是锁定的，用户不能对其进行修改。新建考勤表时，通过修改 A1 单元格中的月份来使 A 列日期自动更新为指定月份的日期。具体操作步骤如下。

（1）建立一个如图 1-7-25 所示的考勤表，在 A3 单元格中输入公式 "=DATE(2017, LEFT($A$1,FIND("月",$A$1)-1),ROW()-2)"，按"Enter"键确定，得到 2017 年 1 月份第一天的日期。

公式解析： 在考勤表标题输入月份后，通过公式在 A 列中自动得到本月的日期。因此，在公式中，先用 FIND 函数查找标题中"月"字的位置，位置的数字减 1 作为 LEFT 函数中的第二个参数（要提取的字符个数），这样就可以从标题中提取月份的数字。提取的月份数字最后作为 DATE 函数的第二个参数（即表示"月"的数字），而 DATE 函数的第一个参数可以指定任何的年份。同时，为了在复制公式的过程中得到正确的日数，在公式中通过 ROW 函数来引用当前单元格的行号，并减 2（因为第一个日期的单元格是从第 3 行开始），作为 DATE 函数的第三个参数（日期中的"日"）。

图 1-7-25 通过公式得到考勤表的第一个日期

（3）将 A3 单元格的公式向下复制至 A33 单元格，得到 1 月份中每天的日期。

（4）单击工作表中左上角的全选按钮，选中所有的单元格，单击"开始"选项卡下"数字"组中的"数字格式"按钮，打开"设置单元格格式"对话框。在对话框中单击"保护"选项卡，取消选中"锁定"复选按钮，如图 1-7-26 所示，单击"确定"按钮。

（5）选择 B2:K2 单元格区域，然后按住"Ctrl"键的同时，再选择 A3:A33 单元格区域，单击"审阅"选项卡下"更改"组中的"保护工作表"按钮，打开"保护工作表"对话框。在对话框中设置好保护的项目后，输入保护的密码，如图 1-7-27 所示，单击"确定"按钮；打开"确定密码"对话框中，再次输入密码，如图 1-7-28 所示，单击"确定"按钮。这样所有的姓名和日期就不能修改。

（6）单击快速访问工具栏中的"保存"按钮将考勤表保存。接着单击"文件"选项卡

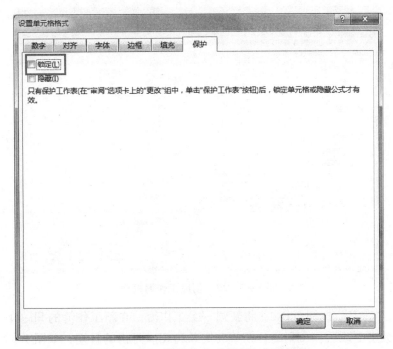

图 1-7-26 取消选中"锁定"复选按钮

下的"另存为",设置"保存类型"为"Excel 模板",然后在"文件名"后面的文本框中输入"员工考勤模板",如图 1-7-29 所示。最后单击"保存"按钮,创建员工考勤模板。

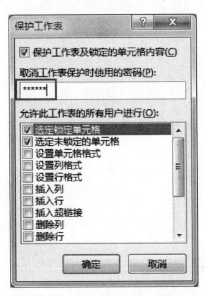

图 1-7-27 设置工作表密码

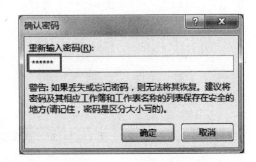

图 1-7-28 确认密码

注意:在"另存为"对话框中,保存的位置不要更改,就用默认的路径作为模板的保存位置,以方便后面调用模板。

(7) 如果要制作其他月份的员工考勤表,则通过"文件"选项卡下的"新建"命令,然后在"新建工作簿"窗格中单击"个人"选项卡,选择"员工考勤模板",如图 1-7-

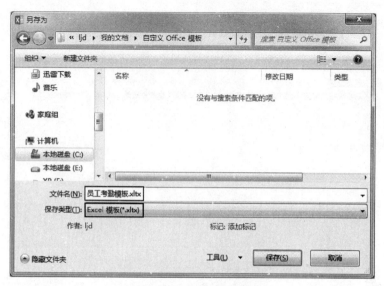

图1-7-29 创建工作簿模板

30所示。单击"确定"按钮,Excel 将新建一个工作簿,在新工作簿的 Sheet1 工作表中,把标题中的月份数字更改后,A 列的日期就会更新为相应月份的日期,如图 1-7-31 所示。

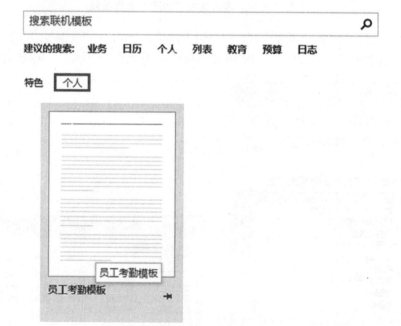

图1-7-30 选择要使用的模板

图1-7-31 使用模板新建工作簿

7.4　员工绩效与福利管理

7.4.1　员工业绩评定与排名

在公司中，经常需要对员工的销售业绩进行评定与排名，以了解员工完成工作的进度及能力，有时还要根据员工的销售业绩进行适当的奖励，以提高员工的积极性。

例 7-9　打开“力宏公司 2017 年上半年销售业绩考核.xlsx”工作簿，在工作表 Sheet1 中，计算出每个员工的销售金额（销售金额 = 销售单价 × 销售数量），并根据销售量进行业绩评定。销售量大于或等于 150 的为“优秀”，在 100 ~ 149 之间的为“良好”，在 50 ~ 99 之间的为“一般”，低于 50 的为“差”。最后对员工的销售金额进行排名。具体操作步骤如下。

（1）打开“力宏公司 2017 年上半年销售业绩考核.xlsx”工作簿，在工作表 Sheet1 中，单击 G3 单元格，在其中输入计算销售金额的公式“ = E3 * F3”，表示销售单价乘以销售数量。输入正确的公式之后，按“Enter”键，此时可以看到在目标单元格中显示了计算的结果，把 G3 单元格的格式设置为货币型。

（2）双击 G3 单元格右下角的填充柄，自动复制公式到最后一个员工销售金额的 G12 单元格，得到各员工的销售金额，如图 1-7-32 所示。

（3）单击 H3 单元格，输入公式“ = IF(F3 > = 150,"优秀",IF(F3 > = 100,"良好",IF(F3 > = 50,"一般","差")))”，按“Enter”键确认，根据销售数量对第一个员工的业绩进行评定。

G3　=E3*F3

	A	B	C	D	E	F	G	H	I
1	力宏公司2017年上半年电器销售业绩表								
2	工号	姓名	性别	销售产品	销售单价	销售数量	销售金额	销售量评定	销售金额排名
3	LH00101	曾凯	男	空调扇	¥480.00	103	¥49,440.00		
4	LH00102	吕小冰	女	微波炉	¥560.00	39	¥21,840.00		
5	LH00103	陈飞吉	男	平板电脑	¥820.00	156	¥127,920.00		
6	LH00104	韩飞龙	男	榨汁机	¥350.00	56	¥19,600.00		
7	LH00105	蒋伟华	男	电压力锅	¥465.00	78	¥36,270.00		
8	LH00106	李庆静	女	剃须刀	¥290.00	43	¥12,470.00		
9	LH00107	魏红云	女	净化器	¥510.00	109	¥55,590.00		
10	LH00108	肖伟峰	男	吸尘器	¥600.00	167	¥100,200.00		
11	LH00109	何韵	女	豆浆机	¥415.00	61	¥25,315.00		
12	LH001010	雷芳菲	女	电磁炉	¥275.00	56	¥15,400.00		

图 1-7-32　计算所有员工的销售金额

提示：这里也可以用 CHOOSE 函数来对第一个员工的销售量进行评定。公式为“ = CHOOSE(IF(F3 > = 150,1,IF(F3 > = 100,2,IF(F3 > = 50,3,4))),"优秀","良好","一般","差")”；或者用 LOOKUP 函数进行评定，公式为“ = LOOKUP(F3,{0,50,100,150},{"差","一般","良好","优秀"})。

（4）双击 H3 单元格右下角的填充柄，自动将公式复制到最后一个员工销售量评定的 H12 单元格，完成对所有员工业绩的评定，如图 1-7-33 所示。

（5）单击 I3 单元格，输入公式“ = RANK(G3,$G$3:$G$12)”，按“Enter”键确认，得到第一个员工的销售金额的排名名次。

```
H3    =IF(F3>=150,"优秀",IF(F3>=100,"良好",IF(F3>=50,"一般","差")))
```

工号	姓名	性别	销售产品	销售单价	销售数量	销售金额	销售量评定	销售金额排名
LH00101	曾凯	男	空调扇	¥480.00	103	¥49,440.00	良好	
LH00102	吕小冰	女	微波炉	¥560.00	39	¥21,840.00	差	
LH00103	陈飞吉	男	平板电脑	¥820.00	156	¥127,920.00	优秀	
LH00104	韩飞龙	男	榨汁机	¥350.00	56	¥19,600.00	一般	
LH00105	蒋伟华	男	电压力锅	¥465.00	78	¥36,270.00	一般	
LH00106	李庆静	女	剃须刀	¥290.00	43	¥12,470.00	差	
LH00107	魏红云	女	净化器	¥510.00	109	¥55,590.00	良好	
LH00108	肖伟峰	男	吸尘器	¥600.00	167	¥100,200.00	优秀	
LH00109	何韵	女	豆浆机	¥415.00	61	¥25,315.00	一般	
LH001010	雷芳菲	女	电磁炉	¥275.00	56	¥15,400.00	一般	

力宏公司2017年上半年电器销售业绩表

图 1-7-33　评定所有员工的业绩

（6）双击 I3 单元格右下角的填充柄，自动将公式复制到最后一个员工销售金额排名的 I12 单元格，得到所有员工的名次，如图 1-7-34 所示。

```
I3    =RANK(G3,$G$3:$G$12)
```

工号	姓名	性别	销售产品	销售单价	销售数量	销售金额	销售量评定	销售金额排名
LH00101	曾凯	男	空调扇	¥480.00	103	¥49,440.00	良好	4
LH00102	吕小冰	女	微波炉	¥560.00	39	¥21,840.00	差	7
LH00103	陈飞吉	男	平板电脑	¥820.00	156	¥127,920.00	优秀	1
LH00104	韩飞龙	男	榨汁机	¥350.00	56	¥19,600.00	一般	8
LH00105	蒋伟华	男	电压力锅	¥465.00	78	¥36,270.00	一般	5
LH00106	李庆静	女	剃须刀	¥290.00	43	¥12,470.00	差	10
LH00107	魏红云	女	净化器	¥510.00	109	¥55,590.00	良好	3
LH00108	肖伟峰	男	吸尘器	¥600.00	167	¥100,200.00	优秀	2
LH00109	何韵	女	豆浆机	¥415.00	61	¥25,315.00	一般	6
LH001010	雷芳菲	女	电磁炉	¥275.00	56	¥15,400.00	一般	9

力宏公司2017年上半年电器销售业绩表

图 1-7-34　计算所有员工的名次

7.4.2　计算员工销售提成奖金

绩效考核制度不仅可以激励员工的工作积极性，还能为公司创造极大的利润。因此，在计算员工的月工资时，需要结合员工的销售金额并按一定比例计算他们的奖金。

例 7-10　力宏公司对员工实行销售绩效考核，并按照不同的比例计提奖金。规定如下：奖金类别分为 6 个档次，月销售额低于 2 万元的无奖金分配；月销售额在 2 万 ~4 万之间计提 1.5% 的奖金；月销售额在 4 万 ~6 万之间计提 2.0% 的奖金；月销售额在 6 万 ~8 万之间计提 3.0% 的奖金；月销售额在 8 万 ~10 万之间计提 4.0% 的奖金；月销售额在 10 万元以上计提 5.0% 的奖金，当月员工个人奖金最高封顶不超过 6 000 元；实发奖金额四舍五入到元。在“力宏公司 2017 年 7 月份销售人员奖金统计表 .xlsx”工作簿的 Sheet1 工作表中，计算每位员工的奖金金额。

具体操作步骤如下。

（1）打开“力宏公司 2017 年 7 月份销售人员奖金统计表 .xlsx”工作簿，在 Sheet2 工作表中，按照公司的奖金规定方法制作如图 1-7-35 所示的奖金评定比例，并把 Sheet2 工作表重命名为“奖金评定比例”。

（2）在 Sheet1 工作表中，单击 F3 单元格，输入公式“=VLOOKUP(E3,奖金评定比例!$A$3:$C$8,3)”，按“Enter”键确认，得到第一个员工的奖金比例。

（3）双击 F3 单元格右下角的填充柄，自动将公式复制到 F12 单元格，得到所有员工的奖金比例，如图 1-7-36 所示。

第 7 章　Excel 在人力资源管理分析中的应用

图 1 - 7 - 35　制作 "奖金评定比例" 表

图 1 - 7 - 36　计算所有员工的奖金金额

（4）单击 G3 单元格，输入公式 " = IF(ROUND(E3 * F3,0) < = 6000,ROUND(E3 * F3, 0) ,6000)"，按 "Enter" 键确认，得到第一个员工的奖金金额。

公式解析：公式 " = IF(ROUND(E3 * F3,0) < = 6000,ROUND(E3 * F3,0) ,6000)" 是指当测试条件 "ROUND(E3 * F3,0)" 为真时，返回 "ROUND(E3 * F3,0)" 的运算结果；否则返回 "6000"。"E3 * F3" 是需要进行四舍五入的数值，"0" 意味着四舍五入到最接近的整数。"ROUND(E3 * F3,0)" 的意思就是对 E3 单元格里数值乘以 F3 单元格里数值得到的结果进行四舍五入处理，最后保留最接近该结果的整数。本案例中，G3 单元格的值四舍五入后的值为 "989"。小于 "6000"，因此逻辑值为真，所以返回 "ROUND(E3 * F3,0)" 的运算结果，即 "989"。

（5）双击 G3 单元格右下角的填充柄，自动将公式复制到 G12 单元格，得到所有员工的奖金金额，如图 1 - 7 - 37 所示。

7.4.3　制作员工工资表

核定薪酬是人力资源部每个月必须完成的工作，其中最基本的工作就是制作员工的月度工资表。月工资表一般包括基本工资、福利津贴、绩效奖金、加班费、各种扣除项目及代扣代缴保险和个税等内容。

个人所得税是工资表上的一个重要计算项目。根据我国个税计算方法，目前，在计算个税时，使用的是 3% ~ 45% 的七级超额累进税率，如表 1 - 7 - 1 所示。个人所得税的计算公式为：应纳税额 = （每月收入额 - 5 000）* 适用税率 - 速算扣除数。每月取得工资收入后，

· 223 ·

Excel 财经数据处理与分析

```
G3    fx  =IF(ROUND(E3*F3,0)<=6000,ROUND(E3*F3,0),6000)
```

	A	B	C	D	E	F	G
1			力宏公司2017年7月份销售人员奖金统计表				
2	序号	工号	姓名	性别	销售金额	奖金比例	奖金金额(元)
3	1	LH00101	曾凯	男	49,440	2.0%	989
4	2	LH00102	吕小冰	女	21,840	1.5%	328
5	3	LH00103	陈飞吉	男	127,920	5.0%	6000
6	4	LH00104	韩飞龙	男	79,600	3.0%	2388
7	5	LH00105	蒋伟华	男	36,270	1.5%	544
8	6	LH00106	李庆静	女	12,470	0.0%	0
9	7	LH00107	魏红云	女	55,590	2.0%	1112
10	8	LH00108	肖伟峰	男	80,200	4.0%	3208
11	9	LH00109	何韵	女	65,315	3.0%	1959
12	10	LH001010	雷芳菲	女	15,400	0.0%	0

图 1-7-37　计算员工的奖金金额

先减去个人承担的基本养老保险金、医疗保险金、失业保险金，以及按省级政府规定标准缴纳的住房公积金，再减去费用扣除额 5 000 元/月，为应纳税所得额，按 5%～45% 的 7 级超额累进税率计算缴纳个人所得税。

表 1-7-1　个人所得税的税率表

级数	应纳税所得额	税率（%）	速算扣除数
1	不超过 3 000 元的	3	0
2	超 3 000 元~12 000 元的部分	10	105
3	超过 12 000 元~25 000 元的部分	20	1 410
4	超过 25 000 元~35 000 元的部分	25	2 660
5	超过 35 000 元~55 000 元的部分	30	4 410
6	超过 55 000 元~80 000 元的部分	35	7 160
7	超过 80 000 元的部分	45	15 160

说明：税率表中的"应纳税所得额"，是指减除起征点 5 000 元后的余额。

例 7-11　打开"力宏公司 2018 年 12 月份员工工资表.xlsx"工作簿，在 Sheet1 工作表中，计算每位员工的应发工资、应纳税所得额、个税税率、速算扣除数、应缴纳税和实发工资。具体操作如下。

（1）打开"力宏公司 2018 年 12 月份员工工资表.xlsx"工作簿，在 Sheet1 工作表中，单击 I3 单元格，输入公式"=SUM(E3:H3)"，按"Enter"键确认，计算第一名员工的应发工资。双击 I3 单元格右下角的填充柄，自动将公式复制到 I12 单元格，计算所有员工的应发工资。

（2）单击 K3 单元格，输入公式"=I3-J3-5000"，按"Enter"键确认，计算第一名员工的应纳税所得额。双击 K3 单元格右下角的填充柄，自动将公式复制到 K12 单元格，计算所有员工的应纳税所得额，如图 1-7-38 所示。

（3）在 Sheet2 工作表中，制作如图 1-7-39 所示的个税表，并把工作表名改为"个税表"。

（4）单击 Sheet1 中的 L3 单元格，输入公式"=IF(K3<=0,0,VLOOKUP(K3,个税表!

第7章 Excel在人力资源管理分析中的应用

	A	B	C	D	E	F	G	H	I	J	K
1							力宏公司2018年12月份员工工资表				
2	序号	部门	工号	姓名	基本工资	津贴	奖金	补贴	应发工资	代缴保险	应纳税所得额
3	1	客服部	LH00101	曾凯	6686.00	450.00	545.00	300.00	7981.00	230.00	2751.00
4	2	销售部	LH00102	吕小冰	7434.00	362.00	436.00	350.00	8582.00	191.00	3391.00
5	3	财务部	LH00103	陈飞吉	5712.00	349.00	426.00	300.00	6787.00	205.00	1582.00
6	4	技术部	LH00104	韩飞龙	6219.00	563.00	640.00	325.00	7747.00	346.00	2401.00
7	5	销售部	LH00105	蒋伟华	8762.00	481.00	551.00	300.00	10094.00	294.00	4800.00
8	6	技术部	LH00106	李庆静	4190.00	260.00	336.00	375.00	5161.00	176.00	-15.00
9	7	客服部	LH00107	魏红云	5487.00	332.00	417.00	350.00	6586.00	254.00	1332.00
10	8	技术部	LH00108	肖伟峰	7818.00	468.00	478.00	375.00	9139.00	385.00	3754.00
11	9	销售部	LH00109	何韵	6767.00	461.00	459.00	300.00	7987.00	216.00	2771.00
12	10	销售部	LH001010	雷芳菲	3850.00	347.00	360.00	325.00	4882.00	175.00	-293.00

图1-7-38 计算员工的应纳税所得额

	A	B	C	D	E	F
1	级数	应纳税所得额	上限	下限	税率	速算扣除数（元）
2	1	不超过3000元的	3000	0	3%	0
3	2	超3000元至12000元的部分	12000	3000	10%	210
4	3	超过12000元至25000元的部分	25000	12000	20%	1410
5	4	超过25000元至35000元的部分	35000	25000	25%	2660
6	5	超过35000元至55000元的部分	55000	35000	30%	4410
7	6	超过55000元至80000元的部分	80000	55000	35%	7160
8	7	超过80000元的部分		80000	45%	15160

图1-7-39 制作的个税表

$D$2:$F$8,2,TRUE))"，按"Enter"键确认，计算第一名员工适用的个人所得税税率。双击L3单元格右下角的填充柄，自动将公式复制到L12单元格，计算所有员工适用的个人所得税税率。

（5）单击Sheet1中的M3单元格，输入公式"=IF(K3<=0,0,VLOOKUP(K3,个税表!$D$2:$F$8,3,TRUE))"，按"Enter"键确认，计算第一名员工的速算扣除数。双击M3单元格右下角的填充柄，自动将公式复制到M12单元格，计算所有员工的速算扣除数。

（6）单击Sheet1中的N3单元格，输入公式"=K3*L3-M3"，按"Enter"键确认，计算第一名员工的应纳税额。双击N3单元格右下角的填充柄，自动将公式复制到N12单元格，计算所有员工的应纳税额。

（7）单击Sheet1中的O3单元格，输入公式"=I3-J3-N3"，按"Enter"键确认，计算第一名员工的实发工资。双击O3单元格右下角的填充柄，自动将公式复制到O12单元格，计算所有员工的实发工资，如图1-7-40所示。

	A	B	C	D	E	F	G	H	I	J	K	L	M	N	O
1								力宏公司2018年12月份员工工资表							
2	序号	部门	工号	姓名	基本工资	津贴	奖金	补贴	应发工资	代缴保险	应纳税所得额	个税税率	速算扣除数	应缴纳税	实发工资
3	1	客服部	LH00101	曾凯	6686.00	450.00	545.00	300.00	7981.00	230.00	2751.00	3%	0	82.53	7668.47
4	2	销售部	LH00102	吕小冰	7434.00	362.00	436.00	350.00	8582.00	191.00	3391.00	10%	210	129.10	8261.90
5	3	财务部	LH00103	陈飞吉	5712.00	349.00	426.00	300.00	6787.00	205.00	1582.00	3%	0	47.46	6534.54
6	4	技术部	LH00104	韩飞龙	6219.00	563.00	640.00	325.00	7747.00	346.00	2401.00	3%	0	72.03	7328.97
7	5	销售部	LH00105	蒋伟华	8762.00	481.00	551.00	300.00	10094.00	294.00	4800.00	10%	210	270.00	9530.00
8	6	技术部	LH00106	李庆静	4190.00	260.00	336.00	375.00	5161.00	176.00	-15.00	0%	0	0.00	4985.00
9	7	客服部	LH00107	魏红云	5487.00	332.00	417.00	350.00	6586.00	254.00	1332.00	3%	0	39.96	6292.04
10	8	技术部	LH00108	肖伟峰	7818.00	468.00	478.00	375.00	9139.00	385.00	3754.00	10%	210	165.40	8588.60
11	9	销售部	LH00109	何韵	6767.00	461.00	459.00	300.00	7987.00	216.00	2771.00	3%	0	83.13	7687.87
12	10	销售部	LH001010	雷芳菲	3850.00	347.00	360.00	325.00	4882.00	175.00	-293.00	0%	0	0.00	4707.00

图1-7-40 计算员工的实发工资

7.4.4 制作员工工资条

在发放工资时,公司的人力资源部还需要制作每位员工的工资条,以便员工对工资情况进行了解和查询。下面将介绍制作每月员工工资条的方法。

例 7－12 打开"2017 年 7 月白马公司员工工资表.xlsx"工作簿,根据"工资表"工作表,制作员工的工资条。制作工资条的常用方法主要有两种。

(1) 通过排序方法制作工资条。

①在"2017 年 7 月白马公司员工工资表.xlsx"工作簿中,将"工资表"复制到一个新的工作表中,并将新的工作表命名为"排序法制作工资条"。

②在"排序法制作工资条"工作表中,选中 A 列,单击"开始"选项卡下"单元格"组中的"插入"下拉按钮,选择"插入工作表列",在 A 列的前面插入新的一列。

③在 A2:A11 单元格区域,分别输入数字 1～10。在 A12 单元格中输入"1.5",单击并拖动 A12 单元格右下角的填充柄到 A20 单元格,此时,在 A12:A20 单元格区域中的数据都是"1.5",单击数据右下角的下拉按钮,在列表框中选择"填充序列",如图 1－7－41 所示。这样 A12:A20 单元格中的数据就填充为从 1.5～9.5 的等差序列。

④选择 A3:A20 单元格区域,单击"数据"选项卡下"排序和筛选"组中的"排序"按钮,打开"排序提醒"对话框,在对话框中单击选中"扩展选定区域"单选按钮,然后单击"排序"按钮,如图 1－7－42 所示。打开"排序"对话框,在"主要关键字"下拉列表中选择"(列 A)",在"排序依据"下拉列表中选择"数值",在"次序"下拉列表中选择"升序",单击选中"数据包含标题"复选按钮,如图 1－7－43 所示。

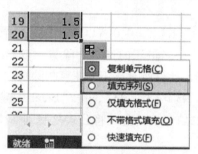

图 1－7－41　设置填充序列

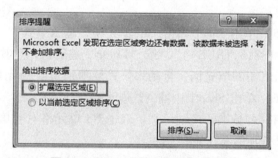

图 1－7－42　"排序提醒"对话框

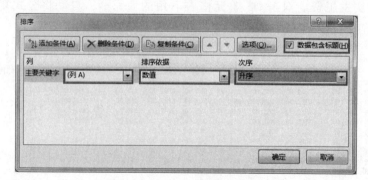

图 1－7－43　设置排序选项

⑤单击"确定"按钮,得到排序的结果,如图1-7-44所示。可以看到每个员工的工资数据行之间都插入了一个空行。

	A	B	C	D	E	F	G	H	I	J	K	L	M	N
1		序号	日期	工号	姓名	部门	基本工资	补贴补助	奖金	应发工资	代缴保险	应纳税额	实发工资	
2	1	1	2017年7月	BM200401	刘青云	技术部	5468	236	308	6012	156	110.6	5745.4	
3	1.5													
4	2	2	2017年7月	BM200402	冯丽娜	工程部	3790	139	219	4148	178	14.1	3955.9	
5	2.5													
6	3	3	2017年7月	BM200403	陈金芳	财务部	2980	136	210	3326	245	0	3081	
7	3.5													
8	4	4	2017年7月	BM200404	魏南华	客服部	5130	237	220	5587	312	152.5	5122.5	
9	4.5													
10	5	5	2017年7月	BM200405	李春东	销售部	4869	284	267	5420	178	149.2	5092.8	
11	5.5													
12	6	6	2017年7月	BM200406	雷彬彬	技术部	3210	178	232	3620	156	0	3464	
13	6.5													
14	7	7	2017年7月	BM200407	黄金铠	工程部	4328	256	304	4888	242	9.38	4636.62	
15	7.5													
16	8	8	2017年7月	BM200408	邓小丽	销售部	4674	290	348	5312	156	140.6	5015.4	
17	8.5													
18	9	9	2017年7月	BM200409	吴亚楠	技术部	3872	202	245	4319	321	14.94	3983.06	
19	9.5													
20	10	10	2017年7月	BM200410	梁永飞	客服部	3609	280	314	4203	278	12.75	3912.25	
21														

图1-7-44 在每行数据之间自动插入空行

⑥选择B3:M20单元格区域,单击"开始"选项卡下"编辑"组中的"查找和选择"下拉按钮,选择"定位条件",如图1-7-45所示。打开"定位条件"对话框,在对话框中选中"空值"单选按钮,如图1-7-46所示。单击"确定"按钮,自动选中选区中的所有空行,如图1-7-47所示。

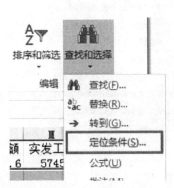

图1-7-45 选择"定位条件"命令

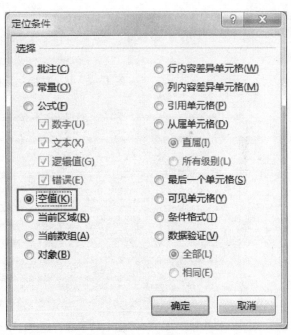

图1-7-46 设置定位条件

提示:打开"定位条件"对话框,也可以通过按"Ctrl + G"组合键或者按"F5"键;打开"定位"对话框后,再单击对话框中的"定位条件"按钮。

⑦在当前的活动单元格B3单元格中输入" = ",然后按两次向上方向键"↑",此时在公式中自动输入对B1单元格的引用,按两次"F4"键将单元格转换为B$1的形式,如图

图 1-7-47 选中选区中的所有空行

1-7-48所示。按"Ctrl + Enter"组合键，在所有的空行中输入工资表的标题行内容，然后单击"开始"选项卡下"对齐方式"组中的"垂直居中"和"水平居中"按钮，将所有标题设置为水平和垂直都居中对齐，如图 1-7-49 所示。

图 1-7-48 转换单元格引用的形式

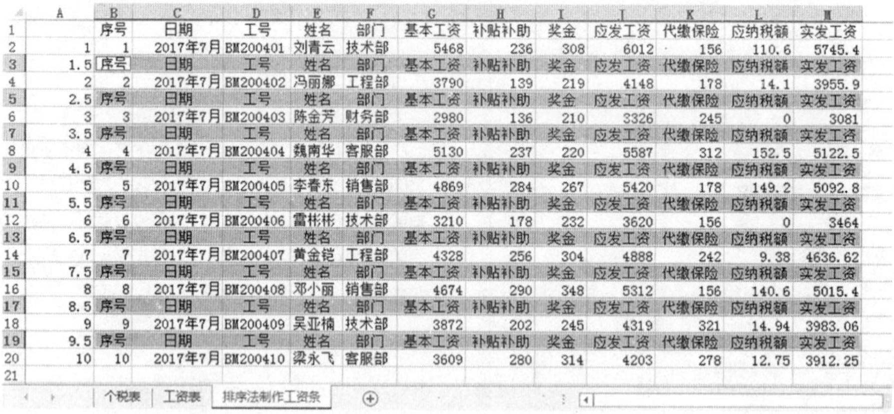

图 1-7-49 在空行中填充标题内容

⑧在 A21:A29 单元格区域中填充等差序列 1.2、2.2、……、9.2，选择 A3:A29 单元格区域后，采用与前面一样的排序方法再次插入空行，得到如图 1-7-50 所示的结果。

⑨选择 A 列，单击鼠标右键，在弹出的快捷菜单中选择"删除"，删除 A 列，工资条制作完成。

（2）使用 VLOOKUP 函数制作工资条。

第7章 Excel在人力资源管理分析中的应用

图1-7-50 再次插入空行

①在工作簿中，插入一张新的工作表，并把工作表的名字改为"使用函数制作工资条"。

②复制"工资表"工作表中的标题行到"使用函数制作工资条"工作表中，如图1-7-51所示。

图1-7-51 复制标题行到"使用函数制作工资条"工作表中

③在A2单元格中，输入第一个员工的序号"1"，在B2单元格中输入公式"=VLOOKUP($A2,工资表!$A$2:$L$11,COLUMN(),FALSE)"，按"Enter"键确认。将B2单元格中的公式向右复制至L2单元格中，如图1-7-52所示。

图1-7-52 从工作表中提取第一个员工的工资数据

公式解析：公式"=VLOOKUP($A2,工资表!$A$2:$L$11,COLUMN(),FALSE)"先是在"工资表"工作表中的A2:L11单元格区域的第一列中查找"使用函数制作工资条"工作表单元格A2的值，然后返回由COLUMN函数控制的当前列号决定的列中的值。

④在B2单元格中单击鼠标右键，在弹出的快捷菜单中选择"设置单元格格式"，打开"单元格格式"对话框；在对话框中选择"数字"选项卡，在"分类"列表框中选择"日期"，在右边的"类型"列表框中选择"2012年3月"，如图1-7-53所示。单击"确定"按钮，得到日期格式的结果。

Excel 财经数据处理与分析

图1-7-53　设置B2单元格的格式为日期类型

提示：因为在"工资表"工作表的B2单元格中的内容为日期，而"使用函数制作工资条"中B2单元格的数字格式为默认的"常规"。因此，必须把"使用函数制作工资条"工作表中的B2单元格设为日期格式，否则显示的是日期的序列（数字显示）。

⑤选择A2:L2单元格区域，单击"开始"选项卡下"字体"组中的"边框"下拉按钮，选择"所有框线"，给A2:L2单元格区域添加边框。

⑥选择A1:L3单元格区域，向下拖动L3单元格右下角的填充柄，直到所有员工的工资数据全部显示为止，如图1-7-54所示。

	A	B	C	D	E	F	G	H	I	J	K	L
1	序号	日期	工号	姓名	部门	基本工资	补贴补助	奖金	应发工资	代缴保险	应纳税额	实发工资
2	1	2017年7月	BM200401	刘青云	技术部	5468	236	308	6012	156	110.6	5745.4
3												
4	序号	日期	工号	姓名	部门	基本工资	补贴补助	奖金	应发工资	代缴保险	应纳税额	实发工资
5	2	2017年7月	BM200402	冯丽娜	工程部	3790	139	219	4148	178	14.1	3955.9
6												
7	序号	日期	工号	姓名	部门	基本工资	补贴补助	奖金	应发工资	代缴保险	应纳税额	实发工资
8	3	2017年7月	BM200403	陈金芳	财务部	2980	136	210	3326	245	0	3081
9												
10	序号	日期	工号	姓名	部门	基本工资	补贴补助	奖金	应发工资	代缴保险	应纳税额	实发工资
11	4	2017年7月	BM200404	魏南华	客服部	5130	237	220	5587	312	152.5	5122.5
12												
13	序号	日期	工号	姓名	部门	基本工资	补贴补助	奖金	应发工资	代缴保险	应纳税额	实发工资
14	5	2017年7月	BM200405	李春东	销售部	4869	284	267	5420	178	149.2	5092.8
15												
16	序号	日期	工号	姓名	部门	基本工资	补贴补助	奖金	应发工资	代缴保险	应纳税额	实发工资
17	6	2017年7月	BM200406	雷林彬	技术部	3210	178	232	3620	156	0	3464
18												
19	序号	日期	工号	姓名	部门	基本工资	补贴补助	奖金	应发工资	代缴保险	应纳税额	实发工资
20	7	2017年7月	BM200407	黄金铠	工程部	4328	256	304	4888	242	9.38	4636.62
21												
22	序号	日期	工号	姓名	部门	基本工资	补贴补助	奖金	应发工资	代缴保险	应纳税额	实发工资
23	8	2017年7月	BM200408	邓小丽	销售部	4674	290	348	5312	156	140.6	5015.4
24												
25	序号	日期	工号	姓名	部门	基本工资	补贴补助	奖金	应发工资	代缴保险	应纳税额	实发工资
26	9	2017年7月	BM200409	吴亚楠	技术部	3872	202	245	4319	321	14.94	3983.06
27												
28	序号	日期	工号	姓名	部门	基本工资	补贴补助	奖金	应发工资	代缴保险	应纳税额	实发工资
29	10	2017年7月	BM200410	梁永飞	客服部	3609	280	314	4203	278	12.75	3912.25
30												

图1-7-54　最终的结果

第 8 章

Excel 在物流管理分析中的应用

本章主要介绍 Excel 在物流管理方面的应用，包括库存结构分析、KPI 统计表应用、仓库管理等。

本章重点：动态库存结构图表的制作；统计多条件查询结果。

本章难点：动态库存结构图表的制作；统计多条件查询结果。

8.1 Excel 在库存结构分析中的应用

在物流管理中，经常需要进行库存结构分析，包括创建库存结构分析表、绘制分离型三维饼图等。下面介绍使用 Excel 完成这些工作的具体方法和步骤。

8.1.1 制作库存结构分析图表

制作库存结构分析图表可以采用分离型饼图，分离型饼图可以更好地显示每个值占总数的百分比，而且还可以同时强调各个值。

例 8-1 打开"岩拓公司 2014 - 2017 年商品库存结构分析表.xlsx"工作簿，根据"库存结构分析"工作表中的数据，制作一个如图 1-8-1 所示的分离型三维饼图，以便对各年份产品库存进行相应的分析。具体操作步骤如下。

图 1-8-1 制作分离型三维饼图

(1) 选择 A2:F6 单元格区域，单击"插入"选项卡下"图表"组中的"插入饼图或圆环图"下拉按钮，选择"三维饼图"，如图 1-8-2 所示。Excel 2013 自动生成如图 1-8-3 所示的三维饼图。

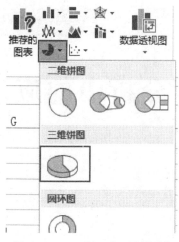

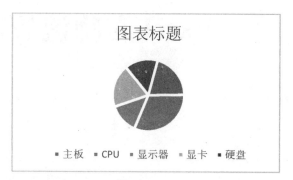

图 1-8-2 选择"三维饼图"　　　图 1-8-3 Excel 2013 自动生成的三维饼图

(2) 选中三维饼图，单击"图表工具"下"设计"选项下的"图表布局"组中的"添加图表元素"下拉按钮，选择"数据标签"下的"其他数据标签选项"，如图 1-8-4 所示。

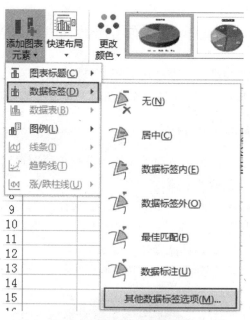

图 1-8-4 选择"其他数据标签选项"

(3) 打开"设置数据标签格式"窗格，在"标签选项"下的"标签包括"栏中单击选中"类别名称"和"百分比"复选按钮；在"标签位置"栏下单击选中"数据标签外"单选按钮，如图 1-8-5 所示。

(4) 选中三维饼图,单击"图表工具"下"设计"选项下的"图表布局"组中的"添加图表元素"下拉按钮,选择"图例"下的"无",隐藏图例。如图 1-8-6 所示。

提示:如果不想显示图例,也可以选中图例后直接按"Delete"键进行删除。

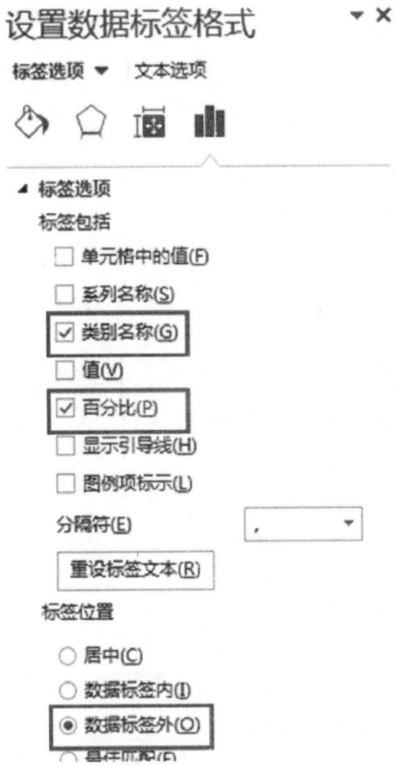

图 1-8-5 设置"数据标签格式"

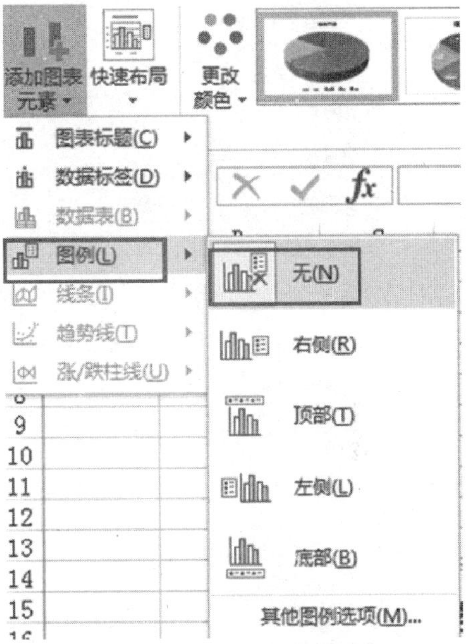

图 1-8-6 选择"无"隐藏图例

(5) 把图表标题的文字改为"岩拓公司 2014—2017 年商品库存结构分析"。通过"开始"选项卡下"字体"组中的字体设置工具,将图表标题的字体设置为"微软雅黑",字号为"16",字体颜色为"蓝色",字形为"加粗";将"数据标签"的字体设置为"宋体",字号为"11",字体颜色为"黑色",字形为"加粗"。

(6) 双击图表区,弹出"设置图表区格式"窗格,单击"图表选项"中的"填充线条"按钮,在"填充"栏中单击选中"渐变填充"单选按钮,单击"预设渐变"栏右侧的下拉按钮,选择"浅色渐变-着色1",如图1-8-7 所示,得到一个白蓝渐变的背景。在"边框"栏中单击选中"实线"单选按钮,颜色选择蓝色,单击选中"圆角"复选按钮,如图1-8-8 所示。

(7) 双击饼图,弹出"设置数据系列格式"窗格,单击"系列选项"按钮,在"饼图分离程度"栏中输入"15%",设置三维饼图的分离程序,如图1-8-9 所示。设置三维饼图的分离程度,最终效果如图1-8-1 所示。

图 1-8-7 选择"浅色渐变-着色1"

图1-8-8 设置图表边框　　　图1-8-9 设置饼图的分离程度

8.1.2 应用组合框制作动态图表

从例8-1制作好的图表可以看到，图表只显示了2014年的库存结构，2015-2017年的库存结构并未显示，这时就要应用组合框来制作动态的图表，以便显示后面三年的库存结构。

例8-2 在例8-1制作好的图表基础上，制作一个如图1-8-10所示的动态图表。在该动态图表中，通过选择不同的年份，可以得到相应的库存结构饼图。具体操作步骤如下。

（1）单击"文件"选项下，选择"选项"，打开"Excel 选项"对话框，在左侧选择"自定义功能区"，然后选择右侧的"开发工具"选项，设置显示"开发工具"选项卡，如图1-8-11所示。

（2）单击"开发工具"选项卡下"控件"组中的"插入"下拉按钮，选择"组合框（窗体控件）"，如图1-8-12所示；在图表区中下面的空白位置按住鼠标左键不放并拖动，画出一个大小合适的组合框后，释放鼠标，如图1-8-13所示。

（3）在组合框上单击鼠标右键，在弹出的快捷菜单中选择"设置控件格式"，如图1-8-14所示打开"设置控件格式"对话框，单击"控制"选项卡，将"数据源区域"设置为A3:A6单元格区域，将"单元格链接"设置为A8单元格，"下拉显示项数"设置为

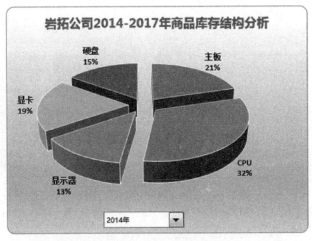

图 1-8-10　动态饼图

图 1-8-11　设置显示"开发工具"选项卡

"4",单击"确定"按钮,如图 1-8-15 所示。

（4）复制 B2:F2 单元格中的数据,在 B7 单元格单击鼠标右键,在弹出的快捷菜单中选择"粘贴选项:"中的"粘贴链接"按钮,如图 1-8-16 所示。

（5）单击 B8 单元格,输入公式" =INDEX(B3:B6,$A$8)",按"Enter"键确定,完成 B 列的辅助列设置。拖动 B8 单元格右下角的填充柄到 F8 单元格,复制公式完成对 C 列至 F 列的辅助列设置。设置完辅助列后的效果如图 1-8-17 所示。

公式解析：公式" =INDEX(B3:B6,$A$8)"的作用是返回 B3:B6 单元格区域中以 A8

 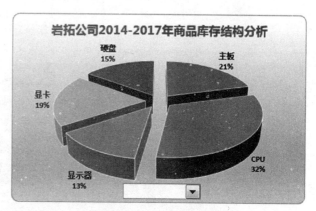

图1-8-12 选择"组合框(窗体控件)" 　　图1-8-13 绘制组合框

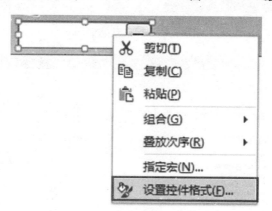

图1-8-14 选择"设置控件格式"

 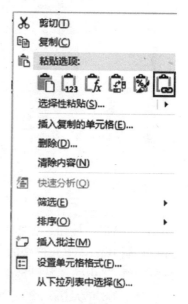

图1-8-15 设置控件格式 　　图1-8-16 选择"粘贴链接"

中的数字为行号的单元格中的值。例如,当A8单元格中的数字为1时,返回B3:B6单元格区域中第1行的值;当A8单元格中的数字为2时,返回B3:B6单元格区域中第2行的值。

在前面“设置控件格式”对话框中，已经设置“单元格链接”为 A8 单元格，所以在组合框中选择不同的年份时，A8 单元格中会出现相应的序号。例如，在组合框中选择 2014 年时，A8 单元格中的序号为 1，选择 2015 年时，A8 单元格中的序号为 2，以此类推。这样，选择组合框中的不同年份，在 B8 单元格中就可以得到相应年份的 B 列中的数据。

	A	B	C	D	E	F
1	岩拓公司2014-2017年商品库存					
2	年度	主板	CPU	显示器	显卡	硬盘
3	2014年	11,952	18285	7785	11192	8750
4	2015年	16,380	3990	22616	12733	7238
5	2016年	25,560	11180	19975	17493	6631
6	2017年	17,712	13410	8827	2192	9843
7		主板	CPU	显示器	显卡	硬盘
8	1	11952	18285	7785	11192	8750
9						

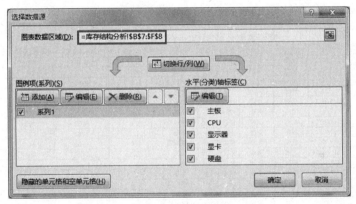

图 1－8－17　设置辅助列后的效果

（6）在图表区单击鼠标右键，在弹出的快捷菜单中选择“选择数据”，打开“选择数据源”对话框，设置图表数据区域为 B7:F8 单元格区域，如图 1－8－18 所示。单击“确定”按钮，完成数据区域链接动态数据单元格的操作。

图 1－8－18　设置数据源区域

图表制作完成后，在组合框中选择不同的年份，就可以得到对应年份的库存结构饼图。例如，通过组合框中下拉按钮选择“2015 年”后，得到如图 1－8－19 所示的商品库存结构饼图。

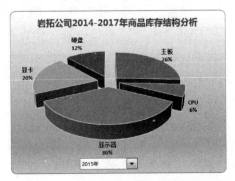

图 1－8－19　2015 年的商品库存结构饼图

8.2 Excel 在 KPI 统计表中的应用

Excel 在 KPI 统计表中的应用，主要是求满足多种条件的值。

在物流公司的日常管理中，经常需要制作 KPI（关键业绩指标）统计表，并在统计表中求出满足多种条件的值。例如，统计某个品牌在某月从某个出发地发往某个目的地，包装为"大箱"的货物数量。这类问题用 Excel 就可以很好地解决，下面通过具体的案例进行介绍。

例 8-3 在"速翔公司 KPI 统计表"工作簿中，"订单详情表"工作表记录了该公司 2017 年上半年的订单详细情况，现要求在"统计结果"工作表中，通过输入品牌、月份、出发地、到达地、运输的方式和包装，在"查询结果"单元格中就能显示符合条件的结果。例如，要统计"哥特"品牌 6 月份由北海发到柳州的中转仓货物中用了多少中箱。具体操作步骤如下。

（1）在"订单详情表"工作表的 L2 单元格中，输入"月份"，作为 L 列的列标题。

（2）单击 L3 单元格，输入公式"= MONTH（C3）"，按"Enter"键确认，从订单日期中提取对应的月份。双击 L3 单元格右下角的填充柄，自动复制公式到 L20 单元格，得到所有订单的月份，如图 1-8-20 所示。

图 1-8-20 提取所有订单的月份

（3）切换到"统计结果"工作表，分别在 B2、B3、B4、B5、B6 和 B7 单元格中输入"哥特""6""北海""柳州""中转仓来货"和"中箱"作为查询的条件。

（4）在 B9 单元格中输入公式"= SUMPRODUCT((订单详情表！B3:B20 = B2)*(订单详情表！L3:L20 = B3)*(订单详情表！D3:D20 = B4)*(订单详情表！E3:E20 = B5)*(订单详情表！F3:F20 = B6)*(订单详情表！G3:G20 = B7)*(订单详情表！J3:J20))"，按"Enter"键确认，得到符合条件的结果，如图 1-8-21 所示。

公式解析：在使用 SUMPRODUCT 函数时，可以直接输入需要满足的条件和计算范围，直接求出满足条件的值。在公式中，每个具备的条件要加以 ( )，每个条件用 * 连接，最后 ( ) 内是计算求和的单元格区域。

第 8 章 Excel 在物流管理分析中的应用

图 1-8-21 统计符合多种条件的结果

8.3 Excel 在仓库管理中的应用

8.3.1 判断是否接货

供应商生产完商品后,会送到指定的物流中心进行验收、发货、上市。但是如果离上市日期还很长的话,在物流中心就会造成大量的货品积压,从而使仓库爆仓。所以,物流中心需要限定供应商送货不得过于提前,不得超出规定的天数。下面举例介绍在每个供应商送货到物流中心时,怎么利用 Excel 来判定到达的货品是否可以接收。

例 8-4 广西海吉星物流中心为南宁最大的水果批发与仓储中心,该物流中心规定水果在上市日期前 15 天以内到货的可以签收入库,否则将被拒收。如果到货的第二天是节假日的话,则加上放假天数来判断。在"海吉星水果入库接收表.xlsx"工作簿中,"水果信息"工作表记录了最近上市的各种水果信息,包括水果类别、品种、品名代码和上市日期等信息,如图 1-8-22 所示。现要求在"查询结果"工作表中,把送货单上的品种或品名代码录入到表格,并选择相应的"水果类别"后,即可获得是否接货的查询结果,如逢节假日,要录入放假天数。

货单号	水果类别	品种	品名代码	上市日期
180501	苹果	红富士85	HFS85-100	2018/5/13
180502	葡萄	巨峰012	JF125-183	2018/5/17
180503	哈密瓜	新密杂8号	XMJ80-120	2018/5/7
180504	香蕉	仙人蕉40	XRJ40-16	2018/5/12
180505	芒果	象牙芒53	XYM53-12	2018/5/26
180506	提子	红提45	HT45-68	2018/5/14
180507	雪梨	香梨44	XL44-28	2018/5/2
180508	芒果	香芒14	XM14-51	2018/5/9
180505	西瓜	黑美人26	HMR26-71	2018/5/7
180510	香蕉	鸡心蕉28	JXJ28-31	2018/5/16
180511	葡萄	赤霞珠34	CLX34-18	2018/5/30

图 1-8-22 "水果信息"工作表

具体操作步骤如下。

（1）设置查询条件。

①在"查询结果"工作表中，单击 B6 单元格，然后单击"数据"选项卡下"数据工具"组中的"数据验证"按钮，打开"数据验证"对话框；单击"设置"选项卡，在"允许"下拉列表中选择"序列"；在"来源"输入框中输入水果类别序列"苹果,葡萄,哈密瓜,香蕉,芒果,提子,雪梨,西瓜"，单击"确定"按钮，如图 1-8-23 所示。

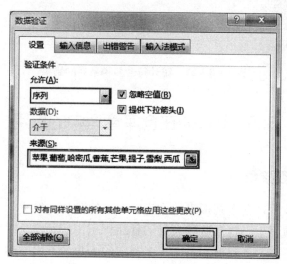

图 1-8-23　设置数据验证条件

②单击 B8 单元格，然后采用与上面步骤同样的方法打开"数据验证"对话框；单击"输入信息"选项卡，在"标题"文本框中输入"输入要查询的品种"，在"输入信息"文本框中输入"输入与'水果信息'工作表一致的品种"，单击"确定"按钮，如图 1-8-24 所示。

图 1-8-24　设置 B8 单元格的数据验证条件

③采用分步骤同样的方法，对 B10 单元格进行数据验证条件设置："标题"为"输入要查询的品名代码"，"输入信息"为"输入与'水果信息'工作表一致的品名代码"。

④单击 D2 单元格，输入公式"=TODAY()"，按"Enter"键确认，得到当天的日期。

⑤单击 D8 单元格，输入公式"=INDEX(水果信息！D:D,MATCH(查询结果！B8,水果信息！C:C,0))"，按"Enter"键确认，得到与 B8 单元格中输入品种相对应的水果的品名代码。

公式解析：在公式"=INDEX(水果信息！D:D,MATCH(查询结果！B8,水果信息！C:C,0))"中，先用 MATCH 函数返回 B8 单元格中的水果品种在"水果信息"工作表中的位置，接着用 INDEX 函数得到"水果信息"工作表中与该水果品种相对应的品名代码。

⑥单击 E8 单元格，输入公式"=INDEX(水果信息！B:B,MATCH(查询结果！B8,水果信息！C:C,0))"，按"Enter"键确认，得到与 B8 单元格中输入品种相对应的水果类别。

⑦单击 F8 单元格，输入公式"=VLOOKUP(B8,水果信息！C:E,3,0)"，按"Enter"键确认，得到与 B8 单元格中输入品种相对应的水果的上市日期。

公式解析：这里用 VLOOKUP 函数查找在"水果信息"工作表中，与 B8 单元格中输入的品种相对应的水果的上市日期。

⑧单击 G8 单元格，输入公式"=F8-D2"，按"Enter"键确认，得到与 B8 单元格中输入品种相对应的水果从今日到上市日期的天数。

⑨分别在 D10、E10、F10 和 G10 单元格中输入公式"=INDEX(水果信息！C:C,MATCH(查询结果！B10,水果信息！D:D,0))" "=INDEX(水果信息！B:B,MATCH(查询结果！B10,水果信息！D:D,0))" "=VLOOKUP(B10,水果信息！D:E,2,0)"和"=F10-D2"，得到与输入的品名代码相对应的水果的品种、水果类别、上市日期和距离上市的天数。

⑩单击 B1 单元格，输入公式"=IF(LEFT(B6,1)=LEFT(E8,1),IF(ISERROR(IF(G8<=(15+B4),"可收","拒收")),"",IF(G8<=(15+B4),"可收","拒收")),"")"，按"Enter"键确认，得到是否接收在 B8 单元格中输入品种水果的结果。

⑪单击 B2 单元格，输入公式"=IF(LEFT(B6,1)=LEFT(E10,1),IF(ISERROR(IF(G10<=(15+B4),"可收","拒收")),"",IF(G10<=(15+B4),"可收","拒收")),"")"，按"Enter"键确认，得到是否接收在 B10 单元格中输入品名代码水果的结果。

（2）验证结果。

①在 B8 和 B10 单元格中，分别输入"黑美人26"和"XL44-28"，得到如图1-8-25所示的结果。

②在 B8 单元格中输入"仙人蕉40"，在 B6 单元格中选择"香蕉"，在 B4 单元格中输入"0"后，在 B1 单元格中可以得到"拒收"的结果，如图1-8-26所示；如果在 B4 单元格中输入"1"，则 B1 单元格中可以得到"可收"的结果，如图1-8-27所示。

③在 B6 单元格中选择"雪梨"，在 B4 单元格中输入"3"后，在 B2 单元格中可以得到"可收"的结果，如图1-8-28所示。

图1-8-25 输入品种和品名代码后的结果

图1-8-26 输入后续放假天数为0时的结果

图1-8-27 输入后续放假天数为1时的结果

图1-8-28 根据品名代码查询得到的结果

8.3.2 库存货品的先进先出管理

物流公司在配发库存货品时，可以根据货品入库时间的先后，其放在不同库位，不同入库日期的相同货品，实现先进先出。也就是说，在配发货品时，要先将先入库的货品配发出去。如果前一批不够配发，不足的数量再从下一批配发，把后到的货品先留存下来。

例8-5 在"维奇物流公司先进先出库存账.xlsx"工作簿中，"发货信息"工作表为该公司最近要发货的货物信息，包括发货地区、发货物品代码、发货件数等，如图1-8-29所示。"先进先出库存账"工作表为该公司的库存数据，包括入库日期、物品代码、库位等信息，如图1-8-30所示。该公司仓库中的货品是按照入库日期分别存放的，出库时需要将先入库的货品先发出,前一批发完才可以发下一批。现要求根据"发货信息"工作表中发货的数量,在"先进先出库存账"工作表中统计发货件数和剩余的件数。

图1-8-29 "发货信息"工作表

图1-8-30 "先进先出库存账"工作表

具体操作步骤如下。

(1) 在"先进先出库存账"工作表中的 E2 单元格中输入公式"= IF(SUMIF($B$2:B2, B2,$D$2:D2) < = SUMIF(发货信息! B:B,B2,发货信息! C:C),D2,SUMIF(发货信息! B:B,B2,发货信息! C:C) - SUMIF($B$1:B1,B2,$E$1:E1))",按"Enter"键确认,计算第一次要发货的件数,如图 1-8-31 所示。

公式解析:在公式中,先用 SUMIF 函数求出"先进先出库存账"工作表中与需发货"物品代码"一致的货品入库总数,然后将其与"发货信息"表中该货品的需求量(发货总数)比较;如果入库总数小于需求量,则该批之前已入库的货品全部出库,如果入库总数该批之前入库货品的数量大于需求量,则从该批中发出上一批尚还欠缺的数量。比如"发货信息"表中 WQ1708-1 这款货品,需要配发的数量是 40 + 35 = 75,按照先进先出原则,先从前几批入库的货品当中进行配发,直到满足 75。从"先进先出库存账"表中可以看出,当从 2017 年 7 月 14 日入库的货品中拿出 2 时,已经满足了 75,当批的货品还余下了 44,可以留着下次再发。由于已经满足数量,这之后入库的货品,就不用再发了。

图1-8-31 计算第一次要发货的件数

(2) 单击 F2 单元格,输入公式"= D2 - E2",按"Enter"键确认,计算第一次发货后物品的剩余件数,如图 1-8-32 所示。

(3) 选择 E2:F2 单元格区域,双击 F2 单元格右下角的填充柄,自动复制公式到 E17:F17 单元格区域,得到每次要发货的件数和发货后物品的剩余件数。最终的结果如图 1-8-33 所示。

	A	B	C	D	E	F
1	入库日期	物品代码	库位	期初数	发货件数	剩余件数
2	2017年6月15日	WQ1708-1	A108	38	38	0
3	2017年6月28日	WQ1708-1	B133	11		
4	2017年7月2日	WQ1708-1	A116	24		
5	2017年7月14日	WQ1708-1	A135	46		

F2 =D2-E2

图1-8-32 计算第一次发货后物品的剩余件数

	A	B	C	D	E	F
1	入库日期	物品代码	库位	期初数	发货件数	剩余件数
2	2017年6月15日	WQ1708-1	A108	38	38	0
3	2017年6月28日	WQ1708-1	B133	11	11	0
4	2017年7月2日	WQ1708-1	A116	24	24	0
5	2017年7月14日	WQ1708-1	A135	46	2	44
6	2017年7月21日	WQ1708-1	B259	53	0	53
7	2017年7月26日	WQ1708-1	B261	37	0	37
8	2017年8月5日	WQ1708-1	B401	26	0	26
9	2017年8月22日	WQ1708-1	B308	62	0	62
10	2017年4月12日	WQ1707-2	A108	78	78	0
11	2017年4月26日	WQ1707-2	B133	23	23	0
12	2017年5月1日	WQ1707-2	A116	38	18	20
13	2017年6月8日	WQ1707-2	A135	25	0	25
14	2017年7月11日	WQ1707-2	B401	54	0	54
15	2017年7月25日	WQ1707-2	B308	68	0	68
16	2017年8月3日	WQ1707-2	A173	49	0	49
17	2017年8月19日	WQ1707-2	B124	63	0	63

先进先出库存账 | 发货信息

图1-8-33 最终的结果

下篇 实验指导

实验 1

Excel 数据表的规范与输入

一、实验目的和要求

掌握数值型、日期型、时间型、文本型等常见类型数据的输入，数据的导入、导出、分列；异常数据的处理等。

二、实验内容

任务1：按要求输入如图2-1-1所示的产品信息表，具体要求如下。

（1）"产品名称"列不能输入重复的内容，如果输入了重复的数据，则弹出显示"您输入了重复的产品名称，请重新输入！"的对话框，提醒重新输入。

（2）"单位"和"品牌"两列的数据通过设置"数据验证"为序列后以单击选择的方式进行输入，其中"单位"列的值为"个，本，只，盒，卷，筒，支，瓶，把"，"品牌"列的值为"得力，晨光，百乐，英雄，樱花，齐心"。

（3）"单价"字段的单元格格式设为"货币"型，"生产日期"字段的格式设为"自定义"，并使该列的日期显示为长日期和星期。

	A	B	C	D	E	F	G	H
1	序号	产品编码	产品名称	规格	单位	单价	生产日期	品牌
2	1	08006001	钢质订书机	12#钉	个	¥15.00	2018年02月22日 星期四	得力
3	2	08006002	牛皮纸缝线软抄本	A5/40张	本	¥24.00	2017年12月20日 星期三	得力
4	3	08006003	剪刀	170mm	把	¥3.00	2018年08月13日 星期一	齐心
5	4	08006004	中性笔	0.5mm	支	¥5.50	2018年04月11日 星期三	百乐
6	5	08006005	圆珠笔	0.7mm	盒	¥24.80	2017年11月30日 星期四	齐心
7	6	08006006	订书钉	12#	盒	¥1.50	2018年05月15日 星期二	晨光
8	7	08006007	折叠尺	30cm铝	把	¥28.00	2018年08月17日 星期五	樱花
9	8	08006008	透明封箱胶带	45mm*60m	筒	¥19.90	2017年10月23日 星期一	得力
10	9	08006009	彩色中性笔	0.38mm	支	¥3.50	2018年07月26日 星期四	晨光
11	10	08006010	钢笔墨水	50ML黑色	瓶	¥3.00	2018年06月18日 星期一	英雄
12	11	08006011	液体胶水	蓝色	瓶	¥5.00	2018年07月17日 星期二	樱花
13	12	08006012	美工刀	18mm	把	¥3.00	2017年12月27日 星期三	齐心
14	13	08006013	签字笔	0.5mm	支	¥7.50	2018年03月12日 星期一	英雄
15	14	08006014	卷笔刀	粉色	个	¥18.00	2018年08月14日 星期二	樱花
16	15	08006015	文件夹	A4	个	¥5.00	2018年02月15日 星期四	齐心

图 2-1-1　产品信息表

任务 2：在“家和公司各部门员工姓名信息 . xlsx”工作簿的“各部门员工姓名”工作表中（内容见 2－1－2），为“部门名称”B1:F1 单元格区域定义一个名称“部门名称”，为每个部门所属的员工单元格区域分别定义相应的名称。例如，把 B2:B3 单元格区域的名称定义为“财务部”，C2:C9 单元格区域的名称定义为“技术部”，……F2:F4 单元格区域的名称定义为“质检部”。然后通过设置多种限制的数据验证，在“员工信息”工作表中，快速输入如图 2－1－3 所示的员工姓名。

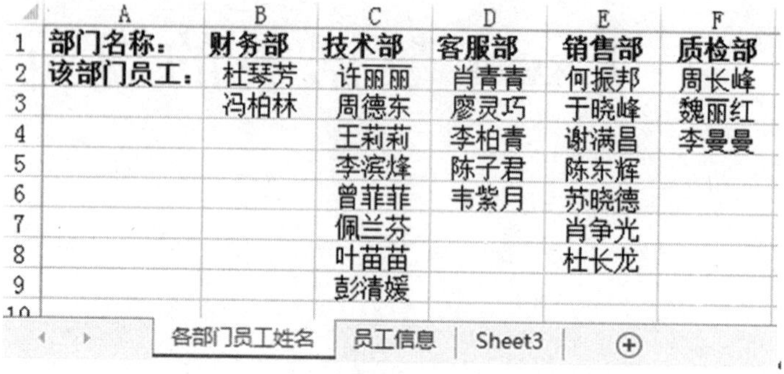

	A	B	C	D	E	F
1	部门名称：	财务部	技术部	客服部	销售部	质检部
2	该部门员工：	杜琴芳	许丽丽	肖青青	何振邦	周长峰
3		冯柏林	周德东	廖灵巧	于晓峰	魏丽红
4			王莉莉	李柏青	谢满昌	李曼曼
5			李滨烽	陈子君	陈东辉	
6			曾菲菲	韦紫月	苏晓德	
7			佩兰芬		肖争光	
8			叶苗苗		杜长龙	
9			彭清媛			

图 2－1－2　“各部门员工姓名”工作表中的内容

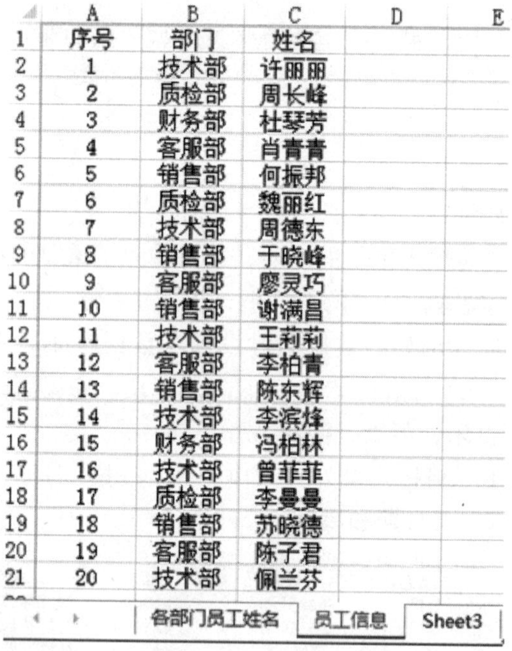

	A	B	C	D	E
1	序号	部门	姓名		
2	1	技术部	许丽丽		
3	2	质检部	周长峰		
4	3	财务部	杜琴芳		
5	4	客服部	肖青青		
6	5	销售部	何振邦		
7	6	质检部	魏丽红		
8	7	技术部	周德东		
9	8	销售部	于晓峰		
10	9	客服部	廖灵巧		
11	10	销售部	谢满昌		
12	11	技术部	王莉莉		
13	12	客服部	李柏青		
14	13	销售部	陈东辉		
15	14	技术部	李滨烽		
16	15	财务部	冯柏林		
17	16	技术部	曾菲菲		
18	17	质检部	李曼曼		
19	18	销售部	苏晓德		
20	19	客服部	陈子君		
21	20	技术部	佩兰芬		

图 2－1－3　要输入的部门及所属员工姓名的信息

提示：

（1）先定义如表 2－1－1 所示的名称。

表 2－1－1　定义的名称及对应的引用位置

名称	引用位置
部门名称	＝各部门员工姓名！$B$1:$F$1
财务部	＝各部门员工姓名！$B$2:$B$3

续表

名称	引用位置
技术部	=各部门员工姓名!$C$2:$C$9
客服部	=各部门员工姓名!$D$2:$D$6
销售部	=各部门员工姓名!$E$2:$E$8
质检部	=各部门员工姓名!$F$2:$F$4

（2）在"员工信息"工作表中，设置 C2:C21 单元格区域的"数据验证"时，在"来源"输入框中输入公式"= INDIRECT(B2)"。

任务 3：把"销售额.txt"文本导入 Excel 2013 中，并把销售额设置为货币型，日期设置为长日期，如图 2－1－4 所示。

任务 4：把"起息表.xlsx"工作簿中 Sheet1 工作表中的数据进行分列，得到如图 2－1－5 所示的结果。

	A	B	C
1	城市	销售额	日期
2	南宁	¥82,456.00	2018年8月1日
3	南宁	¥56,870.00	2018年8月3日
4	柳州	¥68,542.00	2018年8月7日
5	桂林	¥87,456.00	2018年8月16日
6	梧州	¥65,426.00	2018年7月21日
7	北海	¥35,246.00	2018年8月3日
8	玉林	¥12,345.00	2018年6月6日
9	钦州	¥35,246.00	2018年7月15日
10	桂林	¥36,524.00	2018年7月29日

图 2－1－4　导入文本数据

	A	B	C	D	E
1	日期	起息日	票号	金额	帐号
2	2018-8-1	2018-8-1	D121156902	9,149.68	奇骏公司
3	2018-8-1	2018-8-1	D121076702	6,140.00	丽影公司
4	2018-8-2	2018-8-2	D121035101	37,126.18	泉唐公司
5	2018-8-2	2018-8-2	D121029601	17,669.20	伟发公司
6	2018-8-2	2018-8-2	D121035201	57,246.80	新南公司
7	2018-8-2	2018-8-2	D121033501	10,851.42	正兴公司
8	2018-8-2	2018-8-2	D121030201	31,321.05	莲江公司
9	2018-8-2	2018-8-2	D121026101	6,494.32	新津公司
10	2018-8-2	2018-8-2	D121037901	8,043.85	龙坪公司

图 2－1－5　分列后的数据

任务 5：在"海关商品编码表（HS－code）.xlsx"工作簿的"2013 年最新商品编码"工作表中，把重复的记录删除。

任务 6：在高速公路上行车，最高车速不得超过每小时 120 千米，最低车速不得低于每小时 60 千米。超速行车，遇到紧急情况或是坡路、弯路，如果驾驶员采取措施不当会发生事故；而低于规定的速度行车，极易发生追尾事故。在"高速车速表.xlsx"工作簿中把车速低于 60 千米和高于 120 千米的数据用红色加粗的字体显示，设置填充色为黄色，如图 2－1－6 所示。

	A	B	C	D	E
1	序号	日期	时间	车牌号码	车速（km/h）
2	1	2017-9-11	4:29:44	粤SB0100	129
3	2	2017-9-6	7:28:29	桂AP1949	92
4	3	2017-9-8	22:17:08	桂BL8071	92
5	4	2018-9-21	21:45:59	浙H07389	14
6	5	2017-9-11	12:21:17	桂CJ7667	92
7	6	2017-9-10	9:10:11	桂CU1190	93
8	7	2018-9-21	21:45:59	鲁D57692	24
9	8	2017-9-8	15:31:30	桂D38365	96
10	9	2017-9-4	12:24:13	桂R08193	93
11	10	2017-7-9	2:59:18	桂KR5208	129
12	11	2017-7-17	21:05:49	粤BBZ100	111
13	12	2017-9-5	17:25:47	桂K50303	92

图 2－1－6　设置突出显示满足要求的数据

实验 2

Excel 财经数据的整理

一、实验目的和要求

掌握通过 Excel 2013 整理财经数据的方法,包括数据的排序、数据的筛选、数据的分类汇总等。

二、实验内容

任务 1:在打开"中兴汽车厂职工信息表.xlsx"工作簿中,把职工信息分部门按照"参加工作日期"的先后顺序进行排序。复杂排序的最终结果如图 2-2-1 所示。

	A	B	C	D	E	F
1	序号	部门	姓名	性别	职务级别	参加工作日期
2	1	采购部	王 鹏	男	高级	1996年7月24日
3	2	采购部	李宁	男	中级	1998年10月31日
4	3	采购部	王文杰	男	中级	1999年1月16日
5	4	采购部	徐东彭	男	高级	2000年7月11日
6	5	采购部	罗延婷	男	中级	2002年5月1日
7	6	采购部	李俊	男	中级	2004年4月18日
8	7	采购部	韦蔚	女	中级	2004年8月30日
9	8	采购部	杨磊	男	中级	2006年12月15日
10	9	采购部	丁超	男	员级	2007年1月12日
11	10	采购部	汤鑫	男	助理级	2011年2月28日
12	11	采购部	宋海波	男	员级	2011年7月29日
13	12	生产部	刘红森	男	高级	1989年8月8日
14	13	生产部	汪凯	男	高级	1991年10月18日
15	14	生产部	马俊	男	中级	1993年6月30日
16	15	生产部	郭良春	男	中级	1996年3月6日
17	16	生产部	李国超	男	高级	1996年5月24日
18	17	生产部	段莹超	男	中级	1998年1月31日
19	18	生产部	王方	男		1998年4月13日
20	19	生产部	蔡金龙	男	中级	2000年11月29日
21	20	生产部	孟江	男	员级	2001年3月5日
22	21	生产部	张小辉	男		2002年6月29日
23	22	生产部	甘甜	女	中级	2002年8月31日
24	23	生产部	岳鹏展	男	中级	2003年11月30日
25	24	生产部	徐峰	男	中级	2006年2月19日
26	25	生产部	王芳	女	中级	2007年2月28日
27	26	生产部	刘现锋	男		2009年4月10日
28	27	生产部	刘洪强	男	助理级	2011年6月3日
29	28	生产部	杨凤威	男	助理级	2011年10月16日
30	29	生产部	叔磊	男	中级	2014年6月17日

图 2-2-1 复杂排序的结果

任务 2：在"速翔公司 KPI 统计表.xlsx"工作簿中，把订单信息按照"出发地"为南宁、柳州、北海、钦州、贵港、河池的顺序进行排序。自定义排序的最终结果如图 2-2-2 所示。

	A	B	C	D	E	F	G	H	I	J	K
1					速翔物流公司2013上半年订单详情表						
2	订单号	品牌	日期	出发地	到达地	运输方式	包装	重量（kg）	体积（m3）	包装数量	运输商
3	SX-13001	伟奥	2013-4-20	南宁	北海	供应商来货	小编织袋	6.1	0.84	54	永顺
4	SX-13003	力高	2013-5-18	柳州	桂林	供应商来货	小编织袋	5.2	0.82	45	隆兴
5	SX-13008	雅丽	2013-6-21	柳州	百色	市内运输	中箱	11.2	1.85	43	德超
6	SX-13013	力高	2013-6-29	柳州	柳州	市内运输	小编织袋	2.6	0.75	45	隆兴
7	SX-13017	力高	2013-8-2	柳州	桂林	中转仓来货	中箱	13.1	1.92	3	超运
8	SX-13002	哥特	2013-5-9	北海	柳州	中转仓来货	中箱	14.5	1.74	16	德超
9	SX-13005	伟奥	2013-6-17	北海	北海	供应商来货	中箱	12.6	1.61	133	永顺
10	SX-13007	伟奥	2013-6-20	北海	柳州	供应商来货	小编织袋	13.6	0.53	22	永顺
11	SX-13010	伟奥	2013-6-24	北海	北海	中转仓来货	中箱	6.3	1.58	50	扬帆
12	SX-13012	哥特	2013-6-28	北海	北海	供应商来货	小箱	6.3	1.24	33	永顺
13	SX-13015	雅丽	2013-7-10	北海	柳州	市内运输	小编织袋	3.4	0.68	69	德超
14	SX-13016	哥特	2013-7-13	北海	柳州	供应商来货	大箱	26.7	3.1	102	永顺
15	SX-13004	力高	2013-6-9	钦州	防城港	中转仓来货	大箱	17.3	2.2	89	长发
16	SX-13009	伟奥	2013-6-23	钦州	柳州	供应商来货	小编织袋	4.6	1.02	64	隆兴
17	SX-13014	哥特	2013-6-30	钦州	玉林	供应商来货	中箱	15.4	1.83	57	扬帆
18	SX-13018	雅丽	2013-8-7	钦州	防城港	供应商来货	小箱	5.6	1.06	4	德超
19	SX-13011	哥特	2013-6-26	贵港	钦州	供应商来货	小编织袋	3.7	0.65	106	超运
20	SX-13006	哥特	2013-6-18	河池	河池	市内运输	小箱	5.9	1.3	177	超运

图 2-2-2 自定义排序结果

任务 3：在"力宏公司 2017 年上半年销售业绩表.xlsx"工作簿中，筛选出"销售金额"超过 1 万元的女性职工的信息。自定义筛选的最终结果如图 2-2-3 所示。

	A	B	C	D	E	F	G
1				力宏公司2017年上半年电器销售业绩表			
2	工号	姓名	性别	销售产品	销售单价	销售数量	销售金额
5	LH00102	吕小冰	女	微波炉	¥560.00	27	¥15,120.00
6	LH00102	吕小冰	女	微波炉	¥470.00	34	¥15,980.00
15	LH00107	魏红云	女	净化器	¥430.00	55	¥23,650.00
16	LH00107	魏红云	女	净化器	¥510.00	59	¥30,090.00
19	LH00109	何韵	女	豆浆机	¥355.00	37	¥13,135.00
20	LH00109	何韵	女	豆浆机	¥415.00	26	¥10,790.00

图 2-2-3 自定义筛选结果

任务 4：在"力宏公司 2017 年上半年销售业绩表.xlsx"工作簿中，使用高级筛选方法自定义筛选条件，筛选出"销售金额"超过 1 万元的女性职工的信息。高级筛选的最终结果如图 2-2-4 所示。

	A	B	C	D	E	F	G
1				力宏公司2017年上半年电器销售业绩表			
2	工号	姓名	性别	销售产品	销售单价	销售数量	销售金额
5	LH00102	吕小冰	女	微波炉	¥560.00	27	¥15,120.00
6	LH00102	吕小冰	女	微波炉	¥470.00	34	¥15,980.00
15	LH00107	魏红云	女	净化器	¥430.00	55	¥23,650.00
16	LH00107	魏红云	女	净化器	¥510.00	59	¥30,090.00
19	LH00109	何韵	女	豆浆机	¥355.00	37	¥13,135.00
20	LH00109	何韵	女	豆浆机	¥415.00	26	¥10,790.00
23							
24	性别	销售金额					
25	女	>=10000					

图 2-2-4 高级筛选结果

任务 5：在"2017 年邕凯公司电器销售表.xlsx"工作簿中，显示该公司各产品的销售总额和各区域的销售总额，即先按照"产品类型"字段汇总"销售额（万元）"，再按照"区域"字段汇总"销售额（万元）"。嵌套分类汇总的最终结果如图 2-2-5 所示。

	A	B	C	D	E	F	G
1				2017年邕凯公司电器销售表			
2	年度	季度	产品类型	销售点	销售额（万元）	数量	区域
3	2017	1	LED液晶电视	航洋店	54.5	127	青秀区
4					54.5		青秀区 汇总
5	2017	4	LED液晶电视	大学店	30.2	46	西乡塘区
6					30.2		西乡塘区 汇总
7	2017	2	LED液晶电视	朝阳店	45.9	259	兴宁区
8	2017	3	LED液晶电视	南棉店	38.8	86	兴宁区
9					84.7		兴宁区 汇总
10			LED液晶电视 汇总		169.4		
11	2017	1	冰箱	长湖店	13.4	48	青秀区
12	2017	3	冰箱	航洋店	55.2	132	青秀区
13					68.6		青秀区 汇总
14	2017	4	冰箱	友爱店	48.9	87	西乡塘区
15					48.9		西乡塘区 汇总
16	2017	2	冰箱	南棉店	26.4	66	兴宁区
17					26.4		兴宁区 汇总
18			冰箱 汇总		143.9		
19	2017	1	平板电脑	淡村店	41.5	77	江南区
20					41.5		江南区 汇总
21	2017	2	平板电脑	长湖店	56.2	88	青秀区
22					56.2		青秀区 汇总
23	2017	4	平板电脑	大学店	77.9	133	西乡塘区
24					77.9		西乡塘区 汇总
25	2017	3	平板电脑	朝阳店	42.8	76	兴宁区
26					42.8		兴宁区 汇总
27			平板电脑 汇总		218.4		
28	2017	2	燃气热水器	淡村店	57.1	68	江南区
29					57.1		江南区 汇总
30	2017	1	燃气热水器	大学店	16.2	35	西乡塘区
31	2017	4	燃气热水器	友爱店	52.3	74	西乡塘区
32					68.5		西乡塘区 汇总
33	2017	3	燃气热水器	朝阳店	41.5	106	兴宁区
34					41.5		兴宁区 汇总
35			燃气热水器 汇总		167.1		
36	2017	4	洗衣机	淡村店	25.5	68	江南区
37					25.5		江南区 汇总
38	2017	1	洗衣机	航洋店	37.5	88	青秀区
39					37.5		青秀区 汇总
40	2017	2	洗衣机	朝阳店	27.9	55	兴宁区
41	2017	3	洗衣机	南棉店	31.6	96	兴宁区
42					59.5		兴宁区 汇总
43			洗衣机 汇总		122.5		
44			总计		821.3		

图 2-2-5 嵌套分类汇总结果

实验 3

Excel 财经数据的分析与展示

一、实验目的和要求

掌握利用单表数据源、多表数据源创建数据透视表,掌握数据透视表格式的编辑和布局。掌握利用数据透视表将二维表转化为数据清单、添加自定义字段分析数据等。掌握各类图表的创建、编辑与美化,使用不同的图表及其图表组合分析数据。

二、实验内容

任务1:利用多表数据源(1—6月的工作表)制作部门各项目费用的开销统计表。查看公司人事部门每月的各项目费用开销情况,如图2-3-1所示。

公司部门	人事部						
求和项:值	月份						
项目费用	1月	2月	3月	4月	5月	6月	总计
办公费	739	625	1445	747	1085	1052	5693
差旅费	1029	468	742	1416	656	1467	5778
车辆费	1175	1210	439	1253	433	287	4797
税费	1223	240	1343	181	455	1482	4924
修理费	436	243	248	181	547	286	1941
招待费	298	490	1065	594	1192	882	4521
折旧费	513	1112	823	523	342	1256	4569
职工工资	224	563	1365	998	845	208	4203
总计	5637	4951	7470	5893	5555	6920	36426

图 2-3-1 人事部每月各项费用开销情况

提示:把6个月表格汇总起来制作公司上半年数据透视表,更改"行标签"为"公司部门"。

任务2:制作如图2-3-2所示的"公司收益情况数据"透视表,并对数据透视表进行格式化。对数据透视表进行布局,设置以表格形式显示,更改字段名称,隐藏分类汇总,隐藏表格总计,只显示总计收益。

任务3:把产品的季度生产数据的二维表转化为如图2-3-3所示的数据清单。

求和项:金额		性质	
月份	分公司	亏损	盈利
⊟1月	公司1	-1766	187254.5
	公司2	-3090	86772
⊟2月	公司1		34143.9
	公司2	-9586.84	9988.23
	公司3		106237
⊟3月	公司1	-1230.58	
	公司2		21030.08
	公司3	-951.88	41553.69
总计收益情况		-16625.3	486979.4

图2-3-2 "公司收益情况"数据透视表

产品	季度	生产量
产品01	第一季	126
产品01	第二季	232
产品01	第三季	213
产品01	第四季	269
产品02	第一季	129
产品02	第二季	33
产品02	第三季	28
产品02	第四季	226
产品03	第一季	215
产品03	第二季	240
产品03	第三季	174
产品03	第四季	51
产品04	第一季	65
产品04	第二季	273
产品04	第三季	49
产品04	第四季	99
产品05	第一季	123
产品05	第二季	181
产品05	第三季	297
产品05	第四季	210

图2-3-3 产品季度生产数据清

任务4：制作如图2-3-4所示的添加自定义计算字段的商场电器平均售价情况分析数据透视表。增加新字段"平均售价"，平均售价的计算公式为：平均售价=销售额/销售量，计算保留0位小数。

列标签	冰箱		彩电		空调		相机	
行标签	求和项:销售量	求和项:平均售价	求和项:销售量	求和项:平均售价	求和项:销售量	求和项:平均售价	求和项:销售量	求和项:平均售价
1月	82	2552	95	1093	127	1344	29	2236
2月	95	1548	169	1102	120	2144	34	3835
3月	80	1989	23	2348	48	3446	34	3835
4月	115	2026	77	2197	203	1439	62	1593
5月	56	2147	159	1884	57	1704	95	1544
6月	132	2073	115	657	157	1670	51	2126
总计	560	2040	638	1512	712	1748	303	2044

图2-3-4 商场电器平均售价情况

任务5：制作三维饼图，统计公司各项开销占比分析图，如图2-3-5所示。设置相应的样式及数据系列标签。

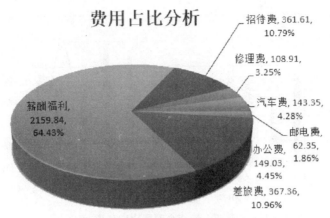

图 2-3-5 费用占比分析

任务 6：制作工程完成情况百分比显示图，如图 2-3-6 所示。设置相应的图表样式及数据系列标签。

提示：

（1）制作辅助区表格，对辅助区表格插入三维堆积柱形图。

（2）数据系列标签选择包括"值"。将每个标签值一一更改为该工程对应的数据源中的完成率。例如，双击"工程01"的值标签，在编辑栏中输入"=工程完成情况！$E$3"，即可显示相应的完成率。

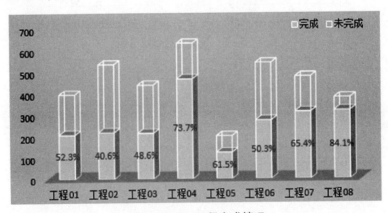

图 2-3-6 工程完成情况

任务 7：制作公司 2017—2018 年销售金额同比增长率对比图，如图 2-3-7 所示。

提示：

（1）绘制辅助区，增加零线数据。

（2）同比增长率、零线设置层次坐标，按图表所示添加图表标题、坐标轴标题，设置零线线形、次坐标百分比保留 0 位小数。

任务 8：制作如图 2-3-8 所示的公司预算执行情况分析图，设置相应的图表格式。

提示：制作辅助区中点为预算和实际的平均值。

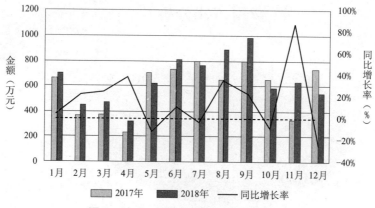

图 2-3-7 销售金额同比增长率对比

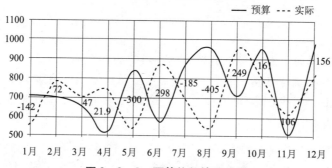

图 2-3-8 预算执行情况分析

实验 4

财经数据处理中的 Excel 公式与函数应用

一、实验目的和要求

1. 掌握 Excel2013 常用函数在实际案例中的应用，包括文本函数、日期函数、逻辑函数、求和统计函数、查找和引用函数等。
2. 掌握不同函数参数的设置、多种函数的嵌套使用、数组公式的应用。

二、实验内容

任务 1：根据提供的显示器面板信息，按照以下规则对各产品进行编码：提取产品类别和供应商的第一个字符，提取型号的前 3 个字符，编号长度固定为 4 位，不足 4 位的前面补 0，编码中的全部字母均为大写。最终结果如图 2-4-1 所示。

	A	B	C	D	E
1	产品类别	供货商	型号	编号	产品编码
2	TN	SX	50EQ	1	TS50E0001
3	TN	YD	55EQ	3	TY55E0003
4	TN	JDF	43EQ	5	TJ43E0005
5	IPS	SX	27HT	23	IS27H0023
6	IPS	YD	24HT	680	IY24H0680
7	IPS	JDF	32HT	18	IJ32H0018
8	VA	SX	32WP	16	VS32W0016
9	VA	YD	40WP	10	VY40W0010
10	VA	JDF	29WP	8	VJ29W0008

图 2-4-1 对产品进行编码

提示：提取字符用 LEFT 函数，连接字符用 & 运算符，固定编号长度用 TEXT 函数，转换字母大小写用 UPPER 函数。

任务 2：某公司制作了一个员工合同信息表，在该表格上方显示当前日期，计算员工合同到期日和距离到期天数，并设置提醒（提醒条件为：距离到期天数小于或等于30天，符合条件的单元格填充淡红色底纹和红色加粗字体）。最终结果如图2-4-2所示。

提示：

1. 显示使用表格的当前日期可以用 TEXT 函数和 TODAY 函数。
2. 计算合同到期日用 EDATE 函数。
3. 计算距离到期天数用 IF 函数、TODAY 函数和 DATEDIF 函数。

	A	B	C	D	E	F	G	H
1						当前日期:2018年10月10日		星期三
2	合同编号	姓名	性别	部门	合同签订日期	期限（月）	合同到期日	距离到期天数
3	C1001	赵玥	女	办公室	2018-2-26	24	2020-2-25	503
4	C1002	李聪	女	人事部	2016-2-6	24	2018-2-5	合同到期
5	C1003	谢晋	男	纪检部	2017-5-22	24	2019-5-21	223
6	C1004	张嘉	男	信息部	2015-12-7	36	2018-12-6	57
7	C1005	赵静静	女	销售部	2018-1-20	12	2019-1-19	101
8	C1006	刘岩	男	办公室	2017-9-1	24	2019-8-31	325
9	C1007	刘易杰	男	采购部	2017-11-10	12	2018-11-9	30
10	C1008	周娜	女	人事部	2017-3-20	24	2019-3-19	160
11	C1009	祝苗	女	财务部	2017-9-9	36	2020-9-8	699
12	C1010	杨娟	女	采购部	2018-7-1	12	2019-6-30	263
13	C1011	张琛	男	财务部	2017-2-20	36	2020-2-19	497
14	C1012	薛敏	女	人事部	2016-1-6	24	2018-1-5	合同到期
15	C1013	胡艳	女	财务部	2018-5-7	36	2021-5-6	939
16	C1014	杨晓莲	女	纪检部	2018-7-1	24	2020-6-30	629
17	C1015	张磊	男	销售部	2018-10-8	12	2019-10-7	362
18	C1016	张宝强	男	销售部	2018-3-2	12	2019-3-1	142
19	C1017	钟莹	女	企划部	2018-3-20	12	2019-3-19	160
20	C1018	高欢	男	纪检部	2018-7-20	24	2020-7-19	648

图 2-4-2 计算员工合同到期日和距离到期天数

任务 3：某公司销售网络设备的数据记录在 Excel 表格中，根据输入的统计截止月份数，用数组公式计算各产品的销售数量和销售总金额。最终结果如图2-4-3所示。

	A	B	C	D	E	F	G	H	I	J
1	销售日期	产品名称	单位	单价	销售数量	金额		统计销售情况截止月份:		3
2	2018-1-1	服务器	台	18000	105	1890000		产品名称	销售数量	金额
3	2018-1-5	交换机	台	2800	28	78400		防火墙	236	2596000
4	2018-1-10	集线器	个	150	2	300		服务器	210	3780000
5	2018-2-10	防火墙	台	11000	234	2574000		集线器	8	1200
6	2018-2-15	网络摄像机	台	580	14	8120		交换机	58	162400
7	2018-2-20	服务器	台	18000	25	450000		路由器	75	9750
8	2018-2-25	防火墙	台	11000	2	22000		网络摄像机	214	124120
9	2018-3-3	集线器	个	150	6	900				
10	2018-3-11	网络摄像机	台	580	200	116000				
11	2018-3-21	交换机	台	2800	30	84000				
12	2018-3-28	服务器	台	18000	80	1440000				
13	2018-3-29	路由器	台	130	75	9750				
14	2018-4-2	防火墙	台	11000	60	660000				
15	2018-4-10	集线器	个	150	80	12000				
16	2018-4-21	网络摄像机	台	580	18	10440				
17	2018-4-26	交换机	台	2800	25	70000				
18	2018-5-1	服务器	台	18000	88	1584000				
19	2018-5-3	防火墙	台	11000	33	363000				

图 2-4-3 用数组公式计算各产品的销售数量和销售总金额

实验 4 财经数据处理中的 Excel 公式与函数应用

提示：

利用 SUM 函数、IF 函数和 MONTH 函数统计销售数量。在 I3 单元格中输入" = SUM (IF(MONTH($A$2 : $A$19) < =$J$1 , IF($B$2 : $B$19 = H3 , $E$2 : $E$19) ,0))"，按"Ctrl + Shift + Enter"组合键。

实验 5

Excel 在财务管理分析中的应用

一、实验目的和要求

掌握用 Excel2013 进行简单移动平均预测、加权移动平均预测、指数平滑预测等时间序列预测的方法,对财务数据、财务预算中的数据以及营运资金数据进行处理与分析。

二、实验内容

任务 1:某公司 1—11 月份的管理费如图 2-5-1 所示。用以下三种方法分别预测 12 月份的管理费。

(1) 简单移动平均法。

(2) 加权移动平均法(权重值分别为 0.15、0.25、0.6)。

(3) 指数平滑法(阻尼系数为 0.3)。

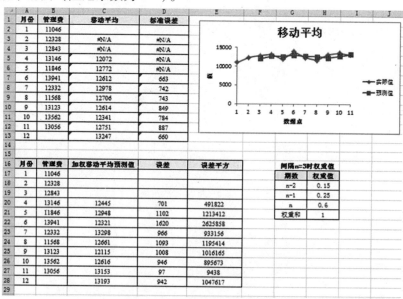

图 2-5-1 管理费数据资料

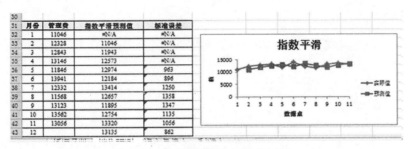

图 2-5-1 管理费数据资料（续）

任务 2：某公司的资产负债表和利润表分别如图 2-5-2、图 2-5-3 所示。据此建立公司的财务比率分析表、财务比较分析表、财务比率综合评分表。最终效果如图 2-5-4、图 2-5-5、图 2-5-6 所示。

	A	B	C	D	E	F	G
1				资产负债表			
2	编制单位：						货币单位：元
3	资产	年初余额	期末余额	负债和所有者权益（或股东权益）		年初余额	期末余额
4	流动资产：			流动负债：			
5	货币资金	668,611,043.69	955,304,842.53	短期借款		310,800,142.00	680,001,288.00
6	交易性金融资产			交易性金融负债			
7	衍生金融资产			衍生金融负债			
8	应收票据及应收账款	1,649,629,873.39	1,194,426,712.36	应付票据及应付账款		293,024,404.23	18,337,360.35
9	预付账款	54,311,032.97	186,468,253.66	预收账款		102,299,488.62	584,832,702.53
10	其他应收款	11,042,071.58	114,426,712.36	合同负债			
11	存货	582,649,656.51	253,543,332.78	应付职工薪酬		22,065,993.67	65,119,381.92
12	合同资产			应交税费		173,342,066.78	156,965,168.53
13	持有待售资产	7,736,789.96	12,656,305.76	其他应付款		212,530,028.24	55,466,152.32
14	一年内到期的非流动资产			持有待售负债		2,981,388.68	1,685,528.38
15	其他流动资产			一年内到期的非流动负债		400,110,138.00	405,086,138.00
16	流动资产合计	2,973,980,468.10	2,716,826,159.45	其他流动负债			
17	非流动资产：			流动负债合计		1,517,173,650.22	1,967,493,720.03
18	债权投资			非流动负债：			
19	其他债权投资			长期借款		1,018,860,128.00	1,307,637,728.00
20	长期应收款			应付债券			
21	长期股权投资			其中：优先股			
22	其他权益工具投资			永续债			
23	其他非流动金融资产			长期应付款			
24	投资性房地产			预计负债			
25	固定资产	2,527,663,301.91	4,436,137,630.11	递延收益			
26	在建工程	1,236,530,818.84	728,698,515.36	递延所得税负债			
27	生产性生物资产			其他非流动负债			
28	油气资产			非流动负债合计		1,018,860,128.00	1,307,637,728.00
29	无形资产			负债合计		2,536,033,778.22	3,275,131,448.03
30	开发支出			所有者权益（或股东权益）：			
31	商誉			实收资本（或股本）		638,200,128.00	838,200,288.00
32	长期待摊费用			其他权益工具		282,133,311.36	465,874,432.00
33	递延所得税资产			其中：优先股		78,130,654.87	127,218,596.36
34	其他非流动性资产			永续债			
35	非流动资产合计	3,764,194,120.75	5,164,836,145.47	资本公积		2,521,866,786.01	1,907,999,261.71
36				减：库存股			
37				其他综合收益			261,860,142.00
38				盈余公积		204,392,686.63	351,658,619.88
39				未分配利润		555,547,898.63	780,938,113.30
40				所有者权益（或股东权益）合计		4,202,140,810.63	4,606,530,856.89
41	资产总计	6,738,174,588.85	7,881,662,304.92	负债和所有者权益总计		6,738,174,588.85	7,881,662,304.92

图 2-5-2 资产负债表

任务 3：某公司的预计销售量表和预计定额成本表如图 2-5-7 所示。据此编制公司 2019 年度的销售预算表和生产预算表。最终结果如图 2-5-8、图 2-5-9 所示。

任务 4：设某项固定资产原值为 20 000 元，预计资产残值为 600 元，使用期限为 5 年。分别采用直线法、年数总和法、固定余额递减法、双倍余额递减法、变数余额递减法计提每年折旧额。最终结果如图 2-5-10 所示。

· 261 ·

利润表

项目名称	年初数	期末数
一、主营业务收入	5550832916.66	9260863265.68
减：主营业务成本	3840863189.52	4606198326.00
主营业务税金及附加	15903095.79	29677866.70
二、主营业务利润（亏损以"－"号填列）	1,694,066,631.35	4,624,987,072.98
加：其他业务利润（亏损以"－"号填列）	6475811.40	18477864.66
减：营业费用	24528806.90	19291156.70
管理费用	114416833.60	139319556.03
财务费用	21502528.67	31468163.18
三、营业利润	1,540,094,273.58	4,453,386,061.73
加：投资收益（亏损以"－"号填列）		
补贴收入		
营业外收入	1126286.90	141616.25
减：营业外支出	8552388.56	26505882.71
四、利润总额	1,532,668,171.92	4,427,021,795.27
减：所得税	165476466.8	357282566.5
五、净利润	1,367,191,705.10	4,069,739,228.82
加：年初未分配利润	258848189.2	555567863.4
六、可供分配的利润	1,626,039,894.33	4,625,307,092.25
减：提取法定公积	35906771.80	98371802.60
提取法定公益金	17452866.46	49085386.78
分配普通股股利		418088866.00
七、年末未分配利润	1,572,680,256.07	4,059,761,036.87

图 2-5-3　利润表

财务比率分析表

货币单位：元

指标名称	比率	指标说明
一、短期偿债能力分析		
1.流动比率	1.38	流动资产/流动负债
2.速动比率	1.25	（流动资产-存货）/流动负债
二、长期偿债能力分析		
1.资产负债率	0.42	负债总额/资产总额
2.产权比率	0.71	负债总额/股东权益
3.有形净值债务比率	0.71	负债总额/（股东权益-无形资产）
4.已获利息倍数	141.10	息税前利润/利息费用
三、资产管理效果分析		
1.总资产周转率	1.27	销售收入/平均资产总额
2.固定资产周转率	2.66	销售收入/平均固定资产
3.流动资产周转率	3.25	销售收入/平均流动资产
4.应收账款周转率	6.51	销售收入/平均应收账款
5.应收账款周转天数	55.30	360/应收账款周转率
6.存货周转率	11.02	销售成本/平均存货
四、盈利能力分析		
1.销售净利率	0.44	净利润/销售收入
2.销售毛利率	0.50	销售毛利/销售收入
3.资产净利率	0.55	净利润/平均资产余额
4.权益报酬率	0.92	净利润/股东权益平均总额

图 2-5-4　财务比率分析表

财务比较分析表

货币单位：元

指标名称	标准财务比率	企业财务比率	差异
一、短期偿债能力分析			
1.流动比率	2.2	1.38	-0.82
2.速动比率	1.35	1.25	-0.10
二、长期偿债能力分析			
1.资产负债率	0.2	0.42	0.22
2.产权比率	1	0.71	-0.29
3.有形净值债务比率	0.5	0.71	0.21
4.已获利息倍数	150	141.10	-8.90
三、资产管理效果分析			
1.总资产周转率	1.6	1.27	-0.33
2.固定资产周转率	0.85	2.66	1.81
3.流动资产周转率	1.5	3.25	1.75
4.应收账款周转率	15	6.51	-8.49
5.应收账款周转天数	24	55.30	31.30
6.存货周转率	10	11.02	1.02
四、盈利能力分析			
1.销售净利率	0.26	0.44	0.18
2.销售毛利率	0.5	0.50	0.00
3.资产净利率	0.25	0.55	0.30
4.权益报酬率	0.18	0.92	0.74

图 2-5-5　财务比较分析表

财务比率综合评分表

指标名称	实际值	标准值	关系比率	评分值	综合得分
流动比率	1.38	2.20	0.63	12	7.56
速动比率	1.25	1.35	0.93	10	9.30
资产负债率	0.42	0.20	2.10	10	21.00
总资产周转率	1.27	1.60	0.79	10	7.90
应收账款周转率	6.51	15.00	0.43	8	3.44
存货周转率	11.02	10.00	1.10	10	11.00
销售净利率	0.44	0.26	1.69	15	25.35
资产净利率	0.55	0.25	2.20	15	33.00
权益报酬率	0.92	0.18	5.11	10	51.10
合计				100	169.65

图 2-5-6　财务比率综合评分表

	A	B
1	预计销售量表	
2	时间	预计销售量
3	第一季度	230
4	第二季度	260
5	第三季度	220
6	第四季度	200
7		
8	预计单价（元）	350

	A	B
1	预计定额成本	
2	项目	数值
3	单位产品材料消耗定额（千克）	2.5
4	单位产品工时（小时）	1.8
5	单位工时工资标准（元）	15

图 2-5-7　预计销售量与预计定额成本表

	A	B	C	D	E	F
1	公司销售预算（2019年度）					
2	项目	第一季度	第二季度	第三季度	第四季度	全年
3	预计销售量	230	260	220	200	910
4	预计单价	350	350	350	350	300
5	销售收入	80500	91000	77000	70000	273000
6						
7	预计现金收入					
8	上年应收账款	7000				7000
9	第一季度	48300	32200			80500
10	第二季度		54600	36400		91000
11	第三季度			46200	30800	77000
12	第四季度				42000	42000
13	合计	55300	86800	82600	72800	297500

图 2-5-8　预计销售预算表

	A	B	C	D	E	F
1	公司生产预算（2019年度）					
2	项目	第一季度	第二季度	第三季度	第四季度	全年
3	预计销售量	230	260	220	200	910
4	加：预计期末库存	26	22	20	15	15
5	减：预计期初库存	10	26	22	20	10
6	预计生产量	246	256	218	195	915
7						
8	直接材料消耗：					
9	产品材料消耗定额（千克）	615	640	545	487.5	2287.5
10	直接人工消耗：					
11	产品工时（小时）	443	461	392	351	1647

图 2-5-9　预计生产预算表

	A	B	C	D	E	F	G	H	I	J	K
1	固定资产原值	使用年限	资产残值								
2	20000	5	600								
3											
4	折旧法	直线折旧法（SLN）		年数总和法（SYD）		固定余额递减法（DB）		双倍余额递减法（DDB）		变数余额递减法（VDB）	
5	年数	折旧金额	剩余价值	折旧金额	剩余价值	折旧金额	剩余价值	折旧金额	剩余价值	折旧金额	剩余价值
6	0	0	20000	0	20000	0	20000	0	20000	0	20000
7	1	3880	16120	6467	13533	10080	9920	8000	12000	8000	12000
8	2	3880	12240	5173	8360	5000	4920	4800	7200	4800	7200
9	3	3880	8360	3880	4480	2480	2440	2880	4320	2880	4320
10	4	3880	4480	2587	1893	1230	1210	1860	2460	1860	2460
11	5	3880	600	1293	600	610	600	1860	600	1860	600

图 2-5-10 不同方法下每年折旧额的计提

实验 6

Excel 在市场调查分析中的应用

一、实验目的和要求

掌握数据分析函数、统计指标函数的应用；直方图、描述统计功能的应用。掌握总体的均值、方差的假设检验方法；双样本均值之差、方差之差的假设检验的计算方法。掌握单因素方差分析的计算方法和分析方法；双因素方差分析的计算和分析方法。掌握相关系数的计算方法；相关分析和一元线性回归分析的方法。

二、实验内容

任务 1：表 2-6-1 是 80 名学生参加高等数学的考试成绩，将这些成绩按照 90~100 分、80~89 分、70~79 分、60~69 分，以及 60 分以下共 5 个分数段进行分组。

表 2-6-1　80 名学生高等数学考试成绩表

41	35	83	31	54	78	41	76
38	65	99	39	42	36	100	49
90	38	50	85	72	90	58	48
40	98	77	96	67	99	32	40
64	51	89	86	95	90	70	100
88	71	90	87	96	41	54	68
79	36	70	38	32	57	34	99
95	94	79	38	84	47	56	55
52	38	79	71	31	34	97	87
44	30	31	63	34	58	58	53

(1) 使用 FREQUENCY 函数统计各个分组的学生人数。

(2) 使用直方图统计各个分组的人数,并绘制频数直方图。

(3) 比较(1)和(2)两种方法计算的频数统计结果有什么差别。

任务 2:表 2-6-2 是某百货公司 48 名员工的销售额(单位:千元)。使用 COUNTIF 函数统计销售额在 65 以上、50~65、30~50 以及 30 以下 4 个范围的员工人数。各区间含下限值,不含上限值。

表 2-6-2 48 名员工销售额表 (单位:千元)

28	49	60	44	50	46	69	58
54	50	58	47	48	65	22	21
49	28	31	44	43	48	20	26
60	62	34	55	62	52	24	34
35	61	27	65	27	45	64	57

任务 3:表 2-6-3 给出了某厂 20 名员工加工同一产品所需的时间(单位:小时)。

(1) 使用有关统计函数计算该厂 20 名员工加工这一产品所需时间的算术平均数、几何平均数、调和平均数、中位数、众数、标准差、方差、偏度和峰度。

(2) 使用数据分析工具对该批数据进行描述统计分析,并将分析结果与(1)中计算的结果比较,判断两者是否相同。

表 2-6-3 20 名员工加工产品的时间表 (单位:小时)

16	20	11	13	12
14	10	19	15	10
18	18	19	14	18
16	14	11	11	12

任务 4:表 2-6-4 是 2015 年 1 月到 2018 年 6 月消费者信心指数。利用以下两种方法分别随机抽取 15 个月的消费者信心指数数据。

(1) 用"数据分析"工具的"抽样"功能进行随机抽样。

(2) 使用随机数函数进行随机抽样。

表 2-6-4 消费者信心指数表

年月	消费者信心指数	年月	消费者信心指数	年月	消费者信心指数
2015-01	105.7	2016-03	100	2017-05	112
2015-02	109.8	2016-04	101	2017-06	113.3
2015-03	107.1	2016-05	99.8	2017-07	114.6
2015-04	107.6	2016-06	102.9	2017-08	114.7
2015-05	109.9	2016-07	106.8	2017-09	118.6

续表

年月	消费者信心指数	年月	消费者信心指数	年月	消费者信心指数
2015-06	105.5	2016-08	105.6	2017-10	123.9
2015-07	104.5	2016-09	104.6	2017-11	121.3
2015-08	104	2016-10	107.2	2017-12	122.6
2015-09	105.6	2016-11	108.6	2018-01	122.3
2015-10	103.8	2016-12	108.4	2018-02	124
2015-11	104.1	2017-01	109.2	2018-03	122.3
2015-12	103.7	2017-02	112.6	2018-04	122.9
2016-01	104	2017-03	111	2018-05	122.9
2016-02	104.4	2017-04	113.4	2018-06	118.2

任务5： 表2-6-5是某公司随机抽样的20位员工的工资数据（工资单位：元）。

表2-6-5 员工工资表 （工资单位：元）

员工编号	工资	员工编号	工资
A001	3 050	A011	3 758
A002	3 580	A012	4 650
A003	6 400	A013	4 800
A004	4 852	A014	3 700
A005	2 950	A015	3 260
A006	3 785	A016	4 100
A007	4 500	A017	4 320
A008	5 300	A018	3 380
A009	3 900	A019	3 410
A010	4 600	A020	5 200

（1）估计在置信水平95%下该公司所有员工的平均工资的置信区间。

（2）估计在置信水平95%下该公司所有员工工资的方差的置信区间。

提示： 平均工资用 t 分布计算，工资方差用 χ^2 分布计算。

任务6 一家食品公司生产袋装食品，按规定每袋的质量应为100克。为了检测食品质量，该企业质检部门采用抽样技术，某天从生产的一批食品中随机抽取了25袋（不重复抽样），测得它们的质量如表2-6-6所示。

表2-6-6 25袋食品质量表 （单位：克）

112.5	101	103	110.4	100.4
102.6	107.5	96	104.6	111.5
100	124.3	102	97.6	98.9
115.2	95.4	99	98.4	95.6
132.5	98.5	105.6	103.4	103.2

已知食品质量服从正态分布,且总体方差为 100 克。估计该批食品平均质量的置信区间(设置信水平为 95%)。

提示:食品平均质量采用 Z 分布计算。

任务 7:一种汽车配件的平均长度要求为 12 厘米,高于或低于该标准均被认为是不合格的。汽车生产企业在购进配件时,对配件提供商提供的样品进行检验,以决定是否购进。现从一个配件提供商提供的样品随机抽取 10 个样本,测得配件的长度(单位:厘米)分别为 12.2、10.8、12.0、11.8、11.9、12.4、11.3、12.2、12.0、12.3。

假定该供货商生产的配件长度服从正态分布,在 0.05 显著性水平下,完成以下问题的检验。

(1)检验该供货商提供的配件平均长度是否为 12 厘米。
(2)检验该供货商提供的配件长度的方差是否等于 16。
(3)检验该供货商提供的配件长度的方差是否小于等于 16。

任务 8:甲、乙两台机床都用来加工同一类型的零件,已知零件的直径服从正态分布,厂商为比较这两台机床加工零件直径的精度有无显著性差异,随机抽取了这两台机床加工的零件,通过测量得到零件的直径数据,如表 2-6-7 所示。

表 2-6-7 两台机床加工零件的直径数据表 (单位:厘米)

甲机床	20.3	19.4	18.7	19.6	20.8	20.4	18.8	19.6	20.3	19.8
乙机床	19.5	19.8	20.5	19.3	19.2	20.1	20.2	19.3	18.9	20.4

(1)设甲、乙机床加工的零件直径的方差未知但相等,显著水平 $\alpha = 0.05$,检验甲、乙机床加工的零件的平均直径是否有显著差异。

(2)设甲、乙机床加工的零件直径的方差未知且不相等,显著水平 $\alpha = 0.05$,检验甲、乙机床加工的零件的平均直径是否有显著差异。

(3)检验甲、乙机床加工的零件直径的方差是否相等。

任务 9:让 4 位学生先后做三套不同类型的数学测试(代数、几何、概率统计)的测验,测验的成绩如表 2-6-8 所示。三套测试的平均分是否有显著差异(设显著水平 $\alpha = 0.05$)。

表 2-6-8 4 位学生测验成绩表

学生序号	测验科目		
	代数	几何	概率统计
1	72.1	72.6	72.8
2	71.6	72.4	71.4
3	70.8	71.9	70.9
4	72.6	73.5	72.6

任务 10：某家公司的领导希望通过对销售员进行培训来促进产品销售额的增长，为此使用了 3 种培训方案；让 A 组销售员接受培训方案 A，让 B 组销售员接受培训方案 B，让 C 组销售员接受培训方案 C。各销售员完成的销售额如表 6-9 所示。分析培训方案是否对销售额有显著影响（设显著水平 $\alpha = 0.05$）。

表 2-6-9　各培训组员工的销售额表　　　　　　　　　　　　　　　（单元：元）

培训方案 A	培训方案 B	培训方案 C
5 628	7 518	4 448
5 202	7 415	4 010
5 500	7 100	4 621
5 692	7 010	4 462
5 100	7 000	4 565
5 446	7 555	4 550
5 640	7 642	4 940
5 618	7 950	4 002
5 965	7 998	4 000
5 990	8 000	5 000
5 000	7 521	4 520
6 000	7 477	4 999
5 542	7 621	4 518
5 494	7 568	4 610
5 487	7 559	4 604

任务 11：为了比较三个不同专业毕业生的收入，设计了以下实验：从三个专业毕业两年的毕业生中，按毕业时的平均学习成绩（分为 3 个等级）各选择一名学生进行调查，调查结果如表 2-6-10 所示（设显著水平 $\alpha = 0.01$）。

表 2-6-10　不同专业毕业生的月收入表　　　　　　　　　　　　　　（单位：元）

成绩等级	专业		
	会计	营销	经济
A	5 100	4 500	4 100
B	4 500	3 800	3 600
C	3 100	3 300	2 700

（1）分析不同专业对毕业生的收入是否有显著影响。
（2）分析学习成绩等级是否对收入有显著影响。

任务 12：为检验广告媒体和广告方案对产品销售量的影响，一家营销公司做了一项试验，考察三种广告方案和三种广告媒体，获得的销售量数据如表 2-6-11 所示。

表 2-6-11 产品销售量数据表　　　　　　　　　　　　　　　　（单位：件）

广告方案		广告媒体		
		报纸	电视	互联网
	A	8	12	15
		12	8	13
	B	22	26	30
		14	30	32
	C	10	18	25
		18	14	23

分析检验广告方案、广告媒体或其交互作用对销售量的影响是否显著。（设显著水平 $\alpha = 0.05$）

任务 13：某商场 11 种不同商品的批发价和零售价数据如表 2-6-12 所示。

表 2-6-12 商品的批发价和零售价　　　　　　　　　　　　　　（单位：元）

批发价	零售价
23	30
14	18
16	20
15	18
11	17
13	19
16	26
12	20
18	26
16	25
13	23

（1）计算该商场批发价与零售价之间的相关系数，分析两者之间的相关关系。

（2）检验批发价与零售价之间的相关系数是否显著（设显著水平 $\alpha = 0.05$）。

（3）绘制批发价和零售价组成的散点图，并添加趋势线，类型为"线性"，显示回归方程和 R 平方值。

（4）使用回归分析工具对批发价与零售价的关系进行分析。

（5）当批发价为 25 元时，利用一元线性回归方程预测对应的零售价应为多少元。

实验 7

Excel 在人力资源管理分析中的应用

一、实验目的和要求

掌握在 Excel 2013 中绘制自选图形的方法；掌握人员招聘管理、人事资料管理、员工考勤管理、员工绩效与福利管理等知识。

二、实验内容

任务 1：制作如图 2-7-1 所示的招聘流程图，要求如下。

（1）工作表的"页面设置"设置为"纸张大小：A4"，"上、下页边距设置为 1 厘米"，"左、右页边距设置为 0.5 厘米"。

（2）把 A1:I1 单元格区域合并居中后输入标题文字"招聘流程图"，标题文字的字体设置为黑色、加粗、16 磅、微软雅黑。

（3）依次把 B2:C2、D2:E2、F2:G2、H2:I2 单元格区域合并居中后输入各个部门的名称，文字的字体设置为黑色、13 磅、微软雅黑。

（4）依次把 A3:A50、B3:C50、D3:E50、F3:G50、H3:I50 单元格区域合并，作为各部门的流程图绘制区域，并把流程图工作区的内框线设置为蓝色虚线，外框线设置为紫色双线。

（5）按图 2-7-1 所示绘制各部门的流程图的图形，其中"用人部门"区域流程图形状的填充色为"蓝色，着色 1"，字体设置为黑色、12 磅、微软雅黑，轮廓大小为 1.5 磅，轮廓颜色为"蓝色，着色 1，50%"；"人力资源部"区域流程图形状的填充色为"绿色，着色 6"，字体设置为黑色、12 磅、微软雅黑，轮廓大小为 1.5 磅，轮廓颜色为"绿色，着色 6，50%"；"用人部门分管领导"区域和"总经理"区域流程图形状的填充色为"橙色，着色 2"，字体设置为黑色、12 磅、微软雅黑，轮廓大小为 1.5 磅，轮廓颜色为"橙色，着色 2，50%"；"关联流程"区域流程图形状的填充色为"金色，着色 4"，字体设置为黑色、12 磅、微软雅黑，轮廓大小为 1.5 磅，轮廓颜色为"金色，着色 4，50%"。

(6) 所有流程图图形文本的对齐方式均为水平居中、垂直居中。

(7) 流程图中实心箭头的轮廓粗细为 3 磅。

(8) 调整各列的宽度，使流程图能在一页显示出来。预览效果如图 2-7-2 所示。

任务 2：新建一个工作簿，在 Sheet1 工作表中，输入如图 2-7-3 所示的 "2018 年南宁市市政工程项目"数据，然后统计截止到 2018 年 9 月 12 日东盟博览会开幕时应竣工的项目数（南宁市政府规定所有项目的施工期为 200 天）。

提示：用 COUNTIF 函数计算。

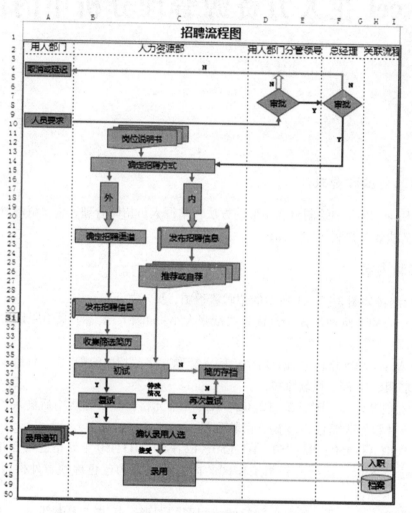

图 2-7-1 招聘流程图

任务 3：在"实验 7-任务 3 中兴汽车厂职工信息表.xlsx"工作簿中进行以下操作。

(1) 在"工龄计算"工作表中，根据职工参加工作的日期，计算截止到 2017 年底时职工的工龄，结果如图 2-7-4 所示。

(2) 在"工龄统计"工作表中，统计各工龄段的职工人数，结果如图 2-7-5 所示。

提示：

(1) 计算职工的工龄可用 DATEDIF 函数。

实验7 Excel在人力资源管理分析中的应用

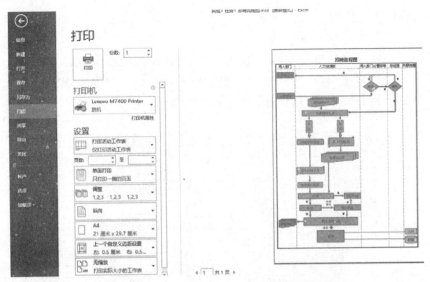

图2-7-2 使流程图能在一页显示的预览效果

图2-7-3 2018年南宁市市政工程项目计算结果

（2）统计各工龄段的职工人数可用COUNTIF函数和COUNTIFS函数，统计合计人数可用SUM函数。

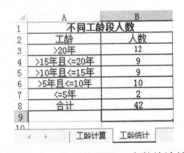

图2-7-4 工龄计算结果   图2-7-5 各工龄段职工人数统计结果

任务4： 新建一个工作簿，在Sheet1工作表中输入如图2-7-6所示的"秦科药业公司员工身份证号码"数据，然后根据身份证号码信息提取员工的性别和出生日期，最后再根

· 273 ·

据出生日期计算员工的年龄。

提示：

(1) 提取员工的性别可用 IF 函数、LEN 函数、MOD 函数和 MID 函数。

(2) 提取员工的出生日期可用 TEXT 函数、IF 函数、LEN 函数和 MID 函数。

(3) 计算员工的年龄可用 DATEDIF 函数和 TODAY 函数。

序号	姓名	身份证号码	性别	出生日期	年龄
1	钮凯花	410726670926244	女	1967年09月26日	50
2	孙广威	41272419881229255X	男	1988年12月29日	29
3	张建磊	130127790610321	男	1979年06月10日	39
4	王鹏程	411481198408033935	男	1984年08月03日	33
5	魏国梅	410381199005093027	女	1990年05月09日	28
6	刘文清	420821198209204056	男	1982年09月20日	35
7	周明敏	320827199101153027	女	1991年01月15日	27
8	曹伟	320621198801191016	男	1988年01月19日	30
9	张岩芳	410782780513542	女	1978年05月13日	40
10	张明	321284198509212437	男	1985年09月21日	32
11	沈健	310228198703121439	男	1987年03月12日	31
12	陈京京	130202690501748	女	1969年05月01日	49
13	李宝山	130984198212080032	男	1982年12月08日	35
14	刘建勇	130927198510194533	男	1985年10月19日	32
15	姚琳琳	130983770613146	女	1977年06月13日	41
16	余江铃	411322198905215724	女	1989年05月21日	29
17	李帅	411425198406156316	男	1984年06月15日	34
18	陈剑伟	32098119880122197X	男	1988年01月22日	30
19	刘泉	320706198505210026	女	1985年05月21日	33
20	刘家益	420922198701060017	男	1987年01月06日	31
21	乔子英	412326198604277526	女	1986年04月27日	32
22	袁少勇	610323198406127310	男	1984年06月12日	34
23	张和君	310104198902041268	女	1989年02月04日	29
24	龚啸	321284831117002	男	1983年11月17日	34
25	李红嫦	421122197401231884	女	1974年01月23日	44
26	徐贺朋	120224198503160918	男	1985年03月16日	33

图 2-7-6　秦科药业公司员工身份证号码最终计算结果

任务 5： 昭泰房地产公司规定：员工早上上班的时间为 9 点，下午下班的时间为 18 点。如果员工上班的打卡时间晚于 9 点就为迟到；下班打卡的时间早于 18 点就为早退，迟到或早退一次，都记缺勤 1 次。

新建一个工作簿，在 Sheet1 工作表中，输入如图 2-7-7 所示的"员工打卡考勤统计"数据，然后进行以下的操作。

(1) 把员工迟到和早退的时间用红色加粗的字体进行标记。

(2) 统计出每个员工的缺勤次数。

(3) 根据员工的实际打卡时间，计算员工迟到或早退的具体时间。

提示：

(1) 计算员工缺勤次数可用 SUM 函数和 TIMEVALUE 函数。

(2) 计算员工迟到和早退的小时数可用 IF 函数、TIME 函数、MINUTE 函数和 HOUR 函数。

(3) 计算员工迟到和早退的分钟数可用 IF 函数、TIME 函数和 MINUTE 函数。

任务 6： 新建一个工作簿，在 Sheet1 工作表中输入如图 2-7-8 所示的"南宁市博爱服饰有限公司个人日产量"数据，然后进行以下的操作。

(1) 计算出每个员工的总产量（总产量＝合格品数量＋次品待返工数量＋报废数量）

	A	B	C	D	E	F	G	H	I	J
1	员工打卡考勤统计									
2	工号	姓名	部门	上班打卡时间	下班打卡时间	缺勤次数	迟到小时数	迟到分钟数	早退小时数	早退分钟数
3	012	沈峰	行政部	9:07:00	18:08:05	1	0	7	0	0
4	027	邓刚	工程部	8:47:45	16:58:52	1	0	0	1	2
5	065	雷燕红	客服部	10:03:15	18:02:30	1	1	3	0	0
6	014	张豪	行政部	8:56:09	18:06:19	0	0	0	0	0
7	063	周成华	客服部	8:59:00	18:09:17	0	0	0	0	2
8	025	冯赞昀	销售部	8:53:34	17:58:45	1	0	0	0	0
9	031	徐东彪	工程部	9:01:36	18:13:10	0	0	1	0	0
10	029	韦蔚	客服部	8:50:21	17:45:56	1	0	0	0	15
11	005	李臻浩	客服部	8:56:05	18:04:02	0	0	0	0	0
12	053	岳鹏展	销售部	8:52:49	18:10:15	0	0	0	0	0
13	068	吴丽超	工程部	8:48:53	18:06:08	0	0	0	0	0
14	037	孟江	客服部	8:58:04	18:17:24	0	0	0	0	0
15	019	李俊	行政部	9:05:47	17:55:23	2	0	5	0	5

图 2-7-7 员工打卡考勤统计结果

和合格率（合格率=合格品数量/总产量）。

（2）根据合格率进行合格率评定：合格率大于或等于 95% 的为"熟练工"，在 90%～94% 之间的为"普通工"，低于 90% 的为"差"。

（3）对员工的合格率进行排名。

提示：合格率评定可用 IF 函数，合格率排名可用 RANK 函数。

	A	B	C	D	E	F	G	H	I
1	南宁市博爱服饰有限公司个人日产量								
2	工号	姓名	合格品数量	次品待返工数量	报废数量	总产量	合格率	合格率评定	合格率排名
3	YZ001	姬小婷	125	12	6	143	87.4%	新手	19
4	YZ002	贾玉林	159	5	3	167	95.2%	熟练工	4
5	YZ003	金玉静	143	8	5	156	91.7%	普通工	15
6	YZ004	景丽丽	132	7	4	143	92.3%	普通工	13
7	YZ005	李申	164	6	2	172	95.3%	熟练工	1
8	YZ006	栾军强	147	16	8	171	86.0%	新手	21
9	YZ007	王晓华	106	5	3	114	93.0%	普通工	10
10	YZ008	吴香脂	136	5	2	143	95.1%	熟练工	6
11	YZ009	徐群	152	11	5	168	90.5%	普通工	16
12	YZ010	张小丽	148	9	7	164	90.2%	普通工	17
13	YZ011	郑富群	139	4	8	151	92.1%	普通工	14
14	YZ012	李京京	128	6	2	136	94.1%	普通工	8
15	YZ013	王海军	140	4	3	147	95.2%	熟练工	3
16	YZ014	滴爱红	122	5	1	128	95.3%	熟练工	2
17	YZ015	柯林英	119	7	0	126	94.4%	普通工	7
18	YZ016	杨彦刚	144	9	2	155	92.9%	普通工	12
19	YZ017	杨玉梅	127	11	8	146	87.0%	新手	20
20	YZ018	罗丽	145	5	6	156	92.9%	普通工	11
21	YZ019	胡亚强	103	8	4	115	89.6%	新手	18
22	YZ020	高保柱	110	5	2	117	94.0%	普通工	9
23	YZ021	吴忠强	156	5	3	164	95.1%	熟练工	5

图 2-7-8 南宁市博爱服饰有限公司个人日产量计算结果

任务 7：中天房地产公司对置业顾问实行销售绩效考核，并按照不同的比例计算提成。规定如下：提成级别分为 5 个档次，月销售额低于 150 万元的无提成；月销售额大于等于 150 万且小于 400 万的计 0.7‰ 的提成；月销售额大于等于 400 万且小于 600 万的计 0.9‰ 的提成；月销售额大于等于 600 万且小于 800 万的计 1.2‰ 的提成；月销售额大于等于 800 万的计 1.5‰ 的提成；当月员工个人奖金最高封顶不超 1.5 万元，所得提成四舍五入到元。

新建一个工作簿，在 Sheet1 工作表中输入如图 2-7-9 所示的"中天房地产公司置业顾问住宅销售提成核算表"数据，然后计算每位置业顾问的提成。

提示：

（1）在 Sheet2 工作表中，按照公司的提成规定方法制作如图 2-7-10 所示的提成评定标准。

（2）计算置业顾问的提成比例可用 VLOOKUP 函数。

（3）计算置业顾问的提成可用 IF 函数和 ROUND 函数。

	A	B	C	D	E	F
1	置业顾问住宅销售提成核算表					
2	序号	月份	姓名	销售额（万）	提成比例	所得提成(元)
3	1	2013年8月	程长海	488.6	0.09%	4397
4	2	2013年4月	龚秀芬	195.9	0.07%	1371
5	3	2013年7月	黄玲	560.4	0.09%	5044
6	4	2013年6月	瞿红霞	720.1	0.12%	8641
7	5	2013年8月	刘艳	864.6	0.15%	12969
8	6	2013年7月	刘友湖	1250.2	0.15%	15000
9	7	2013年6月	卢大春	623.8	0.12%	7486
10	8	2013年8月	王美芬	597.0	0.09%	5373
11	9	2013年5月	叶春兰	365.2	0.07%	2556
12	10	2013年6月	游露露	1015.4	0.15%	15000
13	11	2013年4月	周定平	687.5	0.12%	8250
14	12	2013年7月	刘兴书	426.7	0.09%	3840
15	13	2013年8月	白洁	396.8	0.07%	2778
16	14	2013年5月	陈景香	245.4	0.07%	1718
17	15	2013年7月	陈显仙	126.0	0.00%	0
18	16	2013年6月	崔珊珊	239.7	0.07%	1678
19	17	2013年8月	朱铜	568.3	0.09%	5115
20	18	2013年5月	陶敏霞	376.9	0.07%	2638
21	19	2013年6月	王玉清	455.1	0.09%	4096
22	20	2013年7月	仲占利	297.5	0.07%	2083
23	21	2013年5月	华艳丽	136.4	0.00%	0
24	22	2013年8月	柯祝霞	1124.1	0.15%	15000
25	23	2013年7月	宋国占	863.7	0.15%	12956
26	24	2013年4月	刘娜娜	266.3	0.07%	1864
27	25	2013年6月	伍淑芳	348.2	0.07%	2437

图 2-7-9　中天房地产公司置业顾问住宅销售提成核算表计算结果

提成评定标准		
销售额参考数（万）	所得提成类别	提成比例
0	150以下	0.00%
150	150至399	0.07%
400	400至599	0.09%
600	600至799	0.12%
800	800以上	0.15%

图 2-7-10　提成评定标准

任务 8：在"实验 7-任务 8 南宁市翼虎电子有限公司 2018 年 6 月份工资表.xlsx"工作簿中，"2018 年 12 月"工作表记录了南宁市翼虎电子有限公司 2018 年 6 月员工的基本工资、出勤天数、请假天数、平时加班工时、休息日加班工时、补助、保险等信息，"个税表"工作表为目前我国最新的个税计算方法，根据这两个工作表中的数据，计算每位员工的出勤工资、平时加班工资、休息日加班工资、岗位津贴、应发工资、应发工资总额、应纳所得税额、个税税率、速算扣除数、个人所得税和实发工资。

已知该公司员工每个月的上班天数为 22 天，每天的上班时间为 10 个小时，如果全部出勤，则每个员工都可以拿到全部的基本工资和岗位津贴（所有员工的岗位津贴都是 800 元），如果请假则扣除当天的基本工资和岗位津贴；平时加班工资按平时基本工资的 1.5 倍计算，休息日加班工资按平时基本工资的 2 倍计算；应发工资 = 出勤工资 + 应加款；应发工资总额 = 应发工资 - 应扣款；实发工资 = 应发工资总额 - 应扣个人所得税；所有工资都四舍五入到元，工资表计算结果如图 2-7-11 所示。

提示：计算员工的个税税率和速算扣除数可用 IF 函数和 VLOOKUP 函数。

任务 9：在"实验 7-任务 9 美菱公司 2018 年 7 月员工工资表.xlsx"工作簿中，根据

实验7 Excel 在人力资源管理分析中的应用

序号	工号	姓名	职位	基本工资	出勤天数	请假(天)	出勤工资	平时加班工时	平时加班工资(*1.5)	休息日加班工时	休息日加班工资(*2.0)	岗位津贴	补助	应发工资	保险	迟到早退扣工资	工农健康证工+卡+卡费	伙食费住宿费	实发工资总额	应纳所得税额	个税税率	速算扣除	应扣个人所得税	实发工资	领款人签名
1	A01001	蓝肇蓥	组长	4200	20	2	3818.00	10	286.00	0	0.00	727.00	50	4881.00	7	0.0		250	4624.00	0	0%		0	4624.00	
2	A01002	林路生	出纳员	6150	22	0	6150.00	10	419.00	0	0.00	800.00	0	7369.00	7	0.0		150	7209.00	2209	3%		66.27	7142.73	
3	A01003	沈志敏	采购	5850	22	0	5850.00	10	399.00	0	0.00	800.00	0	7049.00	102	0.0		150	6797.00	1797	3%		53.91	6743.09	
4	A01004	张春霞	文员	4350	22	0	4350.00	20	593.00	0	0.00	800.00	0	5743.00	7	0.0		180	5556.00	556	3%		16.68	5539.32	
5	A01005	尹江桂	报关员	6600	22	0	6600.00	20	900.00	0	0.00	800.00	0	8300.00	15.0	3		150	8132.00	3132	10%	210	103.2	8028.80	
6	A01006	谭晓弟	物料员	5250	22	0	5250.00	20	716.00	0	0.00	800.00	0	6766.00	7	0.0		250	6509.00	1509	3%		45.27	6463.73	
7	A01007	周桃邦	后勤	3150	20	2	2864.00	5	107.00	0	0.00	727.00	80	3778.00	7	10.0		150	3611.00	0	0%		0	3611.00	
8	A01008	刘日香	电工	3750	20	2	3409.00	20	511.00	8	273.00	727.00	120	5040.00	108	5.0		150	4777.00	0	0%		0	4777.00	
9	A01009	杨相妹	保安	2850	22	0	2591.00	20	389.00	0	0.00	727.00	0	3707.00	7	0.0		150	3544.00	0	0%		0	3544.00	
10	A01010	苏家安	修理	3600	20	2	3273.00	40	982.00	50	1636.00	727.00	75	6693.00	7	0.0		150	6536.00	1536	3%		46.08	6489.92	

图 2-7-11 工资表计算结果

"工资表"工作表中的数据制作员工的工资条。制作的工资条如图 2-7-12 所示。

提示：制作工资条可使用排序法或 VLOOKUP 函数法。

	A	B	C	D	E	F	G	H	I	J	K	L	M	N
1	序号	日期	工号	姓名	性别	部门	职称	基本工资	奖金	津贴	保健费	应发工资	个人所得税	实发工资
2	1	2018年7月	0906001	唐银	女	人事处	初级	1700	200	200	50	1550		1550
3														
4	序号	日期	工号	姓名	性别	部门	职称	基本工资	奖金	津贴	保健费	应发工资	个人所得税	实发工资
5	2	2018年7月	0906002	朱安平	男	保卫科	中级	2275	300	500	30	2455	22.75	2432.25
6														
7	序号	日期	工号	姓名	性别	部门	职称	基本工资	奖金	津贴	保健费	应发工资	个人所得税	实发工资
8	3	2018年7月	0906003	邓德相	男	财务科	初级	2042	200	200	30	1872	0	1872
9														
10	序号	日期	工号	姓名	性别	部门	职称	基本工资	奖金	津贴	保健费	应发工资	个人所得税	实发工资
11	4	2018年7月	0906004	雷忠亮	男	财务科	初级	2042	200	200	30	1872		1872
12														
13	序号	日期	工号	姓名	性别	部门	职称	基本工资	奖金	津贴	保健费	应发工资	个人所得税	实发工资
14	5	2018年7月	0906005	陈启梅	女	办公室	中级	2256	200	500	50	2406	20.3	2385.7
15														

图 2-7-12 制作的工资条

实验 8

Excel 在物流管理分析中的应用

一、实验目的和要求

掌握库存结构分析、KPI 统计表应用、仓库管理等知识。

二、实验内容

任务1：新建一个工作簿，把 Sheet1 工作表重命名为 "2018 年 6 月库存情况"，并输入如图 2-8-1 所示的 "飞腾物流公司 2018 年 6 月库存商品信息" 数据，然后使用这些数据，进行以下的操作。

（1）制作一个如图 2-8-2 所示的分离型三维饼图，以便对各年份产品库存进行相应的分析。其中：饼图的分离程度设置为 "15%"；图表标题的字体为 "微软雅黑"，字号为 "14 磅"，颜色为 "蓝色"，字形为 "加粗"；"数据标志" 的字体为 "宋体"，字号为 "10 磅"，颜色为 "黑色"，字形为 "加粗"；图表区的背景填充为 "蓝色面巾纸" 纹理效果，边框设为 "蓝色1磅实线" "圆角"。

（2）在制作好的图表基础上，制作一个如图 2-8-3 所示的动态图表，在该动态图表中，通过选择不同的仓库，可以得到相应的库存结构饼图。

	A	B	C	D	E	F	G	H	I	J	K
1	飞腾物流公司2018年6月库存商品信息（单位：个）										
2	仓库	布丁杯	建奎热杯盖	9OZ水杯	刨冰碗	丰亦热杯盖	汤杯盖	5 OZ塑料杯	1.4g小量杯	C90咖啡杯盖	黑色共版杯盖
3	仓库1	4425	3365	7565	2080	1415	2550	4015	4510	6445	1205
4	仓库2	2750	1875	9750	2410	1320	1690	2470	3560	3970	2210
5	仓库3	2680	2560	6360	1890	985	2120	3650	3240	4865	1690
6	仓库4	4125	3450	5810	1860	1130	1890	2560	2805	5840	2350
7	仓库5	3960	2605	8620	2145	1620	1900	2340	3670	6320	1980

图 2-8-1 飞腾物流公司 2018 年 6 月库存商品信息

提示：制作动态图表时，设置组合框的 "数据源区域" 为 A3:A7 单元格区域，"单元格链接" 为 A9 单元格，"下拉显示项数" 为 "5"；然后在 B9 单元格中使用 INDEX 函数完成 B 列的辅助列设置。

实验 8　Excel 在物流管理分析中的应用

图 2-8-2　分离型三维饼图

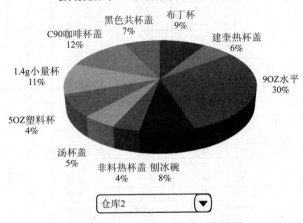

图 2-8-3　动态分离型三维饼图

任务 2：新建一个工作簿，把 Sheet1、Sheet2 工作表分别重命名为"清单详情"和"统计结果"；然后在"清单详情"工作表中输入如图 2-8-4 所示的"青峰仓储中心 2017 年货物物流清单"数据，在"统计结果"工作表中输入如图 2-8-5 所示的"查询内容"数据；最后实现在"统计结果"工作表中，输入查询的货物种类、查询月份、发货地、目的地、物流类型和查询包装后，在该工作表的"查询结果"单元格中显示符合条件的结果。查询 9 月份由南宁发到防城港的加急货物农产品总共多少箱，最终结果如图 2-8-6 所示。

提示：在"清单详情"工作表中，增加一列辅助列"月份"，并通过 MONTH 函提取单号对应的月份，然后在"统计结果"工作表中，通过 SUMPRODUCT 函数得到查询结果。

任务 3：韵达物流中心服装仓库办规定：服装在上市日期前 25 天以内到货的可以签收入库，否则提前送货被拒收。如果到货的第二天是节假日的话，则加上放假天数来判断。在"韵达物流中心服装入库接收表.xlsx"工作簿中，"服装信息"工作表记录了最近上店的各种服装信息，包括单号、品牌、款号、款名、款式和上店日期等信息，如图 2-8-7 所示。

要求：在"查询结果"工作表中，把送货单上的款号或款名录入到表格，并选择相应的"品牌"确认后，即可获得是否接货的查询结果（如逢节假日，要录入放假天数）。最终的结果如图 2-8-8 所示。

提示：

（1）设置 B6 单元格的"数据验证"条件为"序列"，来源为"羽琪,卓尔,蕾娜,伊桦,雅颖,瑞裳,衣香丽影,舒梦"。

（2）可用 INDEX 函数和 MATCH 函数得到对应的款名、品牌、款号。

（3）可用 VLOOKUP 函数得到对应的上店日期。

（4）可用 IF 函数、LEFT 函数和 ISERROR 函数判断最终是否接收服装。

	A	B	C	D	E	F	G	H	I
1	青峰仓储中心2017年货物物流清单									
2	单号	货物种类	日期	发货地	目的地	物流类型	包装	数量	运输公司
3	10801	农产品	2017-7-29	百色	南宁	快件货物	箱	23	南宁佳吉物流
4	10802	工业品	2017-9-12	北海	南宁	普通货物	件	65	南宁赢禾物流
5	10803	消费品	2017-8-21	南宁	梧州	加急货物	箱	34	南宁惠新物流
6	10804	农产品	2017-9-8	南宁	桂林	普通货物	袋	57	南宁锦邦物流
7	10805	农产品	2017-8-24	玉林	南宁	加急货物	件	14	南宁赢禾物流
8	10806	工业品	2017-5-16	南宁	钦州	普通货物	袋	59	南宁先达物流
9	10807	消费品	2017-9-21	南宁	防城港	普通货物	件	45	南宁惠新物流
10	10808	消费品	2017-7-11	桂林	南宁	快件货物	箱	75	南宁赢禾物流
11	10809	农产品	2017-9-3	南宁	防城港	加急货物	箱	39	南宁佳吉物流
12	10810	工业品	2017-8-15	钦州	南宁	普通货物	袋	32	南宁宏兴物流
13	10811	消费品	2017-9-16	南宁	柳州	普通货物	箱	49	南宁冠龙物流
14	10812	农产品	2017-5-1	桂林	南宁	加急货物	件	16	南宁惠新物流
15	10813	工业品	2017-9-13	防城港	南宁	普通货物	袋	56	南宁赢禾物流
16	10814	农产品	2017-9-27	南宁	北海	快件货物	件	31	南宁先达物流
17	10815	消费品	2017-7-10	南宁	防城港	普通货物	箱	64	南宁锦邦物流
18	10816	农产品	2017-8-28	柳州	南宁	快件货物	袋	58	南宁佳吉物流
19	10817	工业品	2017-9-26	南宁	百色	快件货物	袋	32	南宁宏兴物流
20	10818	消费品	2017-9-17	南宁	防城港	加急货物	件	76	南宁锦邦物流
21	10819	农产品	2017-8-7	北海	南宁	普通货物	袋	45	南宁先达物流
22	10820	工业品	2017-6-14	南宁	河池	快件货物	件	27	南宁赢禾物流
23	10821	工业品	2017-9-2	玉林	南宁	普通货物	箱	36	南宁宏兴物流
24	10822	消费品	2017-8-14	南宁	百色	快件货物	件	48	南宁惠新物流
25	10823	农产品	2017-7-6	桂林	南宁	普通货物	袋	52	南宁冠龙物流
26	10824	消费品	2017-9-25	南宁	柳州	快件货物	件	26	南宁锦邦物流
27	10825	农产品	2017-8-1	南宁	防城港	普通货物	件	30	南宁佳吉物流
28	10826	农产品	2017-9-22	防城港	南宁	加急货物	箱	28	南宁锦邦物流
29	10827	消费品	2017-7-4	北海	南宁	普通货物	袋	45	南宁冠龙物流
30	10828	农产品	2017-9-11	南宁	防城港	加急货物	箱	14	南宁赢禾物流

图 2-8-4　青峰仓储中心 2017 年货物物流清单

	A	B
1	查询内容	
2	货物种类	
3	查询月份	
4	发货地	
5	目的地	
6	物流类型	
7	查询包装	
8		
9	查询结果：	

图 2-8-5　查询内容

	A	B
1	查询内容	
2	货物种类	农产品
3	查询月份	9
4	发货地	南宁
5	目的地	防城港
6	物流类型	加急货物
7	查询包装	箱
8		
9	查询结果：	53

图 2-8-6　青峰仓储查询中心结果

实验 8 Excel 在物流管理分析中的应用

	A	B	C	D	E	F
1	单号	品牌	款号	款名	款式	上店日期
2	YD28101	羽琪	23QPS1184	Feel cost	秋季短款	2017-9-26
3	YD28102	卓尔	F48713	CARO CASUAL SHIRT	冬季常规款	2017-10-15
4	YD28103	蕾娜	9331098	Munchen Wool Coat	秋季常规款	2017-9-16
5	YD28104	伊桦	N13IJ5060a	Joeywooljacket	秋季长款	2017-9-19
6	YD28105	雅颖	D133114L00	Funny mylon jacket	秋季常规款	2017-10-2
7	YD28106	瑞棠	UJ1308U905	MASPO TRENCH COAT	冬季常规款	2017-9-21
8	YD28107	伊桦	SL31508	Leno down coat	秋季长款	2017-9-3
9	YD28108	羽琪	QW5513775	OLE WOOL DUFFER COAT	秋季常规款	2017-9-25
10	YD28109	卓尔	F12038	Peal blackberry coat	冬季常规款	2017-10-28
11	YD28110	衣香丽影	Y34K-3322	Graphite grey Shirt	春季短款	2017-11-7
12	YD28111	舒梦	VIM13C88217	WHOOPS LEATHER JACKET	秋季短款	2017-9-21
13	YD28112	衣香丽影	R132491	Cleanth Scarf	春季常规款	2017-11-1
14	YD28113	雅颖	Y5L2370	Full gathered skirt	冬季长款	2017-9-22
15	YD28114	蕾娜	Q3830	Ayoke Merlin tee	春季长款	2017-11-8

图 2-8-7　服装信息

	A	B	C	D	E	F	G
1	款号确认结果	可收		今天的日期			
2	款名确认结果			2017-9-25			
3							
4	后续放假天数	2					
5							
6	选择品牌确认	卓尔			品牌确认	上店日期	距离天数
7							
8	输入款号查询	F48713	对应的款名	CARO CASUAL SHIRT	卓尔	2017年10月15日	20
9							
10	输入款名查询	Cleanth Scarf	对应的款号	R132491	衣香丽影	2017年11月1日	37

图 2-8-8　韵达物流中心服装仓库查询结果

任务 4：新建一个名为"翌秀物流公司先进先出库存账.xlsx"的工作簿，把 Sheet1、Sheet2 工作表分别重命名为"发货信息"和"先进先出库存账"。在"发货信息"工作表中输入如图 2-8-9 所示的货物信息，在"先进先出库存账"工作表中输入如图 2-8-10 所示的公司库存数据。已知翌秀物流公司仓库中的货品按照入库日期分别存放，出库时需要将先入库的货品先发出，前一批发完才可以发下一批。现要求根据"发货信息"工作表中发货的数量，在"先进先出库存账"工作表中统计发货件数和剩余的件数。最终结果如图 2-8-11 所示。

	A	B	C
1	发货城市	发货货品代码	发货数量
2	河池	YX8471607-B	78
3	钦州	YX8518301-D	56
4	桂林	YX8522909-G	93
5	防城港	YX8518301-D	47
6	百色	YX8471607-B	56
7	玉林	YX8471607-B	12
8	柳州	YX8522909-G	17

图 2-8-9　货物信息

提示：可使用 IF 函数和 SUMIF 函数计算要发货的件数。

	A	B	C	D	E	F
1	入库日期	货品代码	库位	期初数	发货件数	剩余件数
2	2017年8月11日	YX8471607-B	E102	36		
3	2017年7月25日	YX8471607-B	F135	26		
4	2017年9月3日	YX8471607-B	D89	17		
5	2017年6月30日	YX8471607-B	F57	61		
6	2017年8月22日	YX8471607-B	G124	21		
7	2017年9月16日	YX8522909-G	D203	19		
8	2017年6月4日	YX8522909-G	E78	53		
9	2017年7月24日	YX8522909-G	F59	40		
10	2017年8月18日	YX8522909-G	E114	35		
11	2017年6月20日	YX8522909-G	D112	42		
12	2017年7月11日	YX8518301-D	F85	19		
13	2017年6月18日	YX8518301-D	E107	37		
14	2017年9月19日	YX8518301-D	F56	68		
15	2017年5月26日	YX8518301-D	D42	41		
16	2017年7月13日	YX8518301-D	D116	31		
17	2017年9月14日	YX8518301-D	E88	50		

图 2-8-10　库存数据

	A	B	C	D	E	F
1	入库日期	货品代码	库位	期初数	发货件数	剩余件数
2	2017年8月11日	YX8471607-B	E102	36	36	0
3	2017年7月25日	YX8471607-B	F135	26	26	0
4	2017年9月3日	YX8471607-B	D89	17	17	0
5	2017年6月30日	YX8471607-B	F57	61	61	0
6	2017年8月22日	YX8471607-B	G124	21	6	15
7	2017年9月16日	YX8522909-G	D203	19	19	0
8	2017年6月4日	YX8522909-G	E78	53	53	0
9	2017年7月24日	YX8522909-G	F59	40	38	2
10	2017年8月18日	YX8522909-G	E114	35	0	35
11	2017年6月20日	YX8522909-G	D112	42	0	42
12	2017年7月11日	YX8518301-D	F85	19	19	0
13	2017年6月18日	YX8518301-D	E107	37	37	0
14	2017年9月19日	YX8518301-D	F56	68	47	21
15	2017年5月26日	YX8518301-D	D42	41	0	41
16	2017年7月13日	YX8518301-D	D116	31	0	31
17	2017年9月14日	YX8518301-D	E88	50	0	50

图 2-8-11　库存最终计算结果

参 考 文 献

[1] 贾俊平. 统计学[M]. 5版. 北京：中国人民大学出版社，2014.
[2] 张联锋，蒋敏杰，张鹏龙，等. Excel统计分析与应用[M]. 北京：电子工业出版社，2011.
[3] 邱文君. Excel统计分析与应用大全（精粹版）[M]. 北京：机械工业出版社，2013.
[4] [美] John Walkenbach. 中文版Excel 2016宝典[M]. 9版. 赵利通，卫琳，译. 北京：清华大学出版社，2016.
[5] 李翠梅，于海英. Excel在经济管理中的应用——Excel2013案例驱动教程[M]. 北京：清华大学出版社，2014.
[6] 唐小毅，吴立青，杨钰琳. Excel在经济管理中的应用[M]. 2版. 北京：中国人民大学出版社，2013.
[7] 朱扬清，林秋明. Excel在商务中的应用[M]. 北京：中国铁道出版社，2016.
[8] 杜茂康，李昌兵，张仿，等. Excel数据处理与统计初步[M]. 北京：电子工业出版社，2011.
[9] 王海林，张玉祥. Excel财务管理建模与应用[M]. 北京：电子工业出版社，2014.
[10] 赵绪辉，张丽娟. 大学计算机基础[M]. 北京：机械工业出版社，2009.
[11] 韩良智. Excel在财务管理中的应用[M]. 北京：清华大学出版社，2009.
[12] 宋翔. Excel人力资源应用之道[M]. 北京：电子工业出版社，2011.
[13] 武新华. Excel 2010人力资源管理入门与实战体验[M]. 北京：机械工业出版社，2011.
[14] 韩小良，王敏娴. Excel高效人力资源管理从入门到精通[M]. 北京：中国铁道出版社，2011.
[15] Excel Home工作室. Excel高效办公公司管理[M]. 北京：人民邮电出版社，2008.
[16] Excel Home工作室. Excel高效办公人力资源与行政管理[M]. 北京：人民邮电出版社，2008.
[17] Excel Home工作室. Excel高效办公市场与销售管理[M]. 北京：人民邮电出版社，2012.
[18] Excel Home工作室. Excel数据处理与分析（实战技巧精粹）[M]. 北京：人民邮电出版社，2008.
[19] 易跃明，雷金东. Excel在经济和财务管理中的应用[M]. 北京：北京理工大学出版社，2013.
[20] 耿勇. Excel数据处理与分析实战宝典[M]. 北京：电子工业出版社，2017.